プリント形式のリアル過去問で本番の臨場感！

神奈川県

法政大学第二中学校

2025年春受験用

解答集

本書は，実物をなるべくそのままに，プリント形式で年度ごとに収録しています。
問題用紙を教科別に分けて使うことができるので，本番さながらの演習ができます。

■ 収録内容

・解答集(この冊子です)

書籍ＩＤ番号，この問題集の使い方，最新年度実物データ，リアル過去問の活用，
解答例と解説，ご使用にあたってのお願い・ご注意，お問い合わせ

・2024(令和６)年度 ～ 2020(令和２)年度　学力検査問題

○は収録あり	年度	'24	'23	'22	'21	'20
■ 問題(第一回)		○	○	○	○	○
■ 解答用紙		○	○	○	○	○
■ 配点						

全教科に解説があります

注)国語問題文非掲載:2024年度の二

問題文の非掲載につきまして

著作権上の都合により，本書に収録している過去入試問題の本文の一部を掲載しておりません。ご不便をおかけし，誠に申し訳ございません。

本文の一部を掲載できなかったことによる国語の演習不足を補うため，論説文および小説文の演習問題のダウンロード付録があります。弊社ウェブサイトから書籍ＩＤ番号を入力してご利用ください。

なお，問題の量，形式，難易度などの傾向が，実際の入試問題と一致しない場合があります。

教英出版

■ 書籍ＩＤ番号

入試に役立つダウンロード付録や学校情報などを随時更新して掲載しています。
教英出版ウェブサイトの「ご購入者様のページ」画面で，書籍ＩＤ番号を入力してご利用ください。

書籍ＩＤ番号　108114  

（有効期限：2025年9月30日まで）

【入試に役立つダウンロード付録】
「要点のまとめ(国語／算数)」
「課題作文演習」ほか

■ この問題集の使い方

年度ごとにプリント形式で収録しています。針を外して教科ごとに分けて使用します。①片側，②中央のどちらかでとじてありますので，下図を参考に，問題用紙と解答用紙に分けて準備をしましょう（解答用紙がない場合もあります）。

針を外すときは，けがをしないように十分注意してください。また，針を外すと紛失しやすくなりますので気をつけましょう。

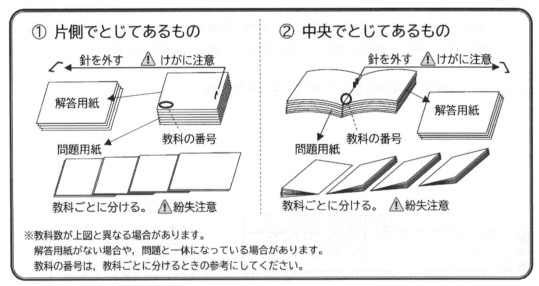

① 片側でとじてあるもの

針を外す　⚠けがに注意
解答用紙
教科の番号
問題用紙
教科ごとに分ける。　⚠紛失注意

② 中央でとじてあるもの

針を外す　⚠けがに注意
解答用紙
教科の番号
問題用紙
教科ごとに分ける。　⚠紛失注意

※教科数が上図と異なる場合があります。
解答用紙がない場合や，問題と一体になっている場合があります。
教科の番号は，教科ごとに分けるときの参考にしてください。

■ 最新年度 実物データ

実物をなるべくそのままに編集していますが，収録の都合上，実際の試験問題とは異なる場合があります。実物のサイズ，様式は右表で確認してください。

問題用紙	Ａ４冊子(二つ折り)
解答用紙	Ｂ４片面プリント

リアル過去問の活用

～リアル過去問なら入試本番で力を発揮することができる～

本番を体験しよう！

問題用紙の形式（縦向き／横向き），問題の配置や余白など，実物に近い紙面構成なので本番の臨場感が味わえます。まずはパラパラとめくって眺めてみてください。「これが志望校の入試問題なんだ！」と思えば入試に向けて気持ちが高まることでしょう。

入試を知ろう！

同じ教科の過去数年分の問題紙面を並べて，見比べてみましょう。

① 問題の量

毎年同じ大問数か，年によって違うのか，また全体の問題量はどのくらいか知っておきましょう。どのくらいのスピードで解けば時間内に終わるのか，大問ひとつにかけられる時間を計算してみましょう。

② 出題分野

よく出題されている分野とそうでない分野を見つけましょう。同じような問題が過去にも出題されていることに気がつくはずです。

③ 出題順序

得意な分野が毎年同じ大問番号で出題されていると分かれば，本番で取りこぼさないように先回りして解答することができるでしょう。

④ 解答方法

記述式か選択式か（マークシートか），見ておきましょう。記述式なら，単位まで書く必要があるかどうか，文字数はどのくらいかなど，細かいところまでチェックしておきましょう。計算過程を書く必要があるかどうかも重要です。

⑤ 問題の難易度

必ず正解したい基本問題，条件や指示の読み間違いといったケアレスミスに気をつけたい問題，後回しにしたほうがいい問題などをチェックしておきましょう。

問題を解こう！

志望校の入試傾向をつかんだら，問題を何度も解いていきましょう。ほかにも問題文の独特な言いまわしや，その学校独自の答え方を発見できることもあるでしょう。オリンピックや環境問題など，話題になった出来事を毎年出題する学校だと分かれば，日頃のニュースの見かたも変わってきます。

こうして志望校の入試傾向を知り対策を立てることこそが，過去問を解く最大の理由なのです。

実力を知ろう！

過去問を解くにあたって，得点はそれほど重要ではありません。大切なのは，志望校の過去問演習を通して，苦手な教科，苦手な分野を知ることです。苦手な教科，分野が分かったら，教科書や参考書に戻って重点的に学習する時間をつくりましょう。今の自分の実力を知れば，入試本番までの勉強の道すじが見えてきます。

試験に慣れよう！

入試では時間配分も重要です。本番で時間が足りなくなってあわてないように，リアル過去問で実戦演習をして，時間配分や出題パターンに慣れておきましょう。教科ごとに気持ちを切り替える練習もしておきましょう。

心を整えよう！

入試は誰でも緊張するものです。入試前日になったら，演習をやり尽くしたリアル過去問の表紙を眺めてみましょう。問題の内容を見る必要はもうありません。どんな形式だったかな？受験番号や氏名はどこに書くのかな？…ほんの少し見ておくだけでも，志望校の入試に向けて心の準備が整うことでしょう。

そして入試本番では，見慣れた問題紙面が緊張した心を落ち着かせてくれるはずです。

※まれに入試形式を変更する学校もありますが，条件はほかの受験生も同じです。心を整えてあせらずに問題に取りかかりましょう。

2024 解答例 令和６年度

法政大学第二中学校【第一回】

《国　語》

一　問一．①無難　②感傷　③葉緑　④風雪　⑤委　　問二．①ひつぜつ　②るふ　③きこう　④かなめ
問三．①等　②快　③案　　問四．①ウ　②ア　③イ

二　問一．エ　　問二．ウ　　問三．はじめ…手持ちの知　終わり…総動員して　　問四．ア　　問五．イ
問六．イ→エ→ウ→ア　　問七．イ　　問八．筆者の言う「考え」るとは、たとえば一人で家にいる時に急に停電し、家にある物で明かりを作る方法や、室温を保つ方法などを必死で探す時のように、まったくわからないほんの少し未来を生きるために、自分が置かれている状況について全力で調べることである。

三　問一．ウ　　問二．エ　　問三．イ　　問四．地球人はこんな生命体です　　問五．イ　　問六．ア
問七．エ　　問八．異星の生命体に、地球人がどのような生命体であるかを紹介するために、オリンピック・パラリンピックの動画を見せて、平和のために協力し、たがいに理解し合ったり高め合ったりすることができる存在だと伝えたい。

《算　数》

1　(1)2024　(2)31　(3)4　(4)503

2　(1)24，6　(2)12　(3)午後５時８分　(4)72　(5)3.5　(6)$5\frac{1}{3}$

3　(1)96　(2)$41\frac{2}{3}$

4　(1)12　※(2)26314

5　(1)63　(2)64.8

6　(1)294　(2)7　(3)112

※の考え方は解説を参照してください。

《理　科》

1　問１．(ウ)　問２．(ア)，(イ)，(ウ)　問３．もともとその地域に生息していなかったが，人によって持ちこまれた生き物。　問４．(1)×　(2)雨が降る。　(3)わたり

2　問１．(エ)　問２．(ウ)，(キ)　問３．(ウ)　問４．(イ)　問５．(ウ)　問６．(ア)，(エ)

3　問１．(エ)　問２．酸素　問３．(ア)　問４．(ア)(A)　(イ)(B)　(ウ)(B)　(エ)(C)　(オ)(A)　(カ)(A)　問５．3.3

4　問１．(1)並列　(2)右図　(3)(ア)，(ウ)　問２．(1)(オ)　(2)(オ)　問３．6

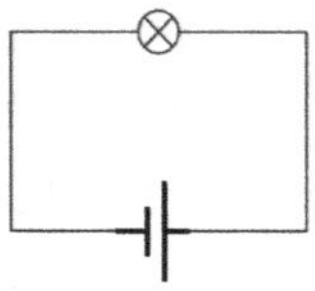

5　①(ウ)　②(キ)　③(セ)　④(タ)　⑤(ソ)

《社　会》

1　問1．【1】お　【2】い　【3】あ　【4】き　【5】う　【6】か　【7】え　問2．(う)
問3．【5】,【7】　問4．あ．D　え．B　お．A　問5．A．北海道　B．鹿児島　問6．8月3日16時

2　問1．い，う，お　問2．A　問3．2万5千分の1　問4．(い)，(う)

3　問1．⑴枕草子　⑵執権　⑶徳川綱吉　問2．(う)　問3．狩り　問4．卑弥呼　問5．平城京
問6．自分の手柄を伝えて恩賞をもらうこと。　問7．建武の新政　問8．(う)
問9．(い)→(あ)→(え)→(う)　問10．⑨あ　⑩い　問11．議会の承認なしに戦争に必要な人や物資を動員するための国家総動員法にもとづき，戦争で資源が不足するなか，武器や軍艦などを製造するための金属とするため。
問12．(あ)

4　問1．⑴抑止　⑵ガンディー　⑶第五福竜丸　⑷核兵器禁止　問2．(う)　問3．マグロ　問4．(あ)
問5．上告

5　問1．あ．国権　い．最高機関　問2．オーバー　問3．インフレーション　問4．社会保障
問5．(う)　問6．団体交渉権

《2024 第一回 国語 解説》

一 問四① ①とウは、一つの例として挙げることを示すもの。 ② ②とアは、自発(自然に起こること)を表すもの。 ③ ③とイは、極端な例を示すことによって、他の場合は当然だと類推させる意味をもつもの。

二 著作権上の都合により文章を掲載しておりませんので、解説も掲載しておりません。ご不便をおかけし、誠に申し訳ございません。

三 問一 傍線部①より前で述べた内容について「僕」が思っていることである。星野先生は「遠い遠い宇宙〜どこかの星の人たちに〜メッセージを送る」という宿題を出し、国語の授業ではいつも「すぐに話が脱線して、宇宙や星の話になる」、「先生はとにかく宇宙や星が大好きなのだ」とある。それらについて言っているので、ウが適する。アの「教師として未熟な授業〜文章を書かせないような課題を常に出している」は適さない。イは、火星人と新型ウイルスの話について「僕」は「いま、ちょっとだけ、先生の言いたいことがわかったような気がした」と思っているので、適さない。エの「話が脱線したりするのは運命だ〜国語の授業を全くおこなわない」は適さない。

問二 「そういう発想」は、傍線部②の直前で星野先生が言った「いま地球人を苦しめている新型ウイルス〜宇宙から侵略に来た〜生命体を倒してくれているのかも〜文句ばかり言っているけど、もしかしたら、そのウイルスのおかげで滅亡の危機を免れているのかも」という考え方を指す。ここから、エの内容が読みとれる。

問三 「その笑い」は、傍線部③の直前の「先生はおかしそうに笑っていた。僕たちも笑った」ということを指す。よって、「星野先生の話〜クラスの仲間たちと一緒に」とあるイが適する。

問四 直接的には、傍線部④の直後の「地球人は、こんなふうに命を始めるんだ」ということが伝わると言っているが、「この傍線部より前の本文から」という指定があることに注意する。そもそもこの宿題では何を伝えるのかということに立ち返って探す。本文の最初で星野先生が言った「わたしたち地球人はこんな生命体ですよ、というのを相手に伝えるわけだ」より、下線部が12字。

問五 傍線部⑤についてよりくわしく述べているのが、直後の「人種、民族〜幅広い人たちの〜笑ったり泣いたり怒ったり〜という、さまざまな顔の画像を集めて、データにする」である。ここから、イのような理由が読みとれる。アの「感情のみにとらわれて生きていないことを分かってもらえる」、ウの「異星の生命体が地球に来たときに困らないように」、エの「様々な感情の中でも笑顔と泣き顔を拾い上げることで」は適さない。

問六 傍線部⑥は、「途中で(泣き顔に)逆転されても〜笑顔のほうが増える」「でも、笑顔が増えて安心してたら、また泣き顔が増えてくる」というように、「泣き顔」と「笑顔」を繰り返すこと。よって、「悲しみや喜びを繰り返しながら」とあるアが適する。

問七 「いまが泣き顔が多い時期でも、かまわないから、笑顔を増やせばいいんだ」という星野先生の考えにふさわしい言葉を選ぶ。

問八 星野先生の宿題は「遠い遠い宇宙〜太陽系の外にある、どこかの星の人たちに、自己紹介も兼ねて『はじめまして』のメッセージを送る」「わたしたち地球人はこんな生命体ですよ、というのを相手に伝える」というものである。星野先生が「仲良くなりたいっていうのが伝わると最高だ」「ただし、文章で書いてもだめだぞ」と言っていることをふまえて考えよう。

《2024　第一回　算数　解説》

1 (1)　与式$=23\times(17-12)+23\times2\times(27\times\frac{2}{3}+19)+23\times3\times3=23\times5+23\times2\times(18+19)+23\times9=$
$23\times5+23\times74+23\times9=23\times(5+74+9)=23\times88=$**2024**

(2)　与式より，$\{4-(\frac{17}{3}-\frac{11}{6})\}\times(77\times\frac{9}{22}-□)=\frac{1}{12}$　　$\{4-(\frac{34}{6}-\frac{11}{6})\}\times(\frac{63}{2}-□)=\frac{1}{12}$
$(4-\frac{23}{6})\times(\frac{63}{2}-□)=\frac{1}{12}$　　$\frac{1}{6}\times(\frac{63}{2}-□)=\frac{1}{12}$　　$\frac{63}{2}-□=\frac{1}{12}\times6$　　$□=\frac{63}{2}-\frac{1}{2}=\frac{62}{2}=$**31**

(3)　約分できない分数は，分子と分母が1以外の公約数をもたない。分母の24と，1以外の公約数をもたない分子は1，5，7，11，13，17，19，23だから，求める和は，$\frac{1}{24}+\frac{5}{24}+\frac{7}{24}+\frac{11}{24}+\frac{13}{24}+\frac{17}{24}+\frac{19}{24}+\frac{23}{24}=\frac{96}{24}=$**4**

(4)　**【解き方】1から2024までの整数のかけ算を素数のかけ算で表したときにふくまれる5の個数が，5で割り切れる回数である。例えば25＝5×5だから，25は5で2回割り切れる。**

1から2024までの整数に5の倍数は，2024÷5＝404あまり4より404個あり，このうちの5個に1個が5×5＝25の倍数だから，25の倍数は404÷5＝80あまり4より80個あり，このうちの5個に1個が5×5×5＝125の倍数だから，125の倍数は80÷5＝16(個)あり，このうちの5個に1個が5×5×5×5＝625の倍数だから，625の倍数は16÷5＝3あまり1より3個ある。

404個の5の倍数を1回ずつ5で割ることで，5で割った回数は404回となる。割った結果できた数のうち80個の数(もとは25の倍数)はさらに5で割ることができるので，5で割った回数はさらに80回増える。割った結果できた数のうち16個の数(もとは125の倍数)はさらに5で割ることができるので，5で割った回数はさらに16回増える。割った結果できた数のうち3個の数(もとは625の倍数)はさらに5で割ることができるので，5で割った回数はさらに3回増える。よって，求める回数は，404＋80＋16＋3＝**503**(回)

2 (1)　**【解き方】つるかめ算を利用する。**

青色の袋に1個のご石を入れる作業を18回行ったとすると，ご石の合計は1×18＝18(個)になり，実際より30－18＝12(個)少なくなる。青色の袋に入れる作業1回を赤色の袋に入れる作業1回におきかえると，ご石の合計は2－1＝1(個)多くなるから，赤色の袋に入れる作業は12÷1＝12(回)で，赤色の袋に入れたご石は2×12＝**24**(個)，青色の袋に入れたご石は30－24＝**6**(個)である。

(2)　もともと入っていた水とわき出た水を合わせた量がくみ上げた水の量だから，25分でくみ上げた水と12分でくみ上げた水の量の差が，25分でわき出た水と12分でわき出た水の量の差になる。24×25－37×12＝156(L)が25分間でわき出た水と12分間でわき出た水の差だから，わき出す水の量は，毎分156÷(25－12)＝**12**(L)である。

(3)　昼の時間と夜の時間の比は13：17だから，昼の時間は$24\times\frac{13}{13+17}=10.4$(時間)である。0.4時間は0.4×60＝24(分)だから，日の入りの時間は，午前6時44分＋10時間24分＝17時8分で，**午後5時8分**である。

(4)　**【解き方】元の人数に4枚ずつ配ることができるが，5枚ずつ配ると5×2＋8＝18(枚)足りない。**

1人に配る枚数を5－4＝1(枚)増やすと，全体に必要な枚数は18枚増える。よって，元の参加者の人数は，18÷1＝18(人)で，折り紙の枚数は，4×18＝**72**(枚)である。

(5)　**【解き方】食塩水の問題は，うでの長さを濃度(のうど)，おもりを食塩水の重さとしたてんびん図で考えて，うでの長さの比とおもりの重さの比がたがいに逆比になることを利用する。**

右のようなてんびん図がかける。a：bは，食塩水の量の比である100：600＝1：6の逆比になるので，a：b＝6：1となる。a＝3％だから，b＝3÷6＝0.5(％)
よって，食塩水Aの濃度は，7－(3＋0.5)＝**3.5**(％)である。

？％　3％　7％
a　b
100 g　600 g

(6) **【解き方】平行線のさっ角は等しいので，右図の●印をつけた角の大きさは等しいから，三角形ＡＢＣと三角形ＨＥＡは同じ形の三角形である。求める面積は，三角形ＡＣＤの面積から三角形ＨＥＡの面積をのぞいた面積になる。**

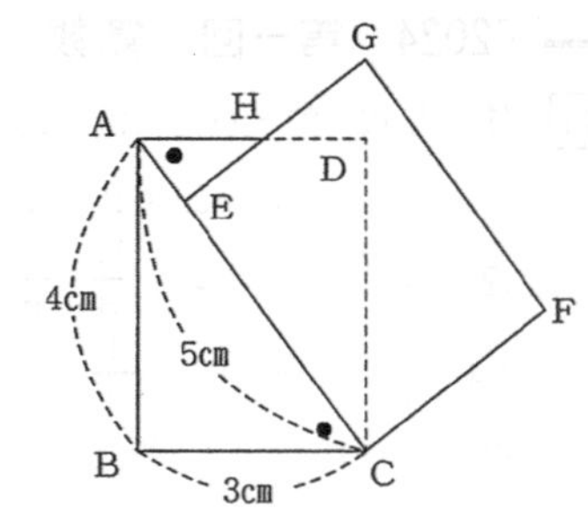

三角形ＡＢＣと三角形ＨＥＡは同じ形の三角形だから，対応する辺の長さの比は等しく，ＡＢ：ＨＥ＝ＢＣ：ＥＡが成り立つ。ＥＡ＝ＡＣ－ＥＣ＝５－４＝１(cm)だから，４：ＨＥ＝３：１より，ＨＥ＝$4\times\frac{1}{3}=\frac{4}{3}$(cm)

よって，求める面積は，$4\times3\div2-\frac{4}{3}\times1\div2=6-\frac{2}{3}=\frac{16}{3}=$ **$5\frac{1}{3}$**(cm²)

3 **【解き方】グラフ上での２人の関係は右図のようになる。**

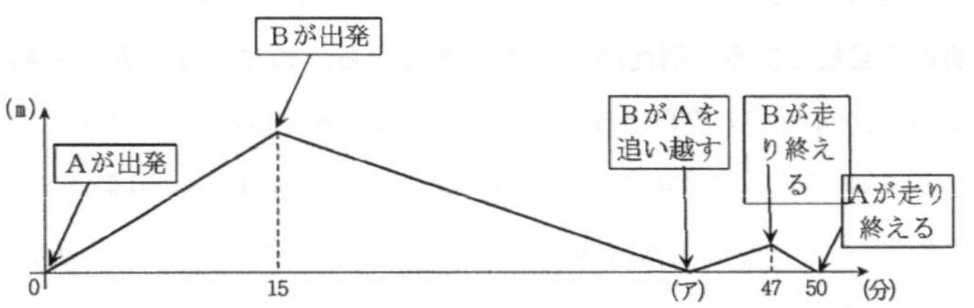

(1) Ａは 4.8 km＝4800ｍを 50 分で走るから，Ａの速さは，

毎分(4800÷50)ｍ＝毎分 **96**ｍである。

(2) Ｂは 4800ｍを 47－15＝32(分)で進むから，Ｂの速さは，毎分(4800÷32)ｍ＝毎分 150ｍ　Ｂが出発するとき，Ａは 96×15＝1440(ｍ)先を進んでいる。Ｂが出発すると，２人の差は毎分 150－96＝54(ｍ)ずつ小さくなるから，ＢがＡに追いつくのは，Ｂが出発して $1440\div54=\frac{80}{3}=26\frac{2}{3}$(分後)で，(ア)＝$15+26\frac{2}{3}=$ **$41\frac{2}{3}$**である。

4 (1) 15，14，13，12，11 の５つの数がくり返されている。2024 番目は，2024÷５＝404 あまり４より，５つの数が 404 回くり返された後の４番目の数だから **12** である。

(2) 2024 番目までは，15，14，13，12，11 を 404 回くり返した後に 15，14，13，12 が並ぶから，はじめから 2024 番目までの数の和は，(15＋14＋13＋12＋11)×404＋15＋14＋13＋12＝65×404＋15＋14＋13＋12＝**26314** となる。

5 (1) 直線ＪＫがＨＭと交わる点をＺとすると，求める面積は三角形ＺＫＳの面積で，長方形ＦＰＴＪから，三角形ＦＫＪ，三角形ＫＰＳ，三角形ＪＺＴ，三角形ＺＳＴをのぞいた三角形の面積である。点ＺはＨＭの真ん中の点だから，ＨＺ＝ＺＭ＝６÷２＝３(cm)　三角形ＪＺＴは底辺をＪＴとみると高さが６×２＝12(cm)，三角形ＺＳＴは底辺をＳＴとみると高さが３＋６＝９(cm)だから，求める面積は，

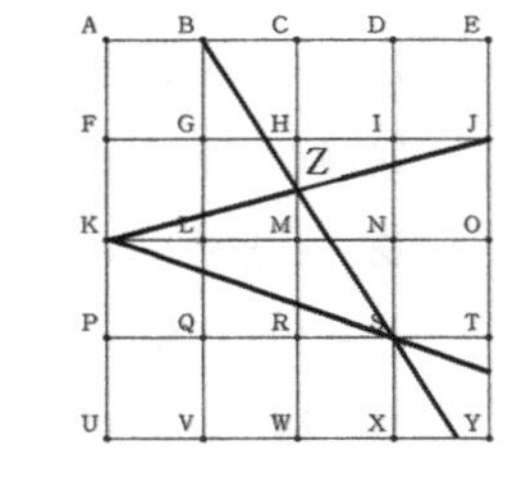

$(6\times2)\times(6\times4)-6\times(6\times4)\div2-6\times(6\times3)\div2-(6\times2)\times12\div2-6\times9\div2=$

288－72－54－72－27＝**63**(cm²)

(2) **【解き方】直線ＦＯとＨＭが交わる点をＺ，直線ＡＲと直線ＦＯが交わる点をZ_1，直線ＪＶと直線ＦＯが交わる点をZ_2とすると，求める面積は三角形Z_1ＲＺと三角形Z_2ＲＺの面積の和である。**

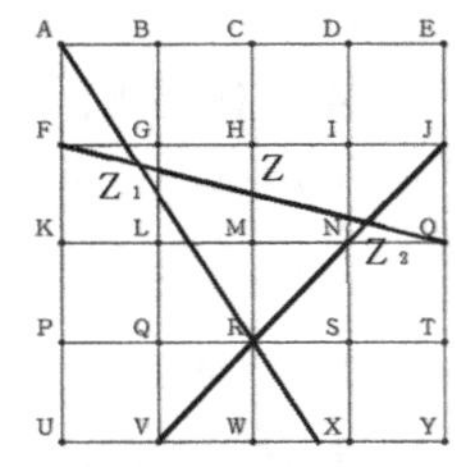

点ＺはＨＭの真ん中の点だから，ＨＺ＝ＺＭ＝６÷２＝３(cm)

三角形Z_1ＡＦと三角形Z_1ＲＺは同じ形の三角形でＡＦ：ＲＺ＝６：(６＋３)＝２：３だから，ＡＦ，ＲＺを底辺としたときの高さも２：３となり，三角形Z_1ＲＺの底辺をＲＺとしたときの高さは，$(6\times2)\times\frac{3}{2+3}=\frac{36}{5}=7.2$(cm)　同じように考えて，三角形$Z_2$ＪＯと三角形$Z_2$ＲＺも同じ形の三角形で，底辺をそれぞれＪＯ，ＲＺとしたときの高さの比はＪＯ：ＲＺ＝６：９＝２：３だから，三角形Z_2ＲＺの底辺をＲＺとしたときの高さは，$12\times\frac{3}{2+3}=7.2$(cm)

よって，求める三角形の面積は，$9\times7.2\div2\times2=$**64.8**(㎠)

6 (1) 底面が$6\times18=108$(㎠)で，高さが$\frac{49}{18}$cmだから，求める体積は，$108\times\frac{49}{18}=$**294**(㎤)

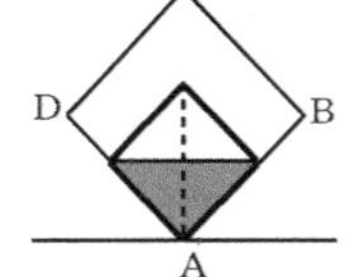

(2) 水が入っている部分は，底面が右図の色をつけた直角二等辺三角形，高さが6cmの三角柱とみることができるから，色をつけた直角二等辺三角形の面積は，$294\div6=49$(㎠)

この直角二等辺三角形を2つあわせてできる太線の正方形の面積は$49\times2=98$(㎠)で，

正方形の面積は，(対角線)×(対角線)÷2で求めることができるから，太線の正方形の対角線を□cmとすると，

□×□÷2＝98より，□×□＝196　　14×14＝196だから，□＝14となる。求める高さは太線の正方形の対角線の半分の長さだから，$14\div2=$**7**(cm)である。

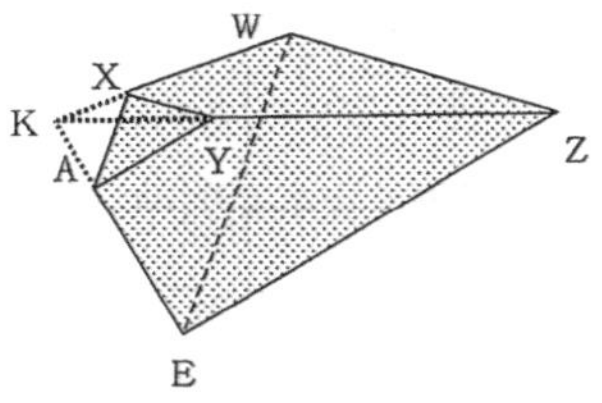

(3) **【解き方】右図のように，ＸＷ，ＹＺ，ＡＥを延長して交わる点をＫとする。三角形ＸＡＹと三角形ＷＥＺは同じ形の三角形で，ＸＹ：ＷＺ＝１：４だから，ＡＹ：ＥＺ＝ＡＸ：ＥＷ＝１：４で，面積の比は(１×１÷２)：(４×４÷２)＝１：16になる。同じ形の三角形に注目して，三角形ＸＡＹと三角形ＷＥＺを底面とする三角すいの体積の比はどうなるかを考える。**

三角形ＫＡＹと三角形ＫＥＺは同じ形の三角形だから，ＫＡ：ＫＥ＝ＡＹ：ＥＺ＝１：４

ＡＥ＝６cmが比の数の４－１＝３にあたるから，ＫＡ＝６÷３＝２(cm)，ＫＥ＝２×４＝８(cm)

したがって，底面が三角形ＸＡＹで高さがＫＡの三角すいと，底面が三角形ＷＥＺで高さがＫＥの三角すいの体積の比は，(１×２÷３)：(16×８÷３)＝１：64となる。比の数の64－１＝63にあたる体積は，水の入っている294㎤だから，64にあたる三角すいＫＷＥＺの体積は，$294\times\frac{64}{63}=\frac{896}{3}$(㎤)

したがって，(三角形ＷＥＺの面積)×８÷３＝$\frac{896}{3}$より，三角形ＷＥＺの面積は，$\frac{896}{3}\times3\div8=$**112**(㎠)

《2024　第一回　理科　解説》

1　**問１**　(ウ)×…外来種も持ちこまれてすぐは数が少ないと考えられるから，在来種に捕食(ほしょく)される生物であれば，数が増えない(いなくなる)ため，大きな問題にならない。

問４(1)　ツバメは人によって持ちこまれた生き物ではないから，外来種ではない。　**(2)**　雨が降る前などに，湿度(しつど)が高くなると，ツバメのえさとなるこん虫のはねが重くなり低い位置を飛ぶようになる。そのため，ツバメは低い位置を飛ぶこん虫をつかまえるために低く飛ぶ。

2　**問１**　火山灰層に着目すると，南に面した崖(がけ)では崖上の平坦面から60 cmの深さにあり，Ｘ地点では崖上の平坦面から90cmの深さにある。したがって，火山灰層(地層)は北に向かって低くなっているとわかる。また，砂岩層Ａの地層の厚さは図２より120－90＝30(cm)とわかる。

問２　断層がなければ，Ｚ地点の火山灰層はＸ地点より深いところにあると考えられるが，実際にはＺ地点の火山灰層はＸ地点よりも浅いところにあるから，断層によってＸ側が下に，Ｚ側が上にずれたとわかる。このとき地層にはたらく力は南北方向に押(お)す力または引っ張る力のどちらかである。

問３　東の崖に見えるはずの火山灰層と断層を図１－１にかきこむと，右図のようになる。よって，この断層は押す力によってできる逆断層であることがわかる。

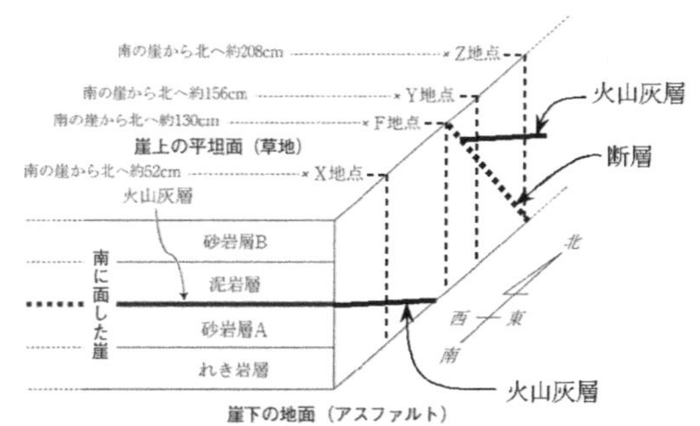

問４　(ア)×…偏西風(へんせいふう)(西から東に吹(ふ)く風)の影響(えいきょう)で，火山灰は東側に流されやすい。　(ウ)×…噴出(ふんしゅつ)する火山灰は噴火ごとに異なる。　(エ)×…火山灰層は火山灰が降り積もってできる層，石灰岩は生物の死がいなどが

固まってできた岩石である。

問6　(イ)(ウ)×…しゅう曲を起こす力は地層を押す力である。押す力でできる断層は逆断層という。なお，正断層は地層を引っ張る力がはたらいてできる。

3　**問1**　固体のロウがあたためられることで，固体→液体→気体と変化する。

問3　⑥⑦気体のロウがガラス管を通って出てくる。気体のロウは白色で，マッチの炎(ほのお)を近づけると燃える。

問4　(ア)木(燃えるもの)を取り除いて火を消す。　(イ)鉄の板は，スチールウールや鉄の粉に比べて，酸素(空気)にふれる表面積が小さいため燃えにくい。　(ウ)ビンの中の酸素の割合が減り，火が消える。　(エ)紙の発火点(火がつく温度)は水の沸点(ふってん)(100℃)より高いため，水が入っていれば紙で作ったなべは燃えない。　(オ)液体のロウがしんにしみこめなくなり，気体のロウ(燃えるもの)が発生しなくなるため火が消える。　(カ)気体のロウ(燃えるもの)が吹きとばされ，なくなるため火が消える。

問5　表1より，1.5gのマグネシウム粉末を十分に加熱すると，重さは2.5−1.5＝1.0(g)増加することがわかる。よって，5gのマグネシウム粉末を十分に加熱すると，重さは$1.0\times\frac{5}{1.5}=3.33\cdots\to3.3$g増加する。

4　**問1⑶**　電池の数が同じで，並列つなぎした豆電球1個にかかる電圧はすべて同じである。また，豆電球1個にかかる電圧が同じとき，豆電球1個に流れる電流の大きさは同じになる。

問2　直列につないだ豆電球には，電圧が等しく分かれてかかるから，図5の豆電球にかかる電圧を基準にすると，図6の豆電球1個には$\frac{1}{2}$倍の電圧，図7の豆電球1個には$\frac{1}{3}$倍の電圧，図8の豆電球1個には$\frac{1}{4}$倍の電圧がかかる。また，豆電球1個にかかる電圧が$\frac{1}{2}$倍になると，流れる電流も$\frac{1}{2}$倍になり，直列回路において，回路を流れる電流の大きさは豆電球1個に流れる電流と同じになる。よって，⑴と⑵はともに(オ)が正答となる。

問3　電圧の大きさが同じときについて考える。金属線の長さが同じ場合，金属線に流れる電流の大きさは金属線の断面積に比例する(断面積が大きいほど電流は流れやすくなる)から，BはAの3倍の電流が流れる。また，金属線の断面積が同じ場合，金属線に流れる電流の大きさは金属線の長さに反比例する(長さが長いほど電流は流れにくくなる)。図9より，電圧の大きさが同じとき，流れる電流の大きさがBはAの$\frac{1}{2}$倍とわかる。これは金属線の長さが同じ場合の$\frac{1}{2}\div3=\frac{1}{6}$(倍)の電流の大きさだから，Bの長さはAの6倍である。

《2024　第一回　社会　解説》

1　**問1**　【1】＝お　【2】＝い　【3】＝あ　【4】＝き　【5】＝う　【6】＝か　【7】＝え

【1】屋久島である。巨大なスギ天然林は縄文杉と呼ばれる。また，屋久島は標高2000m程度の山があり，鹿児島県の南部にあるにもかかわらず冬には雪も降るため，植生の垂直分布の変化が著しい。【2】ブナ林から白神山地と判断する。【3】知床である。知床の前に広がるオホーツク海は，流氷の南限となっている。【4】小笠原諸島である。離島の小笠原諸島は，独特の生物進化が進んでいることから「東洋のガラパゴス」と呼ばれる。

【5】富士山である。「形の整った美しい有名な山」「標高 3776m」などから判断する。【6】奄美大島，徳之島，沖縄島北部及び西表島である。この地域には，アマミノクロウサギやハナサキガエルなどの固有種が多く存在する。

【7】京都である。古代中国の首都(＝長安)をモデルに建てられたのは平安京である。

問2　(う)　　国連教育科学文化機関の略称である。(あ)は国連児童基金，(い)は国連世界食糧計画，(え)は世界保健機関。

問3　【5】,【7】　富士山は自然遺産としての登録を目指したが，ごみ投棄などの環境問題から登録されなかった。

問4　あ＝D　え＝B　お＝A　　北海道の東部は，寒流の千島海流と季節風の影響を受けて夏でも冷涼である。瀬戸内の気候の京都市は，1年を通して雨が少なく，内陸に位置するため夏と冬の気温差が大きい。太平洋側の気候の屋久島は，比較的温暖で夏の降水量が多い。

問5　A＝北海道　B＝鹿児島　　北海道は畜産が盛んであることは覚えておきたい。また，鹿児島県と宮崎県で豚や肉用若鶏の生産が盛んなことも覚えておきたい。

問6　8月3日16時　　経度差15度で1時間の時差が生じる。日本とニューオーリンズの経度差は135＋90＝225(度)で，時差は225÷15＝15(時間)になる。西経に位置するニューオーリンズの方が，東経に位置する日本より時刻は遅れているので，日本時間より15時間遅い時刻がニューオーリンズの時刻になる。

2　**問1**　い，う，お　　標高が低い方に向かって，出っ張っている方が尾根線，へこんでいる方が谷線である。

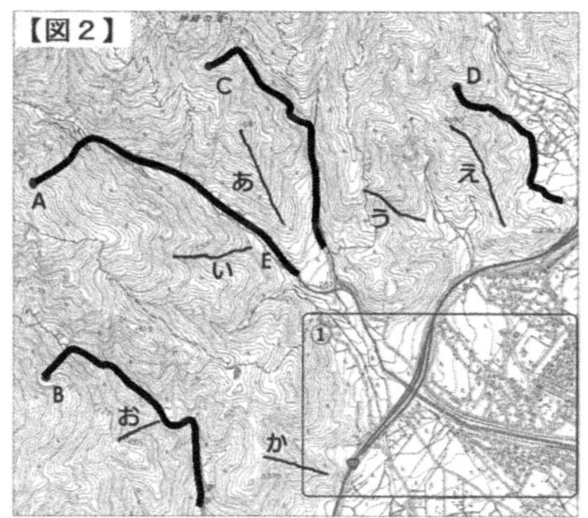

問2　A　　右図にA～Dの地点に降った雨水がたどる経路を太線で示した。

問3　2万5千分の1　　計曲線(5本に1本引かれた太い等高線)が50mごとに引かれていることから，縮尺は2万5千分の1と判断する。2万5千分の1地形図では，計曲線は50mごと，主曲線は10mごとに引かれる。5万分の1地形図では，計曲線は100mごと，主曲線は20mごとに引かれる。

問4　(い)，(う)　　河川がつくりだす扇状地が形成され，針葉樹林(Λ)と広葉樹林(Q)の両方が広がっている。(あ)誤り。噴火が多いかどうかは読み取れない。(え)誤り。水田(II)は見られない。

3　**問1**　⑴＝枕草子　⑵＝執権　⑶＝徳川綱吉　　⑴国風文化を代表する文学として，清少納言の随筆『枕草子』と紫式部の小説『源氏物語』は覚えておきたい。⑵鎌倉時代，将軍を補佐する執権の役職は，北条氏が独占した。⑶徳川綱吉は，生類憐みの令を出し，質の悪い元禄小判を発行したことで知られる。

問2　(う)　　貝塚は縄文時代に貝がらや壊れた土器などを捨てたものが堆積したものだから，弥生時代に使われはじめた鉄の剣や刀は見つからない。

問3　狩り　　弓矢をもつ人間が，犬を使ってイノシシらしい動物を獲ろうとしている。

問4　卑弥呼　　魏に朝貢した卑弥呼が，「親魏倭王」の称号，金印，100枚あまりの銅鏡を授けられたことが，『魏志』倭人伝に記されている。

問5　平城京　　710年，元明天皇は都を藤原京から平城京に移した。

問6　御家人が京都や鎌倉を守ったり，命をかけて戦うことを奉公といい，将軍(幕府)が活躍した御家人のもつ領地を保護したり，新たな領地の地頭などにつけることをご恩という。元寇は防衛戦であったため，活躍した御家人たちに十分な領地を与えることができなかった。そのため，御家人の竹崎季長は，自らの活躍を幕府に訴え，領地をもらおうとした。

問7　建武の新政　　後醍醐天皇は，武家の政治を無視して天皇に権力を集中させたため，武士の反感を買い，足利尊氏の挙兵もあって，わずか2年あまりで終わった。

問8　(う)　　イエズス会は，カトリックの男子修道会である。

問9　(い)→(あ)→(え)→(う)　　(い)享保の改革→(あ)田沼の政治→(え)寛政の改革→(う)天保の改革

問10　⑨＝あ　⑩＝い　　⑨満州事変は，奉天郊外の柳条湖で南満州鉄道の一部を爆破したことから始まった。⑩日中戦争は，北京郊外の盧溝橋で日本軍と中国軍が軍事衝突したことから始まった。

問11　太平洋戦争中，金属物資の不足から金属類回収令が出され，一般家庭からは鍋や釜など，寺からは梵鐘などが回収され，銅でできたハチ公像も回収された。

問12 (あ)　1957年，ソ連(現在のロシア)はスプートニク1号の打ち上げに成功した。

4 問1 (1)＝抑止 (2)＝ガンディー (3)＝第五福竜丸 (4)＝核兵器禁止　(2)塩の専売を進めるイギリスに反対するガンディーは，塩の生産の自由化を求めて約400㎞を行進した。(3)被爆した第五福竜丸の乗組員久保山愛吉さんが半年後に命を落とした。(4)アメリカの核の傘の下にある日本は，核兵器禁止条約に参加していない。

問2 (う)　主要国首脳会議(サミット)に参加する7か国をG7という。ロシアを含むG8としている時期もあったが，ロシアによるクリミア併合の問題から，ロシアがG8から除外され，再びG7となった。

問3 マグロ　焼津港は，マグロとカツオの水揚げが多いことで知られている。

問4 (あ)　ＣＴＢＴは包括的核実験禁止条約の略称である。(い)はＰＴＢＴ(部分的核実験禁止条約)，(う)はＮＰＴ(核兵器不拡散条約)，(え)は新ＳＴＡＲＴ(新戦略兵器削減条約)。

問5 上告　国民の権利を守るため，日本では三審制をとっている。第一審の判決に不服があり第二審を求めることを控訴，第二審の判決に不服があり第三審を求めることを上告という。最終審となる最高裁判所への不服申し立ては上告になる。

5 問1 あ＝国権 い＝最高機関　三権のうち，国会は立法権をもつ。

問3 インフレーション　持続的に物価が上昇する現象をインフレーション，持続的に下落する現象をデフレーションという。

問4 社会保障　少子高齢化が進む日本では，歳出のおよそ3分の1を社会保障関係費が占める。

問5 (う)　例えば1ドル＝100円から1ドル＝120円になることを円安ドル高という。円安になると海外へ留学するときの費用は高くなる。一般に，円安は日本の輸出企業と海外から日本への旅行者に有利にはたらき，円高は日本の輸入企業と日本からの海外旅行者に有利にはたらく。

問6 団体交渉権　労働者の権利として，労働基本権(団結権，団体交渉権，団体行動権)が認められている。

2023 解答例 令和5年度

法政大学第二中学校【第一回】

《国　語》

一　問一．①系統　②貯蔵　③収拾　④織　⑤勇　　問二．①つい　②やわ　③あんぴ　④ほっきにん
問三．①富　②版　③誠　　問四．①ウ　②イ　③ア

二　問一．エ　　問二．ウ　　問三．ア　　問四．はじめ…「差別　おわり…在だ」　　問五．ア　　問六．ウ
問七．ウ→イ→エ→ア　　問八．(例文)外国から帰国したAさんが編入してきた時、Aさんは英語が得意なはずだと決めつけてしまったが、それは差別だ。Aさんは、外国では日本人学校に通い、英語を話す機会がほとんどなかったという。このような差別をしないためには、無意識のうちに思い込むくせがあることを自覚し、相手の話をよく聞くことが必要だと考える。

三　問一．Ⅰ．オ　Ⅱ．エ　　問二．ア　　問三．㈠ア　㈡エ　　問四．エ　　問五．ウ　　問六．これからも大切な家族を懸命に守り、家族に支えられながら、頑張っている子どもたちと同じように自分も夢に向かって勉強しようと決意し、前向きな気持ちになっている。

《算　数》

1　(1) $1\frac{5}{21}$　(2) 5　(3) $2\frac{2}{19}$　(4) 24

2　(1) 19　(2) 15　(3) 225　(4) 2250　(5) 4.25　(6) 91

3　(1) 8，33　(2) 9，4，40

4　(1) 2550　※(2) 10332

5　(1) 12　(2) $32\frac{4}{7}$

6　(1) 43.2　(2) 103.14　(3) $\frac{45}{628}$

※の考え方は解説を参照してください。

《理　科》

1　問1．記号…D　名前…左心室　　問2．(エ)，(オ)　　問3．②，③　　問4．①，③
問5．記号…(ウ)　名前…弁　　問6．⑧

2　問1．百葉箱　　問2．(エ)　　問3．28.48　　問4．30　　問5．15　　問6．(エ)

3　問1．水上　　問2．完全　　問3．二酸化炭素　　問4．酸　　問5．(1)酸素　(2)体積…52　気体名…プロパン
(3)5

4　問1．10　　問2．8　　問3．6

5　問1．エ，オ　　問2．ケ　　問3．3：3：4：2：2

6　①持続　②気候　③化石　④(イ)　⑤(オ)　⑥(キ)

《社　会》

1　問1．【1】け　【2】う　【3】こ　【4】く　【5】い　問2．原爆ドーム　問3．石見銀山
問4．ゆば　問5．首里城　問6．(え)　問7．(え)，(か)　問8．(い)　問9．【1】(う)
【2】(い)　【3】(あ)　【4】(え)　問10．①(え)　②ため池　問11．750

2　問1．(う)，(え)　問2．遣隋使　問3．(あ)　問4．最澄〔別解〕伝教大師　問5．(う)
問6．一所懸命　問7．鎖国政策によって，ヨーロッパからはオランダの船だけが日本に入港できたから。
問8．琉球王国　問9．打ちこわし　問10．朝鮮〔別解〕中国　問11．治安維持法　問12．(1)(け)
(2)(お)　(3)(た)　(4)(あ)　問13．(い)

3　問1．(1)現在　(2)将来　問2．保障　問3．生存権　問4．(い)，(う)，(か)　問5．民営化
問6．最高裁判所裁判官　問7．拒否権〔別解〕再議(請求)権　問8．アイヌ　問9．(1)現行犯　(2)令状
問10．(い)　問11．明治憲法では，教育に関する国民の権利の規定はなかったが，日本国憲法では，能力に応じて教育を受ける権利が保障された。義務を定めたのは，小学生・中学生には権利を行使することができないからである。

4　問1．(う)　問2．(う)　問3．永遠

法政大学第二中学校【第一回】

《2023　第一回　国語　解説》

一　**問四①**　①とウは、「～によって」という、原因・理由を表す働きをするもの。アは、「おだやかだ」という言葉の「だ」が、後に付く言葉に応じて変化したもの。イは、場所を示す働きをするもの。　**②**　②とイは、伝聞(人から伝え聞いたことを述べる)を表す働きをするもの。アは、いかにも中学生にふさわしい、という意味を表すもの。ウは「すばらしい」という言葉の一部分。　**③**　③とアは、「何が」という、主語を示す働きをするもの。イは、「～けれども」という、逆接を表す働きをするもの。ウは、能力(～することができる)の対象を示す働きをするもの。

二　**問一**　「自らが生きている日常生活世界を脅(おびや)かすこともない『問題』『事件』」というとらえ方であり、「傍観(ぼうかん)」している(関係のない立場でただ見ている)ので、エの「対岸の火事」が適する。「対岸の火事」は、向こう岸の火事は自分の方に燃えうつるおそれがないことから、自分には関係がなく、少しも苦痛を感じないことを意味する。

問三　傍線部①の前行に「本来この見方が持っている原理的な部分が失われ」とあることに着目し、二分法的見方の「原理的な部分」とは何かを読みとる。それは、傍線部①の３～４行前で「この見方をてがかりとすることで、差別を受ける人々が誰(だれ)なのかを括(くく)りだすことができ、被差別の現実や被差別それ自体を冷静かつ克明(こくめい)に考えていくことができます。その意味で、差別を考える原点の思考法」と述べられている。そのような見方が機能しない、つまり、そのように考えるあり方が失われてしまうため、傍線部①のようになるということ。よって、アが適する。

問四　傍線部②と同じようなことを述べた部分が、５～６行前に「差別をできるだけ限定し、狭(せま)く稀(まれ)なできごととして私たちの日常生活世界から締(し)め出そうとする」とあることに着目する。そうなってしまう背景にある考え方とは、その直前の「『差別者であれ被差別者であれ、差別に関わる人びとは普通(ふつう)でない特別な存在だ』という考え」。

問五　傍線部③の考えを述べるために、その直前の３段落で、「被差別地域出身で当時の運動(解放運動)を中心的に進めていた男性二人」が、筆者の「人は誰でも差別する可能性がある」という考えに同意し、「私は～運動を進めてきたが、他の差別問題への理解ができていたのかと考えれば、そうではないだろうと思います」と語ったという話を取り上げている。つまり、彼(かれ)らのように、「長い時間をかけ自らの被差別性を考え抜(ぬ)いた結果、他者理解や人間理解が深まると同時に、感性や理性が磨(みが)かれ、結果的に他の差別事象に対しても鋭(するど)い感性を持っている」人であっても、「他の差別事象を真に理解できると言い切ることなどできません」ということ。この考えを「いわば」と傍線部③でまとめているのである。よって、アが適する。

問六　「差別する可能性」について具体的に説明している、傍線部③の直後の２段落を参照。「世の中には～根拠(こんきょ)のない『決めつけ』や恣意的(しいてき)な(自分勝手な)『思い込(こ)み』があり～『歪(ゆが)められ』『偏(かたよ)った』理解の仕方などがあります。『差別する可能性』とは、世の中に息づいている、こうした他者理解や現実理解をめぐる知や情緒(じょうちょ)に私たちが囚(とら)われてしまう〝危うさ〟のことです～批判的に検討しないで、そのまま認めてしまう〝危うさ〟のことです」と述べていることから、ウが適する。

問七　［Ⅲ］の直前に「なぜ私は～言っているのでしょうか」とあるから、その理由を明確に答えているウ。その方法・過程について具体的に説明しているイ→エ。その結果見えてくることを述べたア。アで述べた「他者の姿」について、［Ⅲ］の直後で「こうした他者の姿」と受けている。

三　**問一Ⅰ**　光枝は「俊介(しゅんすけ)の塾(じゅく)通いには反対」である。菜月が「俊介が積極的に塾に通っていることをなんとかわかってもらおうと～丁寧(ていねい)に話していく」が、光枝は「まるで興味がない」ような態度で、聞く耳を持たない。この様子から、ずっと不快な表情をしているのだと考えられる。よって、オの「眉をひそめたまま」が適する。

Ⅱ　光枝が帰った直後に「美音が菜月の腰にしがみついてきた」とある。その行動から、それまで美音が、菜月と光枝が「烈しくやり合って」いるのを心配しながら、息をする音もさせないほど緊張して、じっとしていたであろうことがうかがえる。よって、エの「息を殺して」が適する。

問二　「目を剝く」は、怒ったり驚いたりして目を大きく開くこと。直後の「首を横に振った」は、不承知・不賛成、不満の気持ちを表す動作である。ここまでの光枝は、「俊介の塾通いには反対だ」とはっきり言い、「批判的な言葉を重ねてくる」という様子。さらに、菜月がパートに出て美音を学童保育に通わせているということを耳にして、それを問いつめたのである。菜月の返答を聞いて、光枝は「あり得ない、信じられない」というような気持ちでさらに腹を立て、傍線部①の後で「美音をほったらかしにしてまでパートに出なきゃいけないの？～そもそも美音が普通の小学校に通うことも反対だったの～美音にも俊介にも負担をかけて～あなた絶対に後悔するわよ」と言っている。これらの内容から、アのような気持ちが読みとれる。

問三㈠　光枝が「可哀そう」と言うのは、「子どもは遊ぶのが仕事なのだから塾なんて可哀そうだ。小さい時に我慢を強いられた子どもは性格が歪み、ろくな大人にならない」という考えからである。一方菜月は、「本当に可哀そうなのは、夢を持てない大人になることじゃないだろうか。自分に自信が持てないことじゃないだろうか」と考え、「俊介には夢があって～叶えるかもしれません～自分がやりたいと願うことを、好きなことを、職業にできるかもしれないんです」と言っている。これらの内容から、アのようなことが読みとれる。　㈡　この後菜月は、「俊介が『塾で勉強したい。中学受験がしたい』と言い出した時、驚いたけれど嬉しかった。戸惑いもしたが～誇らしかった～全力で応援してやりたいと思った」ということを思い返し、光枝に対して「俊介は将来やりたいことがある～行きたい中学がある～それを応援しようと決めたんです」「俊介はいま毎日必死で勉強しています～私は～感動しています。すごいと思ってるんです。誇らしく思ってるんです～俊介には受験や塾に対して否定的なことを言わないでください～沿道から石を投げるようなことはしないでください」とはっきり言っている。これまで光枝に歯向かったことがない菜月が、傍線部②でこのように言う決意をしたということ。よって、エが適する。

問四　泣きながら光枝に気持ちをうったえ、光枝が帰った後、菜月は「よく言った～心の中で呟く～本心をきちんと伝えることができた。わが子を守るために強くなったと自分を褒める」とある。ここから、菜月の気持ちが揺れ動いていないこと、間違ったことを言っていないと自信を持ち、すっきりした気持ちになっていることが読みとれる。ただ、菜月は「光枝に切った啖呵(けんかの時などの、勢いよくまくしたてる、歯切れのよい言葉)が(俊介に)聞こえていたら恥ずかしいな」と思っていて、俊介が「一心不乱に問題を解いていた」ので「リビングで言い合う声は届いていなかったのだろう」と一度は安心したが、俊介から「なんかいろいろ言われてたね」と言われ、聞かれてしまったことを知る。そのうえで、俊介から「いいじゃん。お母さんはまちがってなかったし」と言われて、傍線部③のようになったのである。この流れから、エのような気持ちが読みとれる。

問五　菜月が「いまからお勉強して、保育園の先生になろうかな」と言うと、俊介と美音は賛成する気持ちを伝えている。「ヨーイドン！」は、走り始めを告げる「かけっこの合図」だから、菜月の背中を押してくれたのだとわかる。「発声を恥ずかしがって訓練以外の場所では喋ってくれない美音」が、応援する気持ちで「腹の底から」声を出したことに「心が震え」たということ。「心が震える」は、強く感動すること。よって、ウが適する。

問六　「大切なもの」は、「懸命に守ってきた」家族のこと。これまでと同じように、大切な家族を懸命に守りながら、新たなスタートを切る、つまり、保育園の先生になるための勉強を始めようと前向きな気持ちになっているということ。この気持ちをまとめる。

《2023　第一回　算数　解説》

1　(1)　与式$=\frac{55}{10}\div(8\frac{4}{8}+1\frac{1}{8})+2\frac{3}{4}\div\frac{33}{8}=\frac{11}{2}\div 9\frac{5}{8}+\frac{11}{4}\times\frac{8}{33}=\frac{11}{2}\times\frac{8}{77}+\frac{2}{3}=\frac{4}{7}+\frac{2}{3}=\frac{12}{21}+\frac{14}{21}=\frac{26}{21}=$ $\mathbf{1\frac{5}{21}}$

(2)　与式より，$(\frac{9}{12}-\frac{8}{12})\times\frac{6}{□}=0.12\div 1.2$　　$\frac{1}{12}\times\frac{6}{□}=\frac{1}{10}$　　$\frac{1}{2}\times\frac{1}{□}=\frac{1}{10}$　　$\frac{1}{□}=\frac{1}{10}\times 2=\frac{1}{5}$

よって，□＝**5**

(3)　与式$=1+3\div\{1+3\div(1+3\div 4)\}=1+3\div(1+3\div\frac{7}{4})=1+3\div(1+3\times\frac{4}{7})=1+3\div\frac{19}{7}=$
$1+3\times\frac{7}{19}=1+\frac{21}{19}=1+1\frac{2}{19}=$ $\mathbf{2\frac{2}{19}}$

(4)　$\frac{21}{10}$日$=2\frac{1}{10}$日，$\frac{1}{10}$日$=(24\times\frac{1}{10})$時間$=2\frac{2}{5}$時間，$\frac{2}{5}$時間$=(60\times\frac{2}{5})$分＝**24** 分

2　(1)　**【解き方】8月のある週の木曜日を8月x日とすると，その週の月，火，水，金，土，日曜日はそれぞれ8月$(x-3)$日，$(x-2)$日，$(x-1)$日，$(x+1)$日，$(x+2)$日，$(x+3)$日と表せる。よって，月曜日から日曜日までの日付の合計は，$(x-3)+(x-2)+(x-1)+x+(x+1)+(x+2)+(x+3)=7\times x$と表せる。**

$7\times x=133$となるから，$x=19$(日)である。8月は31日まであるから，(31－19)÷７＝１余り５より，8月31日は木曜日の５日後なので，火曜日である。よって，９月の第１週の日曜日は火曜日のさらに５日後だから，９月５日となるので，第３週の日曜日は，５＋７×２＝19より，９月**19**日である。

(2)　サイコロを投げて５以下の目が出る場合は５通り，４の約数になる場合は１，２，４が出る場合だから３通りある。よって，サイコロAの５通りそれぞれに対して３通りのサイコロBの出方があるから，５×３＝**15**(通り)である。

(3)　**【解き方】今年は去年より４％だけ人数が増えたので，１＋0.04＝1.04(倍)になったと考える。**

求める人数は，234÷1.04＝**225**(人)

(4)　**【解き方】形が同じで大きさが異なる三角形の辺の長さの比がａ：ｂのとき，面積の比は（ａ×ａ）：（ｂ×ｂ）となることを利用する。また，④と⑨は合同な図形だから，②＋⑨＝②＋④として考える。**

①＝S_1，①＋②＝S_2，①＋②＋③＝S_3，…のように表す。このとき，②＋④＝$S_2-S_1+S_4-S_3$である。

S_1，S_2，S_3，S_4をS_6を用いて表すと，

$S_1:S_6=(1\times 1):(6\times 6)=1:36$より，$S_1=\frac{1}{36}\times S_6$

$S_2:S_6=(2\times 2):(6\times 6)=1:9$より，$S_2=\frac{1}{9}\times S_6$

$S_3:S_6=(3\times 3):(6\times 6)=1:4$より，$S_3=\frac{1}{4}\times S_6$

$S_4:S_6=(4\times 4):(6\times 6)=4:9$より，$S_4=\frac{4}{9}\times S_6$

よって，②＋④$=\frac{1}{9}\times S_6-\frac{1}{36}\times S_6+\frac{4}{9}\times S_6-\frac{1}{4}\times S_6=\frac{5}{18}\times S_6$となる。よって，求める面積は，
$\frac{5}{18}\times 180\times 90\div 2=$**2250**(㎠)

(5)　**【解き方】ａに23，ｂに□をあてはめて計算する。**

23※□＝23×□＋９×□－23より，(23＋９)×□＝113＋23　　□＝136÷32＝**4.25**

(6)　**【解き方】100円硬貨と50円硬貨の比が13：４だから，硬貨の枚数の合計の比の数は13＋４＝17と表せる。**

100円硬貨の枚数は$119\times\frac{13}{17}=$**91**(枚)

3　(1)　**【解き方】XとZはXの方が速いので，先にCに到着し，４分停止した後，Bに向かう途中でZと接触する。**

Xは８時にDを出発し，60÷３＝20(分)でCに到着し，４分停止する。Xが再び動きだしたとき，ZはCから60－１×24＝36(m)離れた地点にいる。XとZが近づく速さは，３＋１＝４より，分速４ｍだから，36÷４＝９(分後)に接触する。よって，求める時刻は，８時00分＋20分＋４分＋９分＝**8**時**33**分

(2) **【解き方】Ｚは(1)より８時33分にＸと接触し，逆向きに進む。よって，８時33分におけるＹとＺの位置を求め，互(たが)いに近づいていくと考えればよい。**

出発してから８時33分までに，Ｙは２×(33－２)＝62(m)進んだ。よって，Ａから２mだけ離れた地点，つまりＢから60－２＝58(m)だけ離れた地点にいる。このとき，(1)より，ＺはＢから１×33＝33(m)離れた地点にいる。そこから，Ｙは速さが分速２mだから，58÷２＝29(分後)，Ｚは速さが分速１mだから，33÷１＝33(分後)にＢに到着する。よって，Ｙが先にＢに到着し，２分停止した後Ｃに向かって進んでいるときにＺと接触する。ＹがＢを出発したとき，ＺはＢから33－１×(29＋２)＝２(m)だけ離れた地点にいるので，２÷(２＋１)＝$\frac{2}{3}$(分後)＝40(秒後)に２点は接触する。したがって，求める時刻は，８時33分＋31分＋40秒＝**９時４分40秒**

4 (1) ２から100までの連続する100÷２＝50(個)の偶数の列を２つ使って，右のような筆算が書けるから，２から100までの連続する偶数の和は，$\frac{102\times50}{2}$＝**2550**

```
   2 ＋4 ＋6 ＋……＋100
＋) 100＋98 ＋96 ＋……＋2
   102＋102＋102＋……＋102
```

(2) **【解き方】(1)と同様に考える。**

３から267までの３の倍数が267÷３＝89(個)，３から99までの３の倍数が99÷３＝33(個)あるから，102から267までの連続する３の倍数は，89－33＝56(個)ある。よって，求める和は，(102＋267)×56÷２＝**10332**である。

5 (1) **【解き方】ＢＦ：ＣＦ＝１：３であり，ＢＥとＣＤは平行なので，三角形ＢＥＦと三角形ＣＤＦは形が同じで大きさが異なる三角形だから，面積の比は(１×１)：(３×３)＝１：９となることを利用する。**

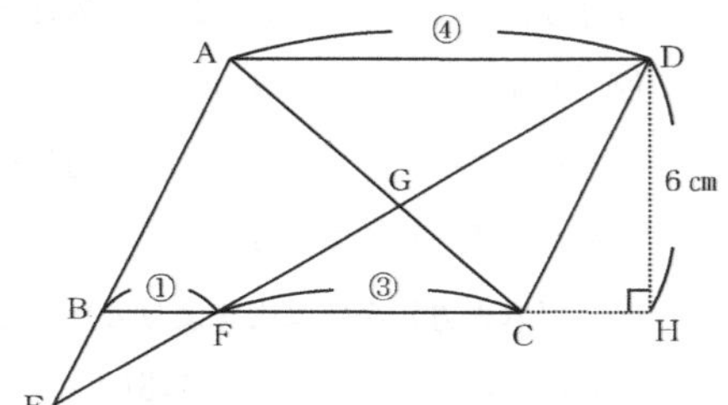

三角形ＢＥＦの面積は４cm²だから，三角形ＣＤＦの面積は，
４×$\frac{9}{1}$＝36(cm²)である。よって，ＣＦ＝36×２÷６＝**12**(cm)

(2) **【解き方】(四角形ＡＢＦＧの面積)＝(平行四辺形ＡＢＣＤの面積)－{(三角形ＣＤＦの面積)＋(三角形ＡＧＤの面積)}として求める。**

ＡＤ＝12×$\frac{4}{3}$＝16(cm)より，平行四辺形ＡＢＣＤの面積は，16×６＝96(cm²)
三角形ＡＧＤと三角形ＣＧＦは形が同じで大きさが異なる三角形だから，それぞれの底辺をＡＤ，ＣＦとしたときの高さの比は，底辺の長さの比と等しく４：３である。これより，三角形ＡＧＤのＡＤを底辺としたときの高さは６×$\frac{4}{4+3}$＝$\frac{24}{7}$(cm)である。したがって，三角形ＡＧＤの面積は16×$\frac{24}{7}$÷２＝$\frac{192}{7}$＝27$\frac{3}{7}$(cm²)
よって，求める面積は，96－(36＋27$\frac{3}{7}$)＝**32$\frac{4}{7}$**(cm²)

6 (1) **【解き方】立体アは正面と奥から見た形がそれぞれ等しいので，面積も等しい。それ以外の面積については(Ｈ字型の周りの長さ)×(正面から見た図形を底面としたときの高さ)として考える。**

正面から見た図形の面積は，0.9×５×２＋(５－２×２)×(2.7－0.9×２)＝９＋１×0.9＝9.9(cm²)
Ｈ字型の周りの部分の面積は，(５×２＋0.9×４＋２×４＋0.9×２)×１＝10＋5.4＋８＝23.4(cm²)
したがって，求める表面積は，9.9×２＋23.4＝**43.2**(cm²)

(2) **【解き方】底面との設置面積が最大となるのは，立体アを正面から見た図形の面が水そうの底に接するときであり，このときの立体アの高さは１cmである。**

水そうに入っている水面の高さが１cmのときの水の体積は，６×６×3.14×１＝113.04(cm³)
立体Ａの体積は，9.9×１＝9.9(cm³)
よって，113.04－9.9＝**103.14**(cm³)より多くの水を入れればよい。

(3) **【解き方】立体アの下の面が底に接しているとき，設置面積が最小である。**

立体アの高さは5㎝だから，水は$5\times\frac{4}{5}=4$（㎝）まで入れたことになる。このとき，立体アを正面から見ると，水につかっている部分は右図の色つき部分となる。

よって，水につかっている部分の体積は，$9.9-(1\times0.9\times1)\times2=8.1$（㎤）である。

これと同じ体積の水を円柱型の水そうに入れたときの水面の高さが，立体アをぬき取ったときに下がる水面の高さだから，求める高さは，$8.1\div(6\times6\times3.14)=\frac{45}{628}$（㎝）

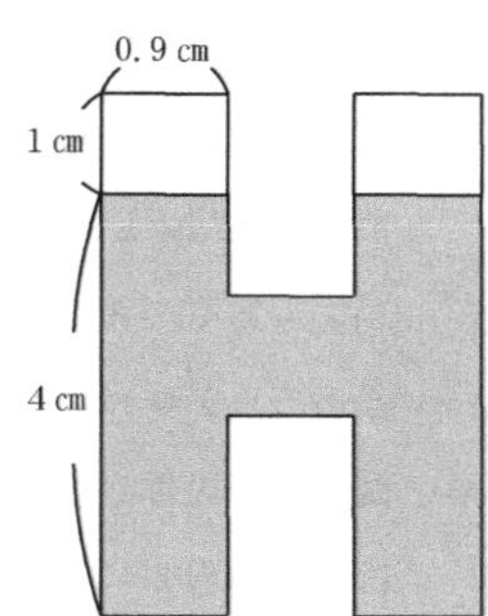

《2023　第一回　理科　解説》

1　問1　Aは右心房，Bは左心房，Cは右心室，Dは左心室である。左右の心室が同時に収縮するので，Cの部屋と同時に収縮するのはDである。

問2　ヒトと同じホニュウ類のなかまと鳥類のなかまは2心房2心室である。イモリは両生類，サメは魚類，カエルは両生類，ペンギンは鳥類，イルカはホニュウ類である。

問3，4　全身を流れてきた血液は，大静脈(③)→右心房(A)→右心室(C)→肺動脈(①)→肺→肺静脈(②)→左心房(B)→左心室(D)→大動脈(④)の順に流れる。肺で酸素と二酸化炭素の交かんが行われるので，二酸化炭素を多くふくむ静脈血は①と③，酸素を多くふくむ動脈血は②と④を流れる。

問5　静脈は動脈とちがって血液の流れる勢いが弱いので，逆流を防ぐためのべんがある。

問6　不要物はじん臓でこし取られるので，じん臓を通った直後の⑧を流れる血液が最も不要物が少ない。

2　問2　とびらを開けたときに直射日光が中に入らないように，とびらは北向きについている。

問3　気温は31℃，乾球温度計と湿球温度計の示度の差は$31-29.5=1.5$(℃)だから，表1より，湿度は89%である。表2より，気温31℃での飽和水蒸気量は32.0 g/㎥だから，空気1㎥にふくまれる水蒸気量は$32.0\times0.89=28.48$(g)となる。

問4　気温が2℃上昇して33℃になると，飽和水蒸気量は35.6 g/㎥になるので，湿度は$\frac{28.48}{35.6}\times100=80$(%)となる。よって，表1で気温33℃，湿度80%のときの乾球温度計と湿球温度計の示度の差は3℃だから，湿球温度計は$33-3=30$(℃)を示す。

問5　乾球温度計と湿球温度計の示度の差は$31-21.5=9.5$(℃)だから，表1より，湿度は40%である。よって，この空気1㎥にふくまれる水蒸気量は$32.0\times0.4=12.8$(g)であり，飽和水蒸気量が12.8 g/㎥の15℃になると，コップの表面に水滴が付き始める。

問6　扇風機の風をあてると湿球温度計をおおっているガーゼから水が蒸発しやすくなるので，温度が下がりやすくなる。よって，(エ)が正答となる。

3　問1　メタンのような水に溶けにくい気体は水上置かん法で集める。

問3　石灰水に二酸化炭素を通すと白くにごる。

問4　二酸化炭素は水に溶けると酸性を示す。

問5(1)　発生した二酸化炭素の体積は残った気体の体積から石灰水を入れた後の気体の体積を引いて求めることができるので，Aでは$24-18=6$(㎤)，Bでは$32-14=18$(㎤)，Cでは$40-10=30$(㎤)，Eでは$70-10=60$(㎤)である。よって，A～Cでは発生した二酸化炭素の体積は入れた酸素の体積に比例しており，Eでは$10\times\frac{60}{6}=100$(㎤)の酸素が反応して，10㎤の酸素が残ったと考えられる。　(2)　A～Cでは酸素が20㎤増えるごとに残った気体の体積が8㎤ずつ増えているので，50㎤から30㎤増えて80㎤になると，残った気体の体積は$8\times\frac{30}{20}=$

12(㎤)増えて，40＋12＝52(㎤)となる。(1)解説より，プロパン20㎤は酸素100㎤とちょうど反応するので，発生した二酸化炭素以外に残っている気体はプロパンである。 **(3)** A～Cでは石灰水を入れた後に残った気体はプロパンである。Aではプロパンが 20－18＝2(㎤)反応したので，酸素 10 ㎤とプロパン2㎤が反応することがわかる。よって，プロパン：酸素＝2：10＝1：5となる。

4 **問1** 2段目の重心が1段目の左端(はし)から 20 ㎝(右端の真上)になるところまでずらすことができる。レンガの重心は左端から 20÷2＝10(㎝)のところにあるので，1段目の左端から10㎝までずらしてもくずれない。

問2 2段目と3段目を合わせた重心が1段目の左端から 20 ㎝(右端の真上)になるところまでずらすことができる。2段目の重心は1段目の左端から 10＋6＝16(㎝)のところにあり，2段目と3段目の重さは同じだから，これらを合わせた重心はそれぞれの重心の真ん中にある。よって，3段目の重心が1段目の左端から24㎝のところにあれば，2段目と3段目を合わせた重心が1段目の左端から 20 ㎝になるので，3段目は2段目から 24－16＝8(㎝)までずらしてもくずれない。

問3 2段目以降のレンガを合わせた重心が1段目の左端から20㎝(右端の真上)になるところまでレンガを積むことができる。1段目の左端から2段目の重心までは 10＋4＝14(㎝)，3段目の重心までは 18 ㎝，4段目の重心までは 22 ㎝，5段目の重心までは 26 ㎝，…のように4㎝ずつ重心の位置は右に動いていく。これらの1段目の左端から重心までの距離の平均が 20 ㎝をこえるとレンガはくずれる。よって，2段目から5段目までの平均が(14＋18＋22＋26)÷4＝20(㎝)になるので，6段目を積んだところでくずれる。

5 **問1** 電池と豆電球が直列や並列につながれている数は2個までだから，豆電球が最も明るくなるのは，電池が直列につながれていて，豆電球が直列につながれていないときである。よって，エとオが最も明るい。

問2 電池が最も長くもつのは，電池が並列につながれていて，豆電球が直列につながれているときである。よって，ケの電池が最も長持ちする。

問3 アの豆電球に流れる電流を1とすると，豆電球が直列に2個つながれたａとｂには$\frac{1}{2}$の電流が流れる。また，ｃ，ｄ，ｅでは，並列部分のｄとｅにそれぞれ$\frac{1}{3}$，それらが合わさったｃには$\frac{2}{3}$の電流が流れる。よって，ａ：ｂ：ｃ：ｄ：ｅ＝$\frac{1}{2}:\frac{1}{2}:\frac{2}{3}:\frac{1}{3}:\frac{1}{3}$＝3：3：4：2：2となる。

6 ⑥ ヘルステック，アグリテックの他に，金融(きんゆう)とテクノロジーを組み合わせたフィンテックや教育とテクノロジーを組み合わせたエドテックなどがある。

《2023　第一回　社会　解説》

1　問1　日本にある世界遺産については右表。【1】「世界で最初に実戦使用された原子爆弾の爆心地近くに残された建物」などから，広島県にある原爆ドーム。【2】「建物の多くは17世紀に建てられ，山の斜面に配置」などから，栃木県にある日光の社寺。【3】「玉陵」「斎場御嶽」などから，沖縄県にある琉球王国のグスク。【4】「16～20世紀に採掘が行われた鉱山」などから，島根県にある石見銀山。【5】「11～12世紀に北日本を支配した勢力」などから，岩手県にある平泉。

地方	世界自然遺産	世界文化遺産(略称)
北海道	知床	(北海道・北東北の縄文遺跡群)
東北	白神山地	平泉 (明治日本の産業革命遺産) 北海道・北東北の縄文遺跡群
関東	小笠原諸島	日光の社寺 富岡製糸場 国立西洋美術館
中部		白川郷・五箇山の合掌造り集落 富士山 (明治日本の産業革命遺産)
近畿		法隆寺地域の仏教建造物 姫路城 古都京都の文化財 古都奈良の文化財 紀伊山地の霊場と参詣道 百舌鳥・古市古墳群
中国 四国		原爆ドーム 厳島神社 石見銀山
九州	屋久島 奄美大島，徳之島，沖縄島北部及び西表島	琉球王国のグスク 明治日本の産業革命遺産 『神宿る島』宗像・沖ノ島と関連遺産群 長崎と天草地方の潜伏キリシタン関連遺産

問4　ゆばは日光や京都で有名であり，日光では「湯波」，京都では「湯葉」と書かれる。

問6　(あ)は鉄鉱石，(い)は金鉱，(う)は銅鉱。

問7　(あ)と(う)は鳥取県，(い)と(お)は山口県。

問8　(あ)は日光東照宮，(う)は金閣，(え)は鶴岡八幡宮。

問9　(あ)は1年を通して暖かいので，南西諸島の気候の沖縄県那覇市，(い)は冬に冷え込むので内陸の気候の栃木県日光市，(う)は1年を通して降水量が少なく，比較的暖かいので，瀬戸内の気候の広島県広島市，(え)は冬に降水量が多いので，日本海側の気候の島根県大田市。

問10　図2の地形は扇状地である。日本の扇状地は，河川が山間部から平地に出た付近にれきや砂が積もってできた地形であり，水はけがよく果樹栽培などに適している。

問11　3×25000＝75000(㎝)より，750m。

2　問1　(あ)須恵器は古墳時代に作られるようになった。(い)は古墳時代，(お)は縄文時代の記述。

問2　小野妹子は，隋の皇帝煬帝(ようだい)にあてた国書をもって派遣された。「日出づる処(ところ)の天子(てんし)，書を日没する処の天子に致す。つつがなきや……」で始まる国書には，隋と対等な国交を目指した聖徳太子の意気ごみが表れている。

問3　『日本書紀』は奈良時代につくられた日本で最初の公式の歴史書である。(い)は鎌倉時代，(う)は室町時代，(え)は平安時代の記述。

問4　高野山金剛峯寺を建て，真言宗を広めた空海と間違えないようにしよう。

問5　『今昔物語集』は平安時代末に編纂(へんさん)されたといわれている説話集である。この頃，役人であった国司は受領(ずりょう)とよばれていた。(あ)と(え)は鎌倉時代，(い)は江戸時代の役職である。

問6　「武士が幕府からもらった自分の土地を命がけで守るようす」を「一所懸命」といい，それを語源として命がけのことを意味する「一生懸命」という言葉が生まれたとされている。

問7　江戸時代，幕府によりキリスト教は禁止されており，キリスト教の布教を行うスペインやポルトガルなどは来航が禁止されていた。ヨーロッパの国の中で，キリスト教の布教を行わないオランダは来航が許されており，長崎の出島で貿易が行われていた。

問8　琉球王国は17世紀初頭に薩摩藩に攻められ，薩摩藩に服属していたが，一方で中国に朝貢し，貿易を行っており，中継貿易によってさかえていた。

問9　天明の大ききん(1782～1787年)や天保の大ききん(1833～1836年)が起きた時期は，農村では百姓一揆，都市では打ちこわしが多発した。

問10　関東大震災直後の混乱のなか，「朝鮮人が暴動を起こす」という根拠のないうわさが流れ，自警団を作った住民によって，朝鮮や中国の人々や社会主義者が殺される事件が起きた。

問11　1925年に制定された普通選挙法により，一般の労働者や農民も選挙権を持つようになったが，政府は彼らに政治体制の変革につながる思想が広まることを懸念し，普通選挙法と同時に治安維持法を制定して社会主義の動きを取り締まった。

問13　阪神・淡路大震災が起きたのは1995年1月17日である。(あ)は1989年，(い)は2001年，(う)は1964年，(え)の日中共同声明は1972年のできごと。

3　**問3**　憲法第25条には「すべて国民は、健康で文化的な最低限度の生活を営む権利を有する。」と記されている。

問4　(あ)と(お)は衆議院のみ，(え)は参議院のみの機能である。

問5　国鉄(現，ＪＲ)は電電公社(現，ＮＴＴ)，専売公社(現，ＪＴ)とともに，中曽根内閣時に民営化され，郵便事業(現，日本郵政)は小泉内閣時に民営化された。

問6　国民審査は，最高裁判所の裁判官を辞めさせるかどうかを決める制度。衆議院議員総選挙と同時に行われ，×印の数が有効投票数の過半数に達すると，その裁判官は罷免(ひめん)される。

問7　自治体の長は議会の議決に反対の場合，拒否権を行使して議決のやりなおしを求めることができ，議会での再審議において３分の２以上が賛成であれば議決される。

問10　(い)が誤り。公務員は国家公務員法などによって労働三権の制限を受けている。すべての公務員が団体行動権を与えられておらず，警察・自衛官・消防士などは労働三権すべてが与えられていない。

4　**問1**　ＮＰＴは核拡散防止条約(または，核兵器不拡散条約)であり，核保有国(アメリカ・イギリス・フランス・ロシア・中国)以外の核兵器保有を禁止しようとする条約である。

問2　国際連合の本部はアメリカのニューヨークである。国際連盟の本部があったスイスのジュネーブと間違えないようにしよう。(あ)のオランダのハーグには国際司法裁判所など，(え)のベルギーのブリュッセルにはＥＵの本部がある。

★法政大学第二中学校【第一回】

《国語》

一 問一. ①批評 ②観衆 ③傷害 ④経 ⑤裁 問二. ①むく ②ほが ③たんぼう ④えとく
問三. ①同 ②短 ③消 問四. ①ウ ②イ ③イ

二 問一. ウ 問二. ア 問三. b. エ c. ア 問四. エ 問五. はじめ…その人の持 おわり…界に無自覚〔別解〕はじめ…「無知の知 おわり…の中の蛙」 問六. イ 問七. エ 問八. ア 問九. 質問
問十. (例文)さまざまな分野の本を読む友だちは、歴史と現在、生活と科学をつなげるなど、常に自分なりの視点や疑問を持ち、さらに調べたり考えを深めたりしている。そのように、無知の自覚から視野を広げていく姿勢をもち、答えが出ない問題を自分の頭で考える力のこと。

三 問一. A. エ B. ア C. オ 問二. ウ 問三. イ 問四. エ 問五. (一)仁王立ち (二)思いどおりにいかないことがあっても、何かのせいにせず、自分の生き方に責任を持つ 問六. エ 問七. ア
問八. 身勝手でかっこ悪い父親だと思っていたが、二人で楽しく旅をし、大切なことを教わって、一人の人間として大好きだと思い、その気持ちを支えに生きていこうと決意したから。

《算数》

1 (1)345 (2)11 ※(3)7

2 (1)2 (2)860 (3)32 (4)6 (5)16 (6)6912

3 (1)4950 (2)4290 (3)35

4 (1)400 (2)279

5 (1)2 (2)30 (3)4

6 (1)6 ※(2)57

※の考え方は解説を参照してください。

《理科》

1 問1. (イ) 問2. (1)(ア) (2)一度80℃になると，酵素ははたらきを失う。 問3. B，C
問4. 内側のひだに多くのとっ起があり，表面積が非常に大きくなっている。

2 問1. ①水蒸気 ②大き ③水 問2. (ア)，(イ)，(エ) 問3. (イ)，(ウ)，(エ)
問4. (ア)，(イ)，(ウ) 問5. ひょう

3 問1. ビーカー②…黄 ビーカー③…緑 問2. ビーカー④…アルコール水 ビーカー⑦…アンモニア水
問3. 塩化水素 問4. 25 問5. (ア)，(ウ)，(オ) 問6. (エ)

4 問1. 60 問2. (H・8) 問3. 8

5 問1. (エ) 問2. (ウ)

6 問1. ①木星 ②土星 問2. A. (エ) B. (セ) C. (ク) 問3. 20

《社　会》

1　問1．(う)　問2．(い)　問3．(あ)　問4．(え)　問5．(1)(い)，(う)，(え)　(2)16，10
問6．(う)　問7．(1)(あ)　(2)(う)　問8．(1)(い)　(2)う　(3)お，か，き　問9．(え)　問10．(い)

2　問1．(え)　問2．漢委奴国王　問3．中国の進んだ文化を取り入れるため。

3　問1．(1)白村江　(2)大宰府　問2．藤原京　問3．地方の特産物を都に納める調。

4　問1．A．(い)　B．(あ)　問2．中国に朝鮮の独立を認めさせた。　問3．(う)，(お)

5　問1．(い)　問2．(い)　問3．(う)　問4．(あ)　問5．(あ)，(え)

6　問1．(1)政府　(2)立憲　(3)不断　問2．(あ)　問3．臨時会
問4．(1)各議院の総議員の三分の二以上の賛成　(2)(い)　(3)(う)　問5．自分の国と密接な関係にある国に対して武力攻撃が行われたとき，敵の国からの攻撃を，実力をもって阻止する権利。

7　問1．障害者差別解消法　問2．(お)　問3．(1)選択的夫婦別姓〔別解〕選択的夫婦別氏　(2)ヘイトスピーチ
(3)トランスジェンダー

法政大学第二中学校【第一回】

←解答例は前のページにありますので，そちらをご覧ください。

《2022　第一回　国語　解説》

一　問四①　「晴れやかな」の「な」は、「晴れやかだ」(形容動詞)の語尾が変化したもの。よって、同じであるのは、「有名だ」(形容動詞)の語尾が変化したものであるウ。　②　「借りに」の「に」は、動作の目的(～ために)を示している。よって、同じ働きをしているのは、イ「働きに」である。　③　「冬休みが終わって新学期が始まる」の「て」は、次の動作に続くことを表している。よって、同じ働きをしているのは、イ「顔を上げてじっと聞き入る」である。

二　問一　「井の中の蛙」は、経験や知識が少ないことや、せまい知識にとらわれて正しい判断ができないことのたとえ。よって、ウの「針の穴から天上を覗く」(自分のせまいものの見方で、大きな物事について勝手な判断をすることのたとえ)が適する。

問二　【　X　】の直前に「『やっつけ仕事』で」「適当に」とあるから、それらと似たような意味の言葉が入ると判断できる。「やっつけ仕事」とは、間に合わせのいい加減な仕事という意味なので、いい加減な言動でその場をごまかすという意味の、ア「お茶を濁す」が適する。

問四　A．たくさんの情報を持っているため、すべての質問について説明ができるという流れなので、順接の接続詞「だから」が入る。　B．後に述べる内容を強める働きをしているので、「なにしろ」が入る。　C．直前で取り上げた「『質問に答える』ことにかけては、ずば抜けた才能～すぐに『答え』が出てくる」ということについて、「あくまでも～ということに他なりません～無知、無関心なのです」と、否定的なとらえ方に転じているので、逆接の接続詞「しかし」が入る。　D．この一文は、先に述べた医者と同様に、官僚たちも自分の知の体系の外には無関心だということを述べているので、「同様に」という意味をもつ「やはり」が入る。　よって、エが適する。

問五　直前に「だから」とあり、この段落で述べた「医者は～自分たちの診療の外にある世界についてまったく無自覚、無関心でした～また～口出しすることはまかり通らないような仕組みになっていました」ということが直接的な理由である。これと同様の内容を意味し、指定された条件に合うのは、傍線部①の３行前の「その人の持つ知識の外の世界に無自覚」、または同６行前の「『無知の知』がない『井の中の蛙』」。

問六　この前で述べた、医局の「自分たちの診療の外にある世界についてまったく無自覚、無関心」だったという「『無知の知』の欠如」と、「同じ」だということ。つまり、自分の知識体系がすべてだと考えていて、自分が何を理解していて何を理解していないのかもわかっていない状況を意味する。よって、イが適する。

問七　官僚は、「自分たちの知識の体系下における知識量」は多い(「井戸」自体は大きい)。しかし、「自分の知の体系の外には、無知、無関心」であり、質問をする能力がなく、「将来起こりうる未知なる状況の想定」が「とても下手」である、つまり、「無知の知」が欠如した「井の中の蛙」なのだと述べている。よって、エが適する。

問八　「机上の空論」とは、頭で考え出しただけで実際には役に立たない理論や考えのこと。ここでいう「机上の空論」は、傍線部④をふくむ文の一文前に書かれた、官僚の考えた、インフルエンザ・ワクチン接種の優先順位の細かい規定のことである。官僚が、現場での管理や運用に適さないやり方を指示してくるので、現場の医師は対応に苦労するということ。５行後の「現場のプロが、アマチュアに現場の運用方法を指南してもらう」というありさまになってしまうのである。よって、アが適する。

問九　直前の「～どういうところで困るだろうか」などのように、いろいろな可能性を想定して問いを重ねることが、官僚はできないのだということを述べている。官僚は、「質問に答える達人」ではあるが、「質問が出てきません」という、未知の状況の想定が苦手な人たちである。

問十　「本当に必要な知性」については、最後から二つ目の段落で述べられている。無知を自覚し、それを解決するために取り組む力が「本当に必要な知性」だと読み取ることができる。【条件】に「自身の体験や身近にある内容を具体例として挙げた上で」とあるので、その点に注意して書こう。

三　**問一**Ａ　「ろくでもない大人になる」という言葉が直前に二度出てきており、三度目は、特に強調したい思いがこめられていると考えられる。よって、エ「本当に」が適する。　Ｂ　涙はでず、顔が赤くなる自分の様子をとらえて、自分がとても怒っているのだと感じている。よって、ア「猛烈に」が適する。　Ｃ　たくさんいた人たちが、二人の周囲からさっといなくなってしまった様子を表しているので、オ「あっという間に」が適する。

問二　傍線部①より前に書かれたハルの気持ちから、ハルはおとうさんと逃げたい、つまり二人で旅を続けたいと考えていることが読み取れる。ハルは、おとうさんに自分と逃げるという選択をしてほしいと望んでいるが、おとうさんの言動からはそれが感じられないため、不満に思っている。よって、ウが適する。

問三　傍線部②より前に書かれたおとうさんの言動に着目する。「おとうさんはデブおやじの視線に気づいて指を口にあてた」から人目を気にしていること、「もう逃げる必要はなくなったんだよ」からハルをなだめようとする気持ち、「つぎの駅できっとまた人がおりるから」から困惑が読み取れる。よって、イが正解。

問四　傍線部③から始まるハルの言葉に着目する。勝手に連れまわされたうえに、これで旅は終わりだと言われ、おとうさんとの楽しい旅を続けたいと願う自分の気持ちに向き合ってもらえないこと(「いいにおいのするおいしそうなものを鼻先に押しつけられて、ぱっと取りあげられて、はいおわりって言われ」たこと)に、怒りを感じているのである。よって、エが適する。

問五㈠　傍線部④の４行前に「おとうさんは、私の前に仁王立ちになってそう言った」とある。「仁王立ち」とは、仁王像のように足を広げてどっしりと立つこと。ハルに自分の思いを伝えたいというおとうさんの強い気持ちが表れている。　㈡　「そんな考えかた」とは、ハルが、自分が「ろくでもない大人になる」ことを「おとうさんのせいだ。おとうさんたちのせいだからね」と言った考えかたのこと。その考えかたについて、おとうさんが傍線部④の４～５行後で「これからずっと先、思いどおりにいかないことがあるたんびに、な、何かのせいにしてたら～全部のことが思いどおりにいかなくてもしょうがなくなっちゃうんだ」と言っていることから、ハルに伝えたいこと、望んでいることが読み取れる。

問六　傍線部⑤の直後に「いいにおいのする～私はそれを、心ゆくまで食べたんだ、たらふく食べたんだと、急に思った」とある。「いいにおいのするおいしそうなもの」とは、おとうさんと過ごした楽しい時間や、おとうさんがハルを思う気持ちを意味し、ハルはそれらを十分に味わったのだと感じている。よって、エが適する。

問七　「足がとまらないように」は、おとうさんの方に引き返さないように、なごり惜しさを振り切ろうという気持ちの表れだと考えられる。そしてそのために、「帰ったらすることをとぎれないように考え」ているのである。つまり、これからの生活に目を向けようとしているということ。よって、アが適する。

問八　傍線部⑦の前に「私は、あそこに立っている、いつまでもばかみたいに手をふり続けている男の人が大好きだと思った。見知らぬ人とかわりなくても」とある。ここから、ハルが、おとうさんを「父親」としてだけでなく、一人の人間として大好きだと思っていることが読み取れる。この思いが、それまでの「私がおとうさんの段取りの悪さとかっこ悪さになれたように」「あんたみたいな、勝手な親に連れまわされて、きちんと面倒みてもらえないで」などからわかる思いとはちがうということを、「変化」の説明として明確に示そう。

《2022　第一回　算数　解説》

1 (1)　与式 $=(34.5\times 8+34.5\times 3\times 2-34.5\times\frac{1}{10}\times 30)\times\frac{10}{11}=34.5\times(8+6-3)\times\frac{10}{11}=34.5\times 11\times\frac{10}{11}=345$

(2)　与式より，$(3\frac{3}{4}-\frac{5}{16})\div\frac{□}{2}=5-4\frac{3}{8}$　　$(3\frac{12}{16}-\frac{5}{16})\div\frac{□}{2}=\frac{5}{8}$　　$3\frac{7}{16}\div\frac{□}{2}=\frac{5}{8}$

$\frac{□}{2}=\frac{55}{16}\div\frac{5}{8}=\frac{55}{16}\times\frac{8}{5}=\frac{11}{2}$　　$□=11$

(3)　**【解き方】$\frac{22}{7}=22\div 7=3.1428571\cdots$ となるので，小数点以下では 142857 の 6 つの数がくり返される。**

小数第 2022 位の数は，$2022\div 6=337$ より，337 回目のくり返しの最後の数の 7 である。

2 (1)　**【解き方】食塩水の問題は，うでの長さを濃度（のうど），おもりを食塩水の重さとしたてんびん図で考えて，うでの長さの比とおもりの重さの比がたがいに逆比になることを利用する。**

図1

水は濃度が 0％の食塩水と考え，水の量を②，7％の食塩水の量を②×4.5＝⑨とすると，これらを混ぜ合わせた状態について右図 1 のようなてんびん図がかける。

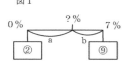

a：b は②：⑨＝2：9 の逆比の 9：2 だから，$a=(7-0)\times\frac{9}{9+2}=\frac{63}{11}$(％)

したがって，$\frac{63}{11}$％の食塩水が②＋⑨＝⑪できたと考える。

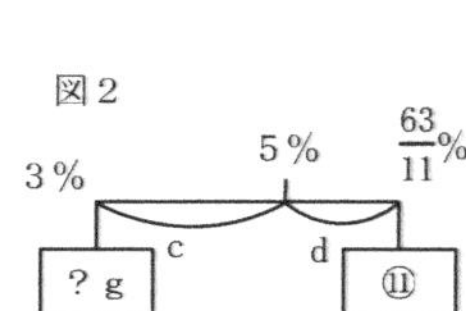

図2

これと 3％の食塩水を混ぜると，図 2 のようになる。$c:d=(5-3):(\frac{63}{11}-5)=11:4$ だから，3％と $\frac{63}{11}$％の食塩水の量の比は 4：11 なので，3％の食塩水の量は，⑪$\times\frac{4}{11}$＝④　　よって，3％の食塩水の量は水の $\frac{④}{②}=2$(倍)の量である。

(2)　**【解き方】最終的に A 君と B 君の所持金の差が何円になったかを考える。**

A 君と B 君の所持金の差は，$250+240+110=600$(円)になった。したがって，11：5 の比の数の $11-5=6$ が 600 円にあたるので，最終的な A 君の所持金は，$600\times\frac{11}{6}=1100$(円)

よって，最初の A 君の所持金は，$1100-240=860$(円)

(3)　**【解き方】右のように作図し，三角形ABEと三角形AEHの面積の和を求める。そのさい，高さが等しい三角形は底辺の長さの比と面積比が等しくなることを利用する。**

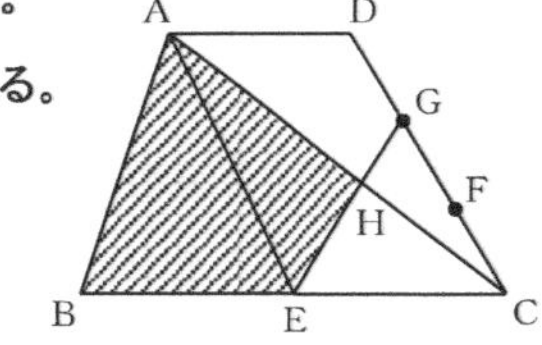

三角形ABE，AEC，ACDは，底辺をそれぞれBE，EC，ADとしたときの高さが等しく，BE＝EC＝ADだから，面積が等しい。

したがって，三角形ABE，AECの面積はそれぞれ，$60\div 3=20$(cm²)

AD＝ECでADとECは平行だから，四角形AECDは平行四辺形なので，三角形AEHと三角形CGHは同じ形の三角形であり，AH：CH＝AE：CG＝3：2　　三角形AEH，AECは，底辺をそれぞれAH，ACとしたときの高さが等しいから，面積比はAH：AC＝3：(3＋2)＝3：5なので，三角形AEHの面積は，(三角形AECの面積)$\times\frac{3}{5}=20\times\frac{3}{5}=12$(cm²)　　よって，斜線部分の面積は，$20+12=32$(cm²)

(4)　14，21，35，42，56，63 の 6 通り。

(5)　**【解き方】5 円玉 1 枚と 10 円玉 4 枚を合わせて 1 セットとする。1 セットは $1+4=5$(枚)で $5+10\times 4=45$(円)であり，このセットと 50 円玉を比べてつるかめ算を利用する。**

30 枚すべて 50 円玉だとすると，合計金額は $50\times 30=1500$(円)になり，実際より $1500-680=820$(円)多い。

50 円玉 5 枚を 1 セットと置きかえると，合計金額は $50\times 5-45=205$(円)少なくなるので，この置きかえを，$820\div 205=4$(回)行えばよい。よって，10 円玉は，$4\times 4=16$(枚)ある。

(6)　$5+7=12$ だから，(5○7)□(4□3)＝(12×12)□(4×3×2)＝144□24＝144×24×2＝6912

3 (1)　**【解き方】n 番目の合計枚数は，1 から n までの連続する整数の和と等しいから，$\frac{(1+n)\times n}{2}$ で求められる。**

$\frac{(1+99)\times 99}{2}=4950$(枚)

(2)　**【解き方】白いタイルは，偶数番目に，その番目の数と同じ枚数だけ増える。**

131番目の白いタイルの枚数は，２＋４＋６＋８＋……＋130で求めることができ，全部で130÷２＝65(個)の偶数を足す。ａからｂまで等間隔(とうかんかく)で並ぶx個の数の和は，$\frac{(a+b)\times x}{2}$で求められるから，求める枚数は，

$2+4+6+8+\cdots\cdots+130=\frac{(2+130)\times 65}{2}=4290$(枚)

(3)　**【解き方】(1)より，ｎ番目のタイルの合計枚数の２倍は，（１＋ｎ）×ｎとなり，連続する整数の積で表せる。したがって，連続する２つの整数の積が630×２＝1260になるようなｎの値(あたい)を探す。**

30×31＝930，40×41＝1640だから，求める番目の十の位は３である。条件に合う組み合わせを探すと，35×36＝1260が見つかる。35×36＝1260より，（１＋35）×35＝1260　　$\frac{(1+35)\times 35}{2}=630$だから，合計枚数が630枚になるのは35番目である。

4　(1)　87.6㎞＝87600m，３時間39分＝（３×60＋39）分＝219分だから，分速$\frac{87600}{219}$m＝分速400m

(2)　**【解き方】速さとかかる時間は反比例の関係にあるから，速さを1.2倍＝$\frac{6}{5}$倍にするとかかる時間は$\frac{5}{6}$倍になる。**

Ｂ君は，219分かかる道のりの９割をＡ君と同じ速さで進み，残りの１割，つまり$219\times\frac{1}{10}=\frac{219}{10}$(分)かかるはずだった道のりを，速さを1.2倍にして進んだ。最後の１割の道のりをＡ君の時間よりも$1-\frac{5}{6}=\frac{1}{6}$(倍)短い時間で進んだのだから，移動時間だけ見るとＡ君より，$\frac{219}{10}\times\frac{1}{6}=\frac{73}{20}$(分)短かった。

よって，パンク修理にかかった時間は，$1+\frac{73}{20}=\frac{93}{20}$(分)，つまり，$\frac{93}{20}\times 60=279$(秒)

5　(1)　三角形ＰＦＣの底辺をＦＣ＝４÷２＝２(㎝)とすると，高さはＥＢ＝２㎝だから，面積は，２×２÷２＝２(㎠)

(2)　**【解き方】ＰとＤを結ぶと，直線ＥＧについてＣとＤは線対称だから，ＰＣ＝ＰＤとなる。**

ＰＣ＝ＰＤ，ＰＣ＝ＤＣより，三角形ＰＣＤは正三角形だから，角ＰＣＤ＝60°　　よって，角㋐＝90°－60°＝30°

(3)　**【解き方】右のように作図し，ＱＨの長さを考える。**

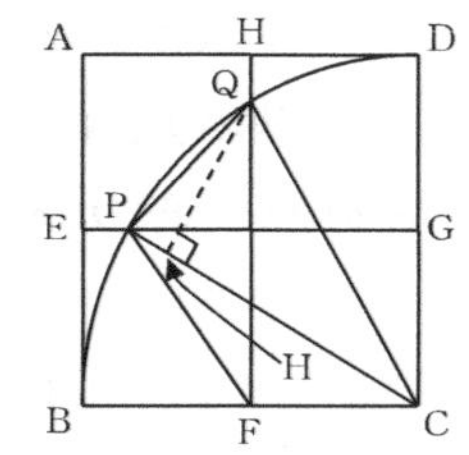

角㋐と同様に角ＱＣＤ＝30°だから，角ＰＣＱ＝60°－30°＝30°

ＰＣ＝ＱＣ＝ＤＣ＝４㎝であり，三角形ＱＨＣは１辺がＱＣ＝４㎝の正三角形を半分にしてできる直角三角形だから，ＱＨ＝ＱＣ×$\frac{1}{2}$＝２(㎝)

よって，三角形ＰＣＱの面積は，ＰＣ×ＱＨ÷２＝４×２÷２＝４(㎠)

6　(1)　**【解き方】図形をａ倍に拡大(または縮小)すると，面積はａ×ａ(倍)になることを利用する。**

ＡＱ：ＡＣ＝(18－６)：18＝２：３だから，三角すいＡ－ＰＱＲは三角すいＡ－ＢＣＤを$\frac{2}{3}$倍に縮小した立体である。したがって，三角形ＰＱＲは三角形ＢＣＤを$\frac{2}{3}$倍に縮小した三角形なので，面積は$\frac{2}{3}\times\frac{2}{3}=\frac{4}{9}$(倍)になる。

三角形ＢＣＤの面積は，$6\times\frac{9}{2}\div 2=\frac{27}{2}$(㎠)だから，三角形ＰＱＲの面積は，$\frac{27}{2}\times\frac{4}{9}=6$(㎠)

(2)　**【解き方】図形をａ倍に拡大(または縮小)すると，体積はａ×ａ×ａ(倍)になることを利用する。**

(1)より，三角すいＡ－ＰＱＲと三角形Ａ－ＢＣＤの体積比は，（２×２×２）：（３×３×３）＝８：27

したがって，Ａを含まない方の立体と三角すいＡ－ＢＣＤの体積比は，(27－８)：27＝19：27

三角すいＡ－ＢＣＤの体積は，$\frac{27}{2}\times 18\div 3=81$(㎤)だから，Ａを含まない方の立体の体積は，$81\times\frac{19}{27}=57$(㎤)

《2022　第一回　理科　解説》

1　問１　(あ)はだ液せん，(い)は肝臓(かんぞう)，(う)は胃，(え)は小腸である。だ液せんからは，でんぷんを麦芽糖などに分解するアミラーゼをふくむだ液が分泌(ぶんぴつ)される。肝臓では，脂肪(しぼう)の分解を助ける胆汁(たんじゅう)（消化酵素(こうそ)はふくまない）がつくられる。胃からは，たんぱく質を分解するペプシンをふくむ胃液が分泌される。小腸の壁(かべ)では，麦芽糖などを

ブドウ糖に分解するマルターゼが分泌される。

問2(1)　ヨウ素液はでんぷんに反応して青むらさき色に変化する。なお，でんぷんはだ液にふくまれるアミラーゼによって分解され，アミラーゼはヒトの体温と同じくらいの温度でよくはたらくので，色の変化が起きなかった(でんぷんが分解された)試験管はBである。　(2)　アミラーゼを入れたAとCのでんぷんが分解されなかったのは，アミラーゼが0℃や80℃でははたらかないためである。実験後40℃にすると，Aではアミラーゼがはたらきを取りもどしたことででんぷんが分解され，青むらさき色から元のヨウ素液の色に変化する。Cで同様の結果にならかなったのは，高温にしたことでアミラーゼがはたらきを完全に失ってしまったからである。

問3　高温の環境(かんきょう)に生息する生物の酵素は高温でもはたらくから，B以外にCでもでんぷんが分解されると考えられる。

問4　内側のひだにある突起(とっき)を柔毛(じゅうもう)という。

2　**問1**　②上空の気圧が低いということは，まわりから押される力が弱くなるということだから，地表付近から上しょうした空気のかたまりは膨張(ぼうちょう)する(体積が大きくなる)。

問2　(ウ)×…加熱により，水の内部で液体から気体に変化する沸騰(ふっとう)が起こっている。

問3　(ア)×…気温が同じであれば，空気中にふくまれる水蒸気の限界の量は同じである。

問4　(エ)×…雲をつくるつぶには重さがあり，上しょう気流によって支えられている。

問5　氷の直径が5㎜以上のものをひょう，5㎜未満のものをあられという。

3　**問1～3**　観察2より，⑦はアンモニア水，①と④はアルコール水か塩酸のどちらかである。実験3より，⑦以外で赤色リトマス紙を変色させたアルカリ性の⑥は水酸化ナトリウム水よう液である。青色リトマス紙を変色させた酸性の①と②のうち，においがある①が塩酸(とけている物質は気体の塩化水素)，無臭(むしゅう)の②がホウ酸水であり，④がアルコール水だとわかる。実験5より，①，④，⑦以外で何も残っていなかった⑤が何もとけていない蒸留水，黒くこげた③が砂糖水である。また，BTBよう液は酸性で黄色，中性で緑色，アルカリ性で青色に変化するから，酸性の②では黄色に変化し，中性の③では緑色のままである。

問4　実験4のように，酸性の水よう液とアルカリ性の水よう液を混ぜ合わせたときに，たがいの性質を打ち消し合う反応を中和という。①の塩酸と⑥の水酸化ナトリウム水よう液が過不足なく反応すると，中性の食塩水ができる。⑤の液体は蒸留水であり，これを①の塩酸に加えると塩酸の濃度(のうど)は低くなるが，元の濃度の塩酸の体積が変化するわけではないので，ふくまれている元の濃度の塩酸の体積が5mLであれば，これを中性にするのに必要な⑥の水酸化ナトリウム水よう液の体積は実験4のときと同じ25mLである。

問5　問4解説より，アルカリ性の⑥に酸性の水よう液を混合させれば中和が起こり，中性にできる。(ア)と(ウ)と(オ)は酸性，(イ)は中性，(エ)はアルカリ性の水よう液である。

問6　重そう水を加熱したときに発生する気体は二酸化炭素である。二酸化炭素を石灰水に通すと，石灰水が白くにごる。

4　問1　てこをかたむけるはたらき〔おもりの重さ×支点からの距離(きょり)〕が支点の左右で等しくなると，つりあう。この関係が成り立つとき，おもりの重さの比と支点からの距離の逆比が等しくなる。支点(E・5)からの距離の比は，(E・2)：(E・7)＝3：2だから，おもりの重さの比が，(E・2)：(E・7)＝2：3になればよい。よって，(E・7)には$40\times\frac{3}{2}$＝60(g)のおもりをつるせばよい。

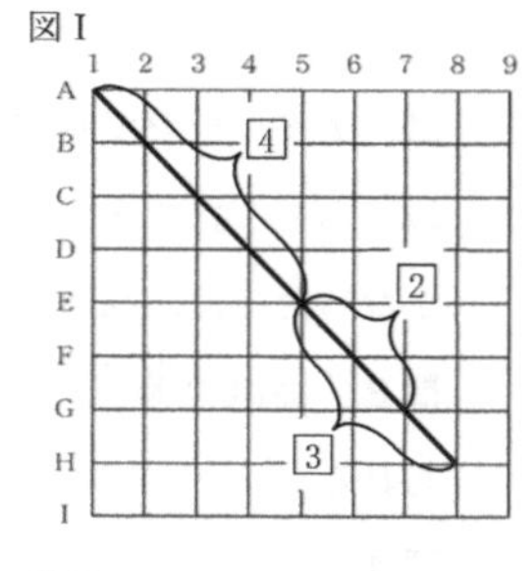

問2　図Ⅰより，(A・1)の支点からの距離を4，(G・7)の支点からの距離を2とすると，80gのおもりが金網をかたむけるはたらきは80×4＝320，70gのおもりが金網をかたむけるはたらきは70×2＝140である。よって，60gのおもりが金網をかたむけるはたらきが320－140＝180となるように，支点からの距離が180÷60＝3となる(H・8)につるせばよい。

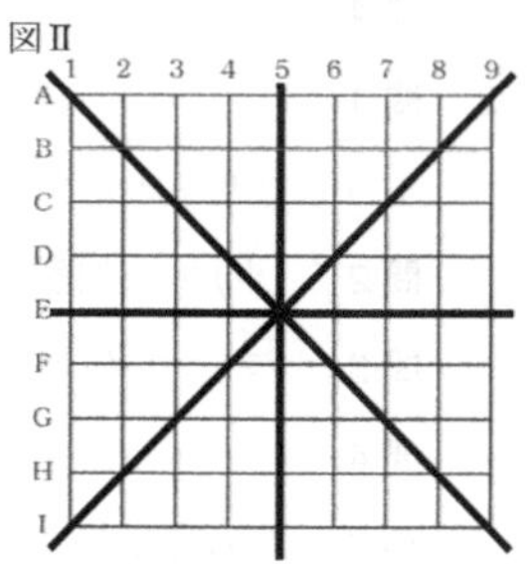

問3　60gと90gのおもりは，重さの比が2：3だから，2つのおもりが支点を通る一直線上にあり，支点からの距離の比が3：2となる組み合わせを考えればよい。そのような組み合わせが成り立つのは，図Ⅱの4本の太い直線上にあるときで，それぞれの直線について2つずつ組み合わせがあるから，8通りが正答となる。例えば，(A・1)と(I・9)を通る直線について考えると，(B・2)に60g，(G・7)に90gのおもりをつるす組み合わせと，(C・3)に90g，(H・8)に60gのおもりをつるす組み合わせの2通りがあるということである。

5　問1　光が空気中からガラス中，またはガラス中から空気中に進むときに，その境界面で折れ曲がる。この現象を屈折(くっせつ)という。ガラスを通る部分では，図Ⅲの実線の矢印のように光が進むので，ガラスを通して見える部分は，直接見える部分よりも少し左にずれて見える。

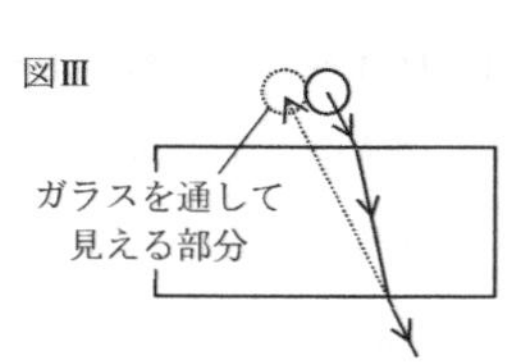

問2　(ア)と(エ)は反射，(イ)は全反射，(ウ)は屈折による現象である。

6　問3　木星は太陽の周りを約12年で1周→360度回転するから，1年では360÷12＝30(度)回転し，土星は太陽の周りを約30年で1周→360度回転するから，1年では360÷30＝12(度)回転する。よって，1年では木星の方が30－12＝18(度)多く回転するから，木星が土星に追いつく(360度多く回転する)のは360÷18＝20(年後)である。

《2022　第一回　社会　解説》

1　問1　(う)が正しい。新型コロナウィルスの感染拡大によって，直接的な被害を受けた③が宿泊・飲食サービス業である。①と②については，図1の従業者割合をみれば，割合の多い①が卸売業・小売業，②が医療・福祉となる。

問2　(い)が正しい。各国・各地域の特徴を捉える。ＥＵからは，単価の高い製品の輸入が多い。(あ)はアメリカ，(う)は中国，(え)はロシア。

問3　(あ)が誤り。高校野球の全国大会は兵庫県の阪神甲子園球場で開かれる。(あ)は岡山県である。

問4　(え)が正しい。(あ)は国連世界食糧計画(ＷＦＰ)，(い)は国連児童基金(ＵＮＩＣＥＦ)，(う)は国連(ＵＮ)，(お)は国際労働機関(ＩＬＯ)。

問5(1)　(い)，(う)，(え)がうるう年ではない。うるう年は，西暦年数が4で割り切れる年数のうち，100で割り切れる数をのぞき，400で割り切れる年を加えるから，2000年はうるう年になる。　(2)　2地点間の時間差から，経度差による時差を除けば，フライト時間が求められる。到着時間－出発時間は，31時間50分である。経度差による時差は，(120＋105)÷15＝15(時間)だから，フライト時間は，31時間50分－15時間＝16時間10分

問６　(う)が正しい。(あ)誤り。図書館(🕮)は，南(下)に進んでも見られない。南南東の方角に図書館はあるが，これを南の方角とは言い切れない。(い)誤り。前川の文字の近くに標高74mの表記があり，村山下ダムの標高が84mより高いから，前川は村山下ダムから流れ出している。(え)誤り。実際の距離の 750mは，縮尺 25000 分の１の地図では，75000÷25000＝３(㎝)として表現される。

問７(1)　(あ)が正しい。各地に新幹線が整備されても，千葉県に新幹線が整備される可能性は低い。(2)　(う)が正しい。距離と移動手段・地域に住む人口を考えれば，東海道線＞山陽線＞東北線＞上越線＞北陸線＞九州線となる。

問８(1)　Ａから，Ａをふくめて３つの山を通るのは(い)だけである。　(2)　「う」だけが尾根線である。「あ」と「え」は谷線，(い)は等高線に沿っている。　(3)　「お」,「か」,「き」が正しい。想定最大規模を考えた場合，浸水被害は深さ 20mまで考える必要がある。球磨川の左岸は山間部で，下流に蛇行部分があるために，人吉地区は「く」の部分に見られる山以外はすべて水没の危険性がある。

問９　(え)が正しい。①青森県の津軽塗，②岩手県の南部鉄器，③秋田県の大舘まげわっぱ。

問10　(い)が種子島である。(あ)は佐渡島，(う)は小豆島，(え)は対馬，(お)は利尻島。

２　問１　(え)が正しい。「『漢書』地理志」によると，紀元前１世紀頃，倭には 100 余国があり，楽浪郡に使いを送っていたとの記述がある。「『後漢書』東夷伝」によると，１世紀の中頃，奴国の王が使いを送り，皇帝から金印を授かったとの記述がある。この金印が江戸時代に志賀島で発見された「漢委奴国王」と刻まれた金印と言われている。「『魏志』倭人伝」によると，３世紀頃，邪馬台国の女王卑弥呼が 30 余りの国を従え，魏に使いを送り，親魏倭王の称号と銅鏡100枚あまりを授かったとの記述がある。

問２　漢委奴国王の委は，倭と同じ意味である。

問３　ヤマト王権は，すでに日本の広い範囲を治めているので，弥生時代までの理由に使われる「中国から王として認められることで，周辺諸国より優位に立つため」といった理由はあてはまらない。鉄をはじめとした大陸の優れた文化を取り入れることが，ヤマト王権の地位の向上につながったと判断する。

３　問１　１．白村江　２．大宰府　　大化の改新をすすめる中大兄皇子は，百済の要請を受けて，唐・新羅の連合軍と白村江で戦った。大敗して日本に帰った中大兄皇子は，唐と新羅の攻撃に備えて，大野城をはじめとする山城や水城を建設し，大宰府を中心とした北九州の防衛のために，防人を配備した。

問２　藤原京は，持統天皇によって遷都された。

問３　木簡に「調」と記されていることから判断する。律令制の時代，調(地方の特産物)と庸(労働の代わりの布)は，都に農民が直接納める税であった。租(収穫した稲の約３％)は，地方の国府に納められた。

４　問１　Ａ＝(い)　Ｂ＝(あ)　　(う)は山東半島，(え)は済州島，(お)は台湾。

問２　下関条約では，清に朝鮮の独立を認めさせ，台湾・澎湖諸島・リャオトン半島と約３億１千万円の賠償金を獲得した。その後，リャオトン半島は，ロシア・フランス・ドイツによる三国干渉によって，清に返還された。

問３　(う)と(お)が誤り。賠償金が支払われないことで，日比谷焼き打ち事件などの暴動が起きた。台湾は，すでに下関条約によって獲得していた。

５　問１　(い)が正しい。1956 年(日ソ共同宣言・日本の国連加盟)→1965 年(日韓基本条約)→1972 年(日中共同声明・沖縄返還)→1978 年(日中平和友好条約)の流れを覚えておきたい。

問２　(い)が誤り。農地改革によって，小作農の割合が減った。農地改革は，農業の民主化として，地主の土地を政府が買い上げ，小作人に安く売り渡すことで小作農を減らす政策であった。

問３　(う)が正しい。アメリカからの武器以外の軍需物資の発注によって特需景気となった。(あ)誤り。ＧＨＱの指令により発足したのは警察予備隊。1951年に独立国となったから，1954年に自衛隊となるときにＧＨＱの指示はない。(い)誤り。ソ連が支援したのは，北朝鮮(朝鮮民主主義人民共和国)である。(え)誤り。アメリカが支援したのは，韓国(大韓民国)である。

問４　(あ)が誤り。日本は，北海道・本州・四国・九州以外の，沖縄・小笠原諸島・南樺太・千島列島・台湾・澎湖諸島などの領有権を完全に放棄した。

問５　(あ)と(え)が誤り。日韓ワールドカップは2002年に開催された。高度経済成長期の後半に普及した３Ｃは，カラーテレビ・クーラー・自動車である。洗濯機・冷蔵庫は，白黒テレビと合わせて三種の神器と呼ばれた。

６　問１　１＝政府　２＝立憲　３＝不断　　１．つくる・政治を任せる・約束するなどから政府を導く。
２．法の支配と同じような意味から判断する。　３．不断の努力とは，絶え間ない努力を意味する。

問２　(あ)が森友問題である。(え)はいわゆる加計問題。

問３　臨時会は，衆議院・参議院どちらか一方の総議員の４分の１以上の要求があれば開かれる。

問４⑴　条文中の言葉とあるので，「各議員の総議員」は必ず必要である。「三分の二」は「３分の２」でも可。

⑵　(い)が正しい。国民投票で，有効投票の過半数が賛成すれば，天皇が国民の名において，直ちに公布する。

⑶　(う)が正しい。(う)以外は，今回の改正国民投票法によって認められた内容である。

問５　自国が攻撃された場合の自衛権は個別的自衛権，自国と密接な関係にある国に対する敵国の攻撃を，共同して防衛する権利は集団的自衛権である。

７　問１　国際連合の「障害者の権利に関する条約」に 2013 年に批准した日本は，2016 年に「障害者差別解消法」を制定した。

問２　(お)が正しい。出入国管理・難民認定・在留管理などを法務省の出入国管理局が行う。

問３⑶　性的少数者を表すＬＧＢＴのＴがトランスジェンダーである。

2021 解答例 令和３年度　★法政大学第二中学校【第一回】

《国　語》

一　問一．①討論　②迷信　③承認　④厚　⑤務　問二．①あらわ　②いとな　③むぞうさ　④ぎょうそう
問三．①石　②青　③水　問四．①ウ　②イ　③オ

二　問一．イ　問二．エ　問三．シャレ帳　問四．ア　問五．ア　問六．A．ウ　B．エ　C．エ　D．ウ　E．エ　F．オ　G．オ　H．オ　問七．イ　問八．気持ちの片方しか表せていない　問九．店番がイヤだという気持ちと、それは自分の役割であり、大切なことだという気持ちが入り混じっている。

三　問一．Ⅰ．オ　Ⅱ．ア　Ⅲ．イ　Ⅳ．ウ　Ⅴ．エ　問二．エ　問三．体操の時間なんてなければいいのに
問四．イ　問五．エ　問六．エ　問七．ア　問八．エ　問九．(1)ウ，カ　(2)水

《算　数》

1　※(1)3.63　(2)2　(3)$4\frac{2}{3}$

2　(1)105　(2)370　(3)49.5　(4)16　(5)17　(6)$\frac{23}{42}$

3　(1)56　(2)330

4　(1)8　(2)4　(3)36

5　(1)15　(2)6.28　(3)6，18

6　(1)$1\frac{3}{5}$　※(2)5

※の途中の計算式や考え方は解説を参照してください。

《理　科》

1　問1．アルカリ　問2．(1)バクテリア　(2)赤潮　問3．(1)(ア)光合成　(イ)葉緑体　(ウ)二酸化炭素　(エ)酸素　(2)(エ)

2　問1．(イ)，(エ)　問2．①　問3．(エ)　問4．(ウ)　問5．(1)(ア)，(イ)　(2)ハザードマップ

3　問1．①高い　②ほう和水よう液　問2．40　問3．1.7　問4．(ア)，(キ)

4　問1．くだいて細かくする　問2．(イ)　問3．(イ)

5　問1．部分①…(あ)　部分②…(え)　問2．部分①…(い)　部分②…(お)
問3．部分①…(い)　部分②…(お)　問4．(ウ)，(オ)　問5．(ウ)

6　①アトラス　②ネオワイズ　③反対側　④青　⑤ちり

《社　会》

1　問1．17　問2．北緯37度，西経36度　問3．(い)

2　問1．④(え)　⑤(あ)　問2．⑴とまこまい　⑵ぴっぷ　問3．(い)　問4．(あ)　問5．(え)
問6．(あ)　問7．⑴う　⑵(あ)　⑶(い)　問8．(う)

3　問1．天皇が皇位を皇子にゆずって上皇となり，天皇に変わって政治を行うこと。　問2．征夷大将軍
問3．土地〔別解〕領地　問4．応仁の乱

4　問1．上米(の制)　問2．【C】→【A】→【D】→【B】

5　問1．(え)　問2．⑴(い)　⑵(え)　問3．女性に選挙権がなかったこと。〔別解〕性別が男子に限られたこと。　問4．五・一五事件

6　問1．⑴(え)　⑵(あ)　問2．農地改革　問3．(う)　問4．(い)

7　問1．⑴(さ)　⑵(あ)　⑶(こ)　⑷(つ)　⑸(そ)　⑹(ち)　⑺(き)　⑻(う)　⑼(え)
問2．教育を受ける権利／勤労の権利／労働基本権　などから1つ　問3．(イ)永久　(ロ)将来
問4．緊急事態

8　問1．⑴アメリカ　⑵拒否　⑶大国一致　問2．(え)　問3．核兵器の開発，保有，使用を禁じる条約で，アメリカの核の傘の下にある日本は，参加していない。

法政大学第二中学校【第一回】

←解答例は前のページにありますので，そちらをご覧ください。

《2021　国語　解説》

二　問一　１行前の「子どもであっても勉強より遊びより暮らし優先で、暮らしのために店を手伝うのは当たり前のことでした」より、イが適する。

問二　「ダジャレ」とは、つまらないシャレのこと。シャレは、本文に例があるように、発音が同じで意味の違う言葉を使って、おもしろく言い表した文句のこと。シャレ帳に「毎日欠かさずダジャレを書き込みました」とあるので、ダジャレを生み出すためにどんな言葉をつかってどのように表現するか、自分でよく考えたことが想像できる。よってエが適する。

問三　直前に「中学に入るとさすがにダジャレではクラスの笑いが取れなくなり」とあることから、自分で考えたダジャレを書き留めていたシャレ帳は必要なくなり、机の抽出にしまわれっぱなしになった（＝ダジャレを言わなくなった）ことが分かる。

問四　「私も店番をするときは店服を着なければなりませんでした」の理由の一つ。「住み込み店員さんに対して」とあるように、両親の住み込み店員さんへの配りょである。また「私を特別扱いしない」とあることから、住み込み店員さんに不公平感をもたせないための配りょであることが分かる。よってアが適する。

問六Ａ～Ｅ　「子どもでもない」「大人でもない」のそれぞれの説明の意味が通るように「子ども」「大人」を選ぶ。

Ｆ～Ｈ　４行の詩の中で、「子どもでもない大人でもない」自分の気持ちを「正確」に表している言葉を選ぶ。

問七　「当時の私は～それを説明することはできませんでした」の直後に「でも今なら説明できます。私は自分の気持ちを表す正確な言葉を見つけたので、イライラした気持ちがスッと落ち着いたのです。イヤな思いが減ったのです」とあることから、イが適する。

問八　筆者は「『店番がイヤだ』や『店服を着たくない』」と「自分が思ったこと感じたことを正直に書」くことは、「ただ正直なだけであって、正確ではない」（傍線部⑥）と述べている。直前の段落に「『店番がイヤだ』と書いても、『店服を着たくない』と書いても、私の気持ちの片方しか表せていないことになります」とある。

問九　中学時代の筆者の店番についての気持ちは、「子どもであっても勉強より遊びより暮らし優先で、暮らしのために店を手伝うのは当たり前のことでした～家の中にそれぞれ自分の役割がありました」「店番はイヤでありながら一方で暮らしでした。一番大切な暮らしでした。店服は着たくなかったけれど、しかし、着ることによって私の暮らしは成り立っていました」などから分かるように、店番がイヤだという気持ちと、それは自分の役割であり、大切なことだという気持ちが入り混じっている複雑な気持ちであったことが読み取れる。

三　問二　「橋本先生は、モト村の小学校（照子や澄子たちが通っていた小学校）の先生だった」という背景がある。「橋本先生が、君塚照子たち四人と一緒に出てくるのが見えた。照子は先生の腕に自分の腕をからませている」「照子が先生に甘えるような仕草をして」「照子は先生の腕にぶらさがった」「照子はそのまま腕をからませている」「腕をからませたままの照子はもう一度ぶらさがるように、ぴょんと跳び上がった」「先生の脚を照子の脚が挟むような形になった」とある。これらの行為についてミツヱは、「君塚照子はみんなに見せるためにしてるんだ」と感じている。このことから、ミツヱの想像する照子の心の中の言葉として、あてはまる語の組み合わせを考える。

問三・四　「一番苦手な体操の時間が橋本先生だなんて」より、ミツヱが好感を抱いている橋本先生の授業が、一番苦手な体操の授業であることが分かる。「『次は逆上がり』ミツヱは死にたくなった」より、逆上がりができないミツエは、橋本先生に(イ)格好の悪いところを見られたくないと思っていることが分かる。そのため、「今日は鉄棒をやる」と橋本先生が言った瞬間(しゅんかん)、改めて「体操の時間なんてなければいいのに」と思ったのだ。

問五　１は、照子が橋本先生に腕をからませたままで、先生はその腕を振(ふ)りほどかないことに対する恥(は)ずかしさ。２は、みんなと橋本先生が見ている前で、やっぱり逆上がりができなかったことに対する恥ずかしさ。よってエが適する。

問六　体操の時間に逆上がりをやったとき、「鉄棒をしながら感じた感じは、する前に思っていたのと、すこし違っていた。前に逆上がりをしたときは、鉄棒が遠い感じで、腕に力が入らず、体がばらばらになってしまうような感じだった。でも今回は、そのときよりも、すこし鉄棒が自分の中心に近い感じで、体も前ほどばらばらではなかったような気がする」とあるように、今までより成功に近づいたような気がしたため、初めて「もうすこし鉄棒をやっていたいような気がした」のだ。よってエが適する。

問七　傍線部④の直前の段落に、ミツエが初めて逆上がりができたときの感覚が描(えが)かれている。ミツエは、うれしさのあまり、「自分の中から(自然に)こみ上げてくる笑い」を経験したのは初めてだった。今まで経験した笑いとは違う笑いだったことを強調している。よってアが適する。

問八　「えこひいき」とは、自分の好きな(お気に入りの)人や関係の深い人だけに特によくしてやること。よってエが適する。

問九(1)　「『できたー』と里美が、眼をまん丸くし、口も大きくあけて～言った。むこうの列から仲良しの木崎富子が飛んできて、二人で手を取り合って～ピョンピョンはねた」とあることから、ウとカが適する。　**(2)**　「水を差す」とは、じゃまをするという意味の慣用句。ミツエは逆上がりができた喜びを全身で表したかったが、照子が「あざ笑うような、突(つ)き刺(さ)すような眼」をしてミツエに言った「おき」が、「いい意味ではないらしいこと」を感じていたので、それがひっかかり、素直に喜んでいられない心境だった。

《2021　算数　解説》

1　(1)　与式$=(363\times2-363\times0.1-363\times0.01)\times\frac{1}{189}=363\times(2-0.1-0.01)\times\frac{1}{189}=363\times1.89\times\frac{1}{189}=3.63$

(2)　与式より，$3\frac{4}{5}-\square\times\frac{4}{3}=17\div15$　　$\square\times\frac{4}{3}=\frac{19}{5}-\frac{17}{15}$　　$\square\times\frac{4}{3}=\frac{57}{15}-\frac{17}{15}$　　$\square=\frac{40}{15}\div\frac{4}{3}=\frac{8}{3}\times\frac{3}{4}=2$

(3)　1分$=\frac{1}{60}$時間，1秒$=\frac{1}{60}$分$=\frac{1}{60\times60}$時間$=\frac{1}{3600}$時間なので，与式$=1\frac{1}{2}$時間$+2\frac{50}{60}$時間$+\frac{1200}{3600}$時間$=$
$1\frac{3}{6}$時間$+2\frac{5}{6}$時間$+\frac{2}{6}$時間$=3\frac{10}{6}$時間$=3\frac{5}{3}$時間$=4\frac{2}{3}$時間

2　(1)　**【解き方】同じ道のりを進むのにかかる時間の比は，速さの逆比に等しい。**

B君がA君に追いつくまでに，A君は２＋５＝７(分)，B君は５分進んだから，速さの比は７：５の逆比の５：７となる。よって，B君の速さは，毎分$(75\times\frac{7}{5})$m＝毎分105m

(2)　Aが６÷２＝３(個)とBが８÷２＝４(個)の代金の合計が3680÷２＝1840(円)だから，Aが５－３＝２(個)の代金の合計は2580－1840＝740(円)，A１個の値段は740÷２＝370(円)となる。

なお，B１個の値段は182.5円と計算できるが，これはB２個を365円で売っているということであろう。

(3)　**【解き方】右の「１つの角を共有する三角形の面積」を利用して，(三角形ＡＢＣの面積)－(三角形ＡＤＧの面積)－(三角形ＢＥＦの面積)－(三角形ＣＦＧの面積)で求める。**

三角形ＡＤＧの面積は，
(三角形ＡＢＣの面積)$\times\frac{AD}{AB}\times\frac{AG}{AC}=108\times\frac{1}{3}\times\frac{3}{4}=27$(cm²)

１つの角を共有する三角形の面積
右図のように三角形ＰＱＲと三角形ＰＳＴが１つの角を共有するとき，三角形ＰＳＴの面積は，
(三角形ＰＱＲの面積)$\times\frac{PS}{PQ}\times\frac{PT}{PR}$
で求められる。

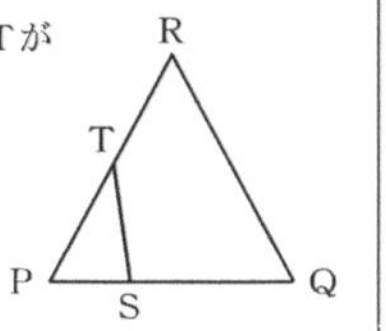

三角形ＢＥＦの面積は，（三角形ＡＢＣの面積）$\times\frac{BE}{BA}\times\frac{BF}{BC}=108\times\frac{1}{3}\times\frac{1}{2}=18$(㎠)

三角形ＣＦＧの面積は，（三角形ＡＢＣの面積）$\times\frac{CF}{CB}\times\frac{CG}{CA}=108\times\frac{1}{2}\times\frac{1}{4}=13.5$(㎠)

よって，求める面積は，108－27－18－13.5＝49.5(㎠)

(4) 上り方は４通りあり，その４通りに対して下り方が４通りずつあるから，全部で４×４＝16(通り)ある。

(5) **【解き方】つるかめ算を使って求める。**

36枚すべてが５円玉だった場合は，合計金額は５×36＝180(円)となり，実際より180－112＝68(円)高くなる。

５円玉１枚を１円玉１枚に置きかえると，合計金額は５－１＝４(円)低くなるから，１円玉は68÷４＝17(枚)ある。

(6) 与式＝{(９－６)－(９÷26)}÷{(11÷13)＋(８－４)}＝$(3-\frac{9}{26})\div(\frac{11}{13}+4)=\frac{69}{26}\div\frac{63}{13}=\frac{69}{26}\times\frac{13}{63}=\frac{23}{42}$

3 **【解き方】各段の一番下に並べられる㋐1辺の長さが1cmの立方体の個数は，１段のときは１個，２段のときは１＋２＝３(個)，３段のときは１＋２＋３＝６(個)，４段のときは１＋２＋３＋４＝10(個)，…となる。**

(1) ６段まで積み上げると，㋐の個数は，上から５段目が10＋５＝15(個)，６段目が15＋６＝21(個)になるから，全部で１＋３＋６＋10＋15＋21＝56(個)ある。よって，求める体積は，(１×１×１)×56＝56(㎤)

(2) 10段まで積み上げると，一番下に並べられる㋐の個数は，21＋７＋８＋９＋10＝55(個)になる。

よって，積み上げた立体を上下左右前後から見ると，いずれも右図のように㋐が55個並べられた図形が見える。㋐の１つの面の面積は１×１＝１(㎠)なので，求める表面積は，１×55×６＝330(㎠)

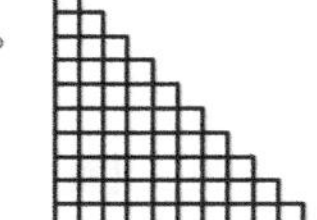

4 (1) **【解き方】てんびん図を利用して考える。ａ：ｂは，食塩水の量の比の逆比に等しくなる。**

手順３終了時，Ａの食塩水は250－100＝150(ｇ)だから，手順４のてんびん図は右図のようになる。２％と12％の食塩水の量の比は100：150＝２：３だから，ａ：ｂ＝３：２

ａ：(ａ＋ｂ)＝３：５なので，求める濃度は，$2+(12-2)\times\frac{3}{5}=8$(％)

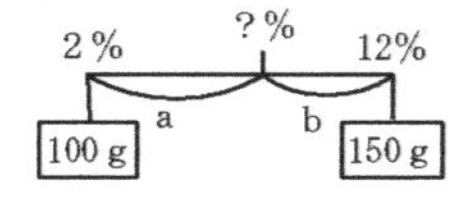

(2) **【解き方】含(ふく)まれる食塩の量に注目する。**

手順を行う前，含まれる食塩の量は，Ａが$250\times\frac{12}{100}=30$(ｇ)，Ｂが$300\times\frac{8}{100}=24$(ｇ)である。

手順１でＡからＢに，$30\times\frac{100}{250}=12$(ｇ)の食塩が入るから，Ｂの食塩水300＋100＝400(ｇ)に含まれる食塩の量は，24＋12＝36(ｇ)となる。したがって，手順２でＢからＣに$36\times\frac{100}{400}=9$(ｇ)の食塩が入る。

手順３終了時，Ｄの食塩水200＋100＝300(ｇ)に含まれる食塩の量は，$300\times\frac{2}{100}=6$(ｇ)だから，手順３で取り出したＣの食塩水100ｇには６ｇの食塩が含まれていたとわかる。

よって，手順３の前(手順２終了時)にＣの食塩水250ｇに含まれる食塩の量は$6\times\frac{250}{100}=15$(ｇ)だから，手順２の前は，Ｃの食塩水150ｇに含まれる食塩の量が15－９＝６(ｇ)なので，求める値は，$\frac{6}{150}\times100=4$

(3) これまでの解説をふまえる。手順４終了時，Ｂの食塩水300ｇに含まれる食塩の量は36－９＝27(ｇ)，Ｃの食塩水150ｇに含まれる食塩の量は15－６＝９(ｇ)なので，これを混ぜ合わせると，含まれる食塩の量が27＋９＝36(ｇ)の食塩水ができる。

5 (1) **【解き方】Ｐは１秒で360°÷12＝30°だけＯを中心に時計回りに回転移動し，Ｑは１秒で360°÷８＝45°だけＯを中心に反時計回りに回転移動する。**

図２について，Ｄを含む角ＡＯＰの大きさは，30°×５＝150°，Ｂを含む角ＡＯＱの大きさは，45°×５＝225°

よって，角㋐の大きさは，150°＋225°－360°＝15°

(2)　**【解き方】角ＣＯＱ＝225°－180°＝45°より，角ＤＯＱ＝角ＣＯＱ＝45°とわかるので，斜線部分は右図のように移動させることができる。**

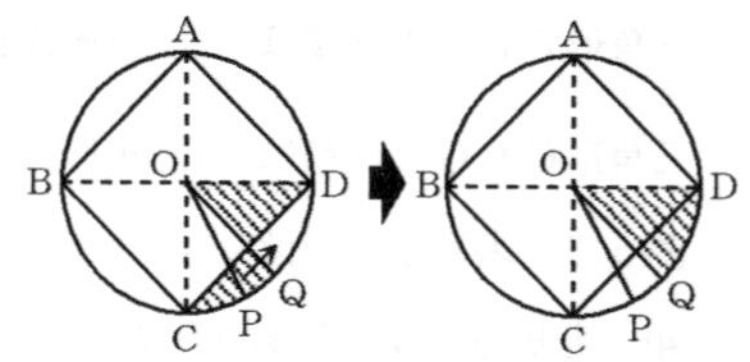

求める面積は，半径が４㎝，中心角が45°のおうぎ形の面積に等しく，

$4 \times 4 \times 3.14 \times \frac{45°}{360°} = 2 \times 3.14 = 6.28$(㎠)

(3)　**【解き方】Ｐは12秒ごと，Ｑは８秒ごとにＡで重なるから，再びＡで重なり合うのは，12と８の最小公倍数である24秒後である。ＰとＱは，１秒後ごとに合わせて30°＋45°＝75°だけＯを中心に回転移動する。ＯＰとＯＱが垂直に交わるのは，回転移動した角度が90°または360°－90°＝270°のときである。**

回転移動した角度は，１秒後が75°，２秒後が75°×２＝150°，３秒後が75°×３＝225°，４秒後が75°×４＝300°となる。５秒後は75°×５＝375°となるが，これは１回転と375°－360°＝15°だけ回転移動しているから，回転移動した角度は15°と考える。よって，６秒後は75°×６＝450°，450°－360°＝90°より，条件に合う。ここまでで，回転移動した角度は，６－１＝５(秒)ごとに90°－75°＝15°大きくなる(正確には１回転と15°)とわかる。よって，回転移動した角度をまとめると，右表のようになるので，条件に合うのは，６秒後と18秒後である。

時間(秒後)	1	2	3	4	5
移動した角度(°)	75	150	225	300	15
時間(秒後)	6	7	8	9	10
移動した角度(°)	90	165	240	315	30
時間(秒後)	11	12	13	14	15
移動した角度(°)	105	180	255	330	45
時間(秒後)	16	17	18	19	20
移動した角度(°)	120	195	270	345	60
時間(秒後)	21	22	23	24	
移動した角度(°)	135	210	285	360	

6　(1)　**【解き方】糸を表す線(図では太線で表す)は，展開図上では直線になる。**

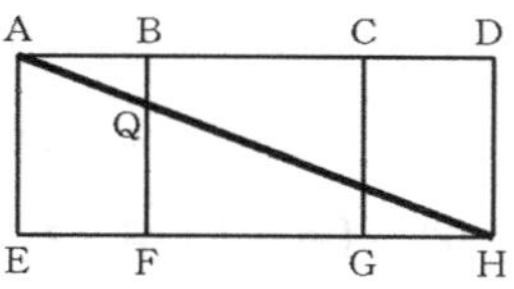

面ＡＥＦＢと面ＢＦＧＣの展開図は右図のようになる。三角形ＡＥＧと三角形ＰＦＧは同じ形なので，ＡＥ：ＰＦ＝ＥＧ：ＦＧ＝(3＋2)：2＝5：2だから，$ＰＦ＝ＡＥ \times \frac{2}{5} = 4 \times \frac{2}{5} = \frac{8}{5} = 1\frac{3}{5}$(㎝)

(2)　(1)をふまえる。面ＡＥＦＢ，ＢＦＧＣ，ＣＧＨＤの展開図は右図のようになる。三角形ＡＥＨと三角形ＱＦＨは同じ形なので，$ＥＨ：ＦＨ＝ＡＥ：ＱＦ＝4：\frac{32}{11}$＝11：8となる。よって，ＥＦ：ＦＨ＝(11－8)：8＝3：8なので，

$ＦＨ＝ＥＦ \times \frac{8}{3} = 3 \times \frac{8}{3} = 8$(㎝)であり，㋐の長さは，ＦＨ－ＧＨ＝8－3＝5(㎝)

《2021　理科　解説》

1　問１　石灰石をたくさん入れたために，水の性質がアルカリ性になったと考えられる。

問３(2)　(エ)○…光を受けることで，水草が光合成を行い，酸素を作り出すことができる。

2　問１　(イ)○…川の曲がっているところの外側では水の流れが速く，川底や川岸がしん食されてがけができやすい。一方，川の曲がっているところの内側では水の流れがゆるやかで，小石や砂がたい積して川原ができやすい。

(エ)○…④付近の流れがおそくなった場所では，土が積もりやすい。

問２　①○…けいしゃがきつく，流れが速い①の方が，川底がけずられやすい。

問３　(エ)○…土砂がせき止められるようなところでは，流れがなくなるので，つぶが大きく重いものから先にしずむ。れき(直径２㎜以上)，砂(直径0.06㎜～２㎜)，どろ(直径0.06㎜以下)はつぶの大きさで区別するので，つぶが大きい砂が先にしずみ，その上からどろがしずむ。水は２回流したので，下から砂，どろ，砂，どろの順に４層できる。

問４　(ウ)○…板をたてずに実験を行うと，砂よりもつぶが小さくて軽いどろが，より遠くまで運ばれてからしずむ。

問５(1)　(ア)×…まっすぐ流れる①の部分の川はばを広くすると，流れがゆるやかになる部分に一気に流れる水の量が増えるので，こう水が起きやすくなる。　(イ)×…川底をセメントで固めると，増水時に流速が速くなるので，

こう水が起きやすくなる。　(ウ)，(エ)○…角度がゆるやかになるあたりから下の川を流れることができる水の量が増えるので，こう水を防ぐことができる。

3　問1　表より，食塩やホウ酸は，水温が高いほど，とける量が多くなることがわかる。

問2　ホウ酸 56.4 g をすべてとかすには 80℃の水が $100\times\frac{56.4}{23.5}=240$(g)必要である。したがって，80℃の水をあと 240－200＝40(g)加えればよい。

問3　水 100 g の場合で考える。40℃の水 100 g に食塩が 38.3 g とけて，138.3 g の水よう液ができる。この水よう液を0℃まで冷やすと，38.3－37.5＝0.8(g)の固体が出てくるので，水よう液 300 g では，$0.8\times\frac{300}{138.3}=1.73\cdots\rightarrow$ 1.7 g の固体が出てくる。

問4　(ア)○…100℃の水 50 g に食塩は $41.1\times\frac{50}{100}=20.55$(g)，ホウ酸は $38.0\times\frac{50}{100}=19$(g)とけるので，食塩もホウ酸もすべてとけている。　(キ)○…60℃の水 50 g に食塩は $39.0\times\frac{50}{100}=19.5$(g)，ホウ酸は $14.9\times\frac{50}{100}=$ 7.45(g)とけるので，食塩はすべてとけ，ホウ酸は結しょうが見られる。

4　問2　(イ)×…早朝に川の水面付近で霧が発生するのは，水蒸気を多くふくむ川の水面付近の空気が冷えて，水蒸気が水てきになって出てくるからである。

問3　(イ)×…水を蒸発させると，砂糖がこげて黒くなった固体が残る。

5　問1　直列につなぐ電池の数を多くすると電流が大きくなるが，並列につなぐ電池の数を多くしても電流の大きさは変わらない。また，豆電球1個のときと比べ，豆電球を2個並列つなぎにすると，電流が流れやすくなり，豆電球を2個直列つなぎにすると，電流が流れにくくなる。

問2　部分①(い)○…電池を並列につないだ方が，電流が小さくなる。　部分②(お)○…最も電流が流れにくくなるように，豆電球を2個直列つなぎにする。

問3　部分①(い)○…電池を並列につなぐと直列につなぐよりも長持ちする。　部分②(お)○…直列につなぐ豆電球の数を多くするほど，電池が長持ちする。

問4　(ウ)○…電池から流れる電流自体が小さくなってきて，3個の豆電球がすべて暗くなった。　(オ)○…並列つなぎの②の部分の豆電球の片方の明かりが切れると，豆電球2個の直列つなぎの回路になるので，Aは暗くなる。

問5　(ウ)○…①家庭用の電化製品はすべて並列つなぎになっている。このようなつなぎ方をすることで，1つの電化製品の電源を切っても，他の電化製品には電流が流れ続ける。　②電池が並列つなぎであれば電池1本でも動くはずなので，電池は直列つなぎである。

《2021　社会　解説》

1　問1　経度差 15 度で1時間の時差が生じるから，ロサンゼルスと日本の経度差が 105＋135＝240(度)で，時差は 240÷15＝16(時間)。ロサンゼルスは日本より時刻が遅れているので，到着時のロサンゼルスの時刻は8月 19 日7時である。よって，出発時の8月 18 日 14 時の 17 時間後に到着したとわかる。

問2　地球上で真裏になる位置を対蹠点という。対蹠点の求め方は，①緯度は北と南を入れかえる。②経度は 180 度から引き，東と西をいれかえる。よって，「南緯 37 度，東経 144 度」の対蹠点は「北緯 37 度，西経 36 度」である。

問3　緯度0度の赤道は，アフリカ大陸のビクトリア湖，マレー半島の先端にあるシンガポール付近，南アメリカ大陸のアマゾン川河口を通るので，(い)だとわかる。

2　①は帯広市(北海道)，②は山形市(山形県)，③は軽井沢町(長野県)，④は高松市(香川県)，⑤は那覇市(沖縄県)。

問1④　高松市は瀬戸内の気候だから，1年を通して降水量が少なく梅雨時期の降水量が最も多い(え)である。

⑤　那覇市は1年を通して温暖で，台風の通り道なので8月～9月の降水量が多いから(あ)である。(い)は夏の降水量が多い太平洋側の気候，(う)は熱帯の気候，(お)は冬の降水量が多い日本海側の気候である。

問2　「札幌(さっぽろ)(乾いた大きい川)」や「稚内(わっかない)(冷たい水の川)」などの北海道の地名も，アイヌ語を由来とする。

問3　(い)が正しい。「たら」は冬，「さんま」は秋に多くとれる。

問4　(あ)【資料1】で作付面積が最も広いAを小麦，【資料2】で北海道産の占める割合が100%のBをてんさいと判断できるから，Cはじゃがいもとなる。帯広市は十勝平野の中心都市であり，大豆なども栽培されている。

問5　(え)Aは田植え，Bは代かき，Cは稲刈りの様子で，米づくりの作業は，種まき→田おこし→代かき→田植え→農薬散布→稲刈りの順だから，B→A→Cとなる。

問6　(あ)ブランド米の主な産地は，ななつぼしが北海道(A)，はえぬきが山形県(B)，ひとめぼれが宮城県(C)・岩手県・福島県，コシヒカリが新潟県(D)・茨城県・栃木県である。

問7(1)　地図上A地点と「う」を結ぶ線は谷線であることから導く。　(2)　(あ)が正しい。等高線の間隔が密なほど傾斜は急になるから，C＞D＞E＞Bと導ける。　(3)　(い)が正しい。尾根は谷と谷に挟まれた山地の一番高い部分の連なりだから，山頂から見て外側に出っ張っている。　(あ)軽井沢駅からは郵便局(〒)よりも小学校(文)の方が遠くにある。　(う)地図上Fの線は等高線である。　(え)標高の高さは氷妻山＞一ノ字山＞離山だから，「離山」が最も低い。

問8　(う)が正しい。【資料4】は宮古島と西表島の位置が逆である。【資料3】は左から順に「パイナップル」「もずく」「さとうきび」「マンゴー」「ゴーヤー」である。

3　問1　天皇が上皇となった後も政治の実権をにぎる院政は，白河上皇→後鳥羽上皇→後白河上皇と続いた。平安時代中期以降は，藤原氏の摂関政治→院政→平氏政権と移りかわった。

問2　征夷大将軍に任命された源頼朝は，鎌倉幕府を開き，以後，約700年間にわたる武家政治が始まった。

問3　御家人は，「奉公」として京都や幕府の警備につき命をかけて戦い，将軍は，「御恩」として御家人の以前からの領地を保護したり，新たな領地を与えたりした。このような主従制度を封建制度という。

問4　室町幕府8代将軍足利義政の跡継ぎ争いに，細川勝元と山名持豊の幕府内での勢力争いが複雑にからみあって，応仁の乱が始まった。この戦いの後，京都は荒廃し，全国各地で下剋上の風潮が広まって戦国時代が始まった。

4　問2　C．享保の改革(18世紀前半)→A．田沼意次の政治(18世紀後半／10代将軍徳川家治の時)→D．寛政の改革(18世紀後半／11代将軍徳川家斉の時)→B．天保の改革(19世紀前半)

5　問1　(え)が誤り。美濃部達吉は天皇機関説をとなえ，天皇は国家の機関であって主権をもつものではないと主張した。

問2(1)　(い)平塚らいてうは，市川房枝らとともに女性の地位向上のための新婦人協会を設立したことでも知られる。

(2)　(え)全国水平社は部落解放運動のために結成された。

問3　女性に選挙権が与えられたのは，戦後初の衆議院議員総選挙(1946年実施)以降である。

問4　1932年5月15日，海軍の青年将校らによって犬養毅首相が暗殺された事件を五・一五事件という。後継の斉藤実首相は政党の総裁ではない軍人であったため，政党政治はとだえた。

6　問1(1)　(え)戦後，ソ連を中心とする社会主義陣営とアメリカを中心とする資本主義陣営で，実際の戦火をまじえない冷戦が始まった。冷戦時，ソ連は北朝鮮を，アメリカは韓国を支援したため，韓国と北朝鮮の間で対立が激化し，1950 年北朝鮮が韓国に突如侵攻して朝鮮戦争が始まった。　(2)　(あ)ベトナム戦争は，中国やソ連が支援する北ベトナムと，アメリカが支援する南ベトナムとの間で起こった。湾岸戦争は 1991 年，イラク戦争は 2003 年に起こった。

問２　農地改革は，国が強制的に地主の土地を買い上げ，小作人に安く売り渡した政策である。ＧＨＱは，地主に納める高額の小作料などのために農民が困窮していたことが，日本の侵略政策につながったと判断し，農民が自分の土地を持てるよう農地改革を実施した。

問３　(う)を選ぶ。警察予備隊は，保安隊→自衛隊と発展していった。

問４　(い)日米安全保障条約の改定をめぐっては闘争が起こり，新安保条約の成立後，岸信介が混乱の責任をとって辞職した。

7　問１(1)・(2)　すべての人が人間らしく生活できる権利は，社会権のうちの生存権にとして憲法第 25 条に規定されている。(4)　法によって政治権力を制限することを「法の支配」，憲法に基づいて人権を守り保障していくといった考え方を「立憲主義」と言う。　(5)　権力者によって支配されることを「人の支配」という。　(9)　憲法が最高法規であるという規定に基づき，違憲審査権が行使されて裁判所によって法律が違憲と判断されると，その法律は効力を失う。

問２　社会権は 20 世紀に生まれた，より人間らしく生きる権利である。

問４　緊急事態条項が適用されると，首相が緊急事態を宣言すれば，行政権を持つ内閣が法律と同じ効力の政令を制定できるようになる。国民は権利を制限され，国の指示に従わなければならなくなる。

8　問１(1)　国際連盟は，総力戦となり多数の人が亡くなった第一次世界大戦のような悲劇を二度と繰り返さないために設立された。しかし，アメリカは議会の反対により国際連盟に加盟できなかった。　(2)・(3)　大国一致の原則によって，常任理事国が１国でも反対すればその議案は否決される。また，核拡散防止条約によって核兵器の保有を認められているのも常任理事国だけである。

問２　(え)イスラム地域やアフリカ諸国の難民がとくに増えており，深刻な問題となっている。

問３　戦時中，広島と長崎に原爆を投下された日本は，唯一の被爆国としての立場から，1972 年に非核三原則を表明した。近年，核兵器の開発や保有，使用などを禁止した核兵器禁止条約が発効されるなど，核廃絶に向けた動きが世界中に広まっている。しかし，核兵器禁止条約にはアメリカ，ロシア，中国などが反対し，日本もアメリカの核の傘に守られる安全保障政策などを理由に賛成しなかった。「核の傘」はキーワードとして必ずもりこむ。

★法政大学第二中学校【第一回】

《国　語》

一　問一．①絹　②劇場　③心臓　④刻　⑤政党　問二．①しりぞ　②さば　③こころよ　④けわ
問三．①目　②腹　③鼻　問四．①オ　②エ　③イ

二　問一．ウ　問二．善悪は幸福 ～ かで決まる　問三．ア　問四．Ⅰ．エ　Ⅱ．カ　問五．ア
問六．【D】　問七．ア　問八．「好い」「嫌な」は各人がどう感じるかという道徳外的なものだが、「善い」「悪い」は道徳的なものである。

三　問一．A．イ　B．オ　C．キ　D．エ　問二．エ　問三．イ　問四．ウ　問五．Ⅰ．ア　Ⅱ．エ
問六．エ　問七．だから、衝　問八．罪悪感を持って存在しろよ

《算　数》

1　※(1) $1\frac{2}{9}$　(2)18.24　(3) $1\frac{13}{56}$　(4) $\frac{5}{7}$

2　(1)2100　(2)12　(3)27　(4)3　(5)0.75　(6) $2\frac{2}{3}$

3　(1)309　(2)22，19

4　(1)11　(2)16　(3)9.3

5　※(1)2　(2)25：144　(3) $5\frac{19}{30}$

6　(1)1200　(2)6

※の途中の計算式や考え方は解説を参照してください。

《理　科》

1　問1．①しょっ角　②4　③りん粉　④2　⑤節　⑥気門

問2．(イ)　問3．(ア)　問4．右図

2　問1．(1)(い)　(2)(あ)　(3)(う)　(4)(え)　問2．(イ)　問3．(イ)　問4．(ア)

3　問1．二酸化炭素　問2．(エ)　問3．①　問4．(イ)　問5．④

4　問1．ミョウバン　問2．再結しょう　問3．(ウ)，(エ)　問4．40

5　問1．2.6　問2．(1)(ア)　(2)(ウ)

6　問1．A．15　B．20　問2．(イ)　問3．20

7　(1)ペルセウス　(2)アポロ　(3)50　(4)スプートニク　(5)NASA　(6)ガガーリン　(7)中国　(8)ちぢんで

《社　会》

1　問1．1．90　2．180　3．15　4．冬　問2．11時間

2　問1．あ，う　問2．C　問3．25000分の1　問4．(ア)，(ウ)

3　問1．A．松浦　B．焼津　C．波崎　問2．(ア)　問3．(ア)　問4．(ウ)，(エ)

問5．アメリカ(合衆国)

4　問1．1．ア　2．エ　3．キ　4．イ

5　問1．院政　問2．摂政や関白となって，天皇の代理あるいは補佐をした政治。

6　問1．本能寺　問2．明征服のために朝鮮に服属を求めたが拒否されたから。

7　問1．(ウ)　問2．幕府を倒すこと。　問3．戊辰戦争

8　問1．1．(エ)　2．(イ)　問2．大森貝塚　問3．人物…田中正造　場所…足尾銅山

9　問1．日本国憲法の制定　問2．地主制を廃止して自作農を増やすこと。

10　問1．あ．立法　い．司法　問2．A．(イ)　C．(オ)　問3．法令審査権　問4．(エ)　問5．18

問6．参議院より任期が短く解散もあるので，民意が反映されやすいから。　問7．閣議

問8．ア．×　イ．○　ウ．○　エ．×

11　問1．平和　問2．難民　問3．誤…(エ)　正…男女雇用機会均等法　問4．(ウ)　問5．(ア)

問6．子どもの権利条約

←解答例は前のページにありますので，そちらをご覧ください。

《2020　国語　解説》

二　問一　「道徳」とは、社会生活を営むうえで、人として守るべき行動の規範(=物事のよりどころとなるもの)。「懐疑」とは、疑いをもつこと。「たいていの子どもたちは、道徳に普遍性がないということに問題を感じるらしかった。つまり、何が善いことで何が悪いことか、なんてはっきりしないじゃないか、と思うらしいのだ」とある。よってウが適する。

問二　６段落目に「自分一人で、後から思えば『功利主義』といえるような考え方を編み出した。ついでにそのことを書いておこう」とあり、７段落目に「それは要するに、善悪は幸福をつくり出すか不幸をつくり出すかで決まる、という考え方だ」とあることに着目する。

問三　「ここまでの叙述でぼくは、『好い』と『善い』を、そして『嫌な』と『悪い』を、使い分けてきた。この違いがわからないひとはいないだろう」「道徳的な善悪は、道徳外的な好悪(好いことと嫌なこと)に依存しているわけだ。そうでない、それ自体としての道徳的善悪なんて、考えられるだろうか」とある。これは「善悪」と「好悪」との問題は分けて考えなければならないということ。「ところが、たとえば英語なら、『好い』も『善い』も『good』だし、『嫌な』も『悪い』も『bad』で表せる」とある。これは、英語や日本語においてはそのどちらも「よい」「悪い」でとらえてしまうことができるので、両者の区別があいまいになってしまうということ。それが混乱の原因だと筆者は考えている。よってアが適する。

問四Ⅰ　直後の文で「冷静に考えてみれば、道徳的に悪いなんてことは、そう大したことではない、とはいえないだろうか」と述べているので、「何か変な感じがした」のは、「相手を道徳的に非難するということを、だれもが何か～決定的なことであるかのように考えていること」だと考えられる。よってエが適する。　Ⅱ「だれもが何か［Ⅱ］で決定的なことであるかのように考えていることにも～変な感じがした」の［Ⅱ］は、「決定的」と同じような意味の語が入ると文意が整う。よってカが適する。

問五　直前に「人々は道徳的観点というものを少し過大視してはいないだろうか」と述べている。このような「義憤(=いきどおり)のような感情に自分を慣らす」ということは、「怒りを持つことに慣れ」るということ。そして、慣れることによって、それが日常的になっているということ。よってアが適する。

問六　「どうしてみんなはそこに隙間があると感じないのか」は、どうしてみんなはそこに少しの疑問も感じていないのかと言いかえることができる。筆者は「『善い』『悪い』の意味は～『するべき』とか『しちゃいけない』といったようなことで定義されているのではない～なぜそれをしなくちゃいけないのか、なぜそれをしちゃいけないのか、という問いはつねに立てられるはずだ」と考えている。しかし、【D】をふくむ段落では、「(善いことだということから)どうしてそうしなくちゃいけないのか～逆に、悪いことだということから、なぜしちゃいけないということが帰結するのか」と疑問を投げかけている。どうしてみんなはそのような疑問を感じないのかと続く。よって【D】が正解。

問七　アの「『善悪』を『するべき』や『しちゃいけない』といったようなことで分けて定義するとしても」は、本文中の「かりに『善い』とは『するべき』という意味で『悪い』とは『しちゃいけない』という意味なのだとしても」に当たる。アの「やはり問題の本質を見誤っており、成り立たないものである」とは、「一見すると善悪の規準に対する疑問のような外見を呈するだけ」で、本質的な「なぜそれをしなくちゃいけないのか、なぜそれをしちゃいけないのか、という問い」(の解決にはならない)ということ。だから、「問題そのものは変わらない」と言える。よってアが適する。

問八 「健康であることは『好い』ことだが、べつに道徳的に『善い』ことであるわけではない。また、病気であることは『嫌な』ことだが、道徳的に『悪い』わけではない」「道徳的な善悪は、道徳外的な好悪(こうお)(好いことと嫌なこと)に依存している」の部分で、両者の性質の違いが分かる。「人が好いと感じたり嫌だと感じたりする内容はさまざま」とあるように「好悪」は、道徳外的であると同時に、各人が感じるものである。

三 問二 ア.「自分の不遇(ふぐう)感をめいっぱい受け止めたいタイプの、ネクラな～青年たちが、図書館にはやってくる」にあてはまる。 イ.「ネアカの受験生なんて自分をごまかしているだけだと見抜いている青年たちが、図書館にやってくる」にあてはまる。 ウ.「予備校へ通って集団の中に身を置くよりも、ひとりで息苦しさの中に身を置いて～ネクラな～青年たちが、図書館にはやってくる」から、それとは対照的に予備校へ通うのはネアカな集団だと分かる。 エ.「ネクラであると同時にネアカな青年たち」については、傍線部①でふれられていない。 よってエが正解。

問三 「老成」とは、年のわりに大人びること。「ウブ」(＝初)とは、世間知らずでういういしいさま。「人間の愚行(ぐこう)を見抜(みぬ)いて嗤(わら)う」のは「大人びた皮肉な面」と言える。「現実がなんと夢から遠く離れているのだと失望する」のは、「理想を抱(いだ)く子供らしさ」と言える。よってイが適する。

問四 傍線(ぼうせん)部③をふくむ段落に続く２つの段落に「夫がいなくてもちゃんと家を運営していけるんだという自負を確立している～自負だけではなくて、責任をはたそうとしている～離婚(りこん)したことで何かを失っていると言われるのがいやで、すごく無理して頑張(がんば)っている。息子、つまりぼくに不自由な思いをさせないぞ、というのがまず何よりの目標になってる」とある。よってウが適する。

問六 「普通の大人は働いているものだ、と思うってことだ。なのに、図書館でよく見かけるその外国人は、大人なのに働いている様子がなくて」「日本語が読めるらしい、と思う。ところが～その思いがまた違ってくる～読んでるんじゃなくて、イラストとか写真とかグラフとか、何かそういう文字以外のものを捜(さが)している感じ」「やっぱり日本語は読めないのか」とあるように、ツクオの予想が外れていく状況(じょうきょう)に戸惑(とまど)っているのが分かる。この時点で、ツクオはその外国人の様子を観察しているだけで、「接して」いないし、「対応」もしていない。また、「日本語は読めないのか」とあるので「語学力の高さに驚(おどろ)いている」ということもない。よってエが適する。

問七 ぬけている一文の「ツクオは～暴力でもって自分のやり場のない不満を爆発(ばくはつ)させるタイプの子でもなかった」に着目する。この部分を受けて、「だから、衝突(しょうとつ)はその言葉だけですみ」とつながる。

問八 その言葉はツクオにとって「不当な言いがかり」で、「何をどうしっかりやればいいのかわからない」。傍線部⑤をふくむ段落の次の段落に、母がそのような言葉を口にするときの「気分」や理由を、ツグオなりにどのように考えているかが書かれている。その中に「私に罪悪感を持って存在しろよ、とつい命じたくなる」という解釈(かいしゃく)をしていることが書かれている。

《2020 算数 解説》

1 (1) 与式$=(\frac{2}{3}+\frac{4}{5})\times\frac{15}{7}\div\frac{18}{7}=(\frac{10}{15}+\frac{12}{15})\times\frac{15}{7}\times\frac{7}{18}=\frac{22}{15}\times\frac{5}{6}=\frac{11}{9}=1\frac{2}{9}$

(2) 1 dL＝100mL, 1 L＝10dL だから，54mL$=\frac{54}{100}$dL＝0.54dL, 0.57 L＝(0.57×10) dL＝5.7dL

よって，与式＝0.54dL＋12dL＋5.7dL＝18.24dL

(3) 与式$=(1-\frac{1}{3})+(\frac{1}{2}-\frac{1}{4})+(\frac{1}{3}-\frac{1}{5})+(\frac{1}{4}-\frac{1}{6})+(\frac{1}{5}-\frac{1}{7})+(\frac{1}{6}-\frac{1}{8})=1+\frac{1}{2}-\frac{1}{7}-\frac{1}{8}=$

$\frac{56}{56}+\frac{28}{56}-\frac{8}{56}-\frac{7}{56}=\frac{69}{56}=1\frac{13}{56}$

(4) 与式より，$□-\frac{3}{8}\times\frac{4}{3}+(\frac{10}{4}+\frac{1}{4})\times\frac{2}{7}=1$　$□-\frac{1}{2}+\frac{11}{4}\times\frac{2}{7}=1$　$□-\frac{1}{2}+\frac{11}{14}=1$　$□-\frac{1}{2}=1-\frac{11}{14}$

$□=\frac{3}{14}+\frac{1}{2}=\frac{10}{14}=\frac{5}{7}$

2 (1) 兄と弟が持っているおこづかいの合計は変わらないから，兄が弟に500円をあげる前と後の金額の比の数の和をそろえる。あげる前の金額の比の数の和は９＋７＝16，あげた後の金額の比の数の和は11＋13＝24だから，比の数の和を16と24の最小公倍数の48とすると，あげる前の金額の比は(９×３)：(７×３)＝27：21，あげた後の金額の比は(11×２)：(13×２)＝22：26となる。あげる前と後の兄の比の数の差の27－22＝５が500円に等しいから，初めに弟が持っていたおこづかいは，$500\times\frac{21}{5}=2100$(円)である。

(2) この仕事の全体の量を，10と15と4の最小公倍数より，㊵とすると，１日に，A君１人では㊵÷10＝⑥，B君１人では㊵÷15＝④，A君，B君，C君の３人では㊵÷４＝⑮の仕事を行う。よって，C君１人では，１日に⑮－⑥－④＝⑤の仕事を行うから，C君が１人でこの仕事を仕上げるのにかかる日数は，㊵÷⑤＝12(日)である。

(3) 350より大きい整数を作るためには，百の位の数が３以上でなければならない。百の位，十の位，一の位の順に並べる数を決める。百の位の数が３のとき，十の位の数は５と決まり，一の位の数は１，２，４の３通りあるから，３個ある。百の位の数が４のとき，十の位の数は１，２，３，５の４通り，一の位の数は残りの３通りあるから，４×３＝12(個)ある。百の位の数が５のとき，十の位の数は１，２，３，４の４通り，一の位の数は残りの３通りあるから，４×３＝12(個)ある。よって，350より大きい整数は，全部で３＋12×２＝27(個)ある。

(4) 19分間歩くと60×19＝1140(m)となり，進んだ道のりは1500－1140＝360(m)少ない。１分間，歩くのを走るにかえると，進んだ道のりの合計は180－60＝120(m)多くなる。よって，走っていた時間は360÷120＝３(分間)である。

(5) 右図のように記号をおく。三角形ＡＢＦと三角形ＡＢＤは，底辺をそれぞれＢＦ，ＢＤとしたときの高さが等しいから，面積の比はＢＦ：ＢＤである。

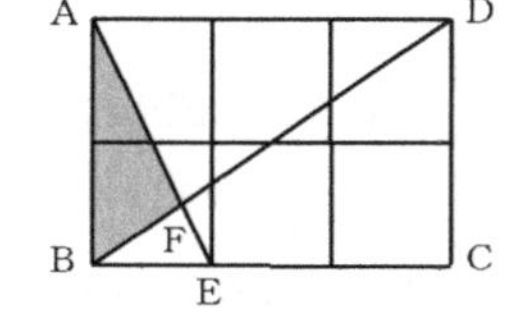

三角形ＡＦＤと三角形ＥＦＢは同じ形だから，対応する辺の長さの比は等しく，ＦＤ：ＦＢ＝ＡＤ：ＥＢ＝３：１となる。したがって，ＢＦ：ＢＤ＝１：(３＋１)＝１：４だから，三角形ＡＢＦの面積は，(三角形ＡＢＤの面積)$\times\frac{1}{4}=3\times2\div2\times\frac{1}{4}=0.75$(cm²)である。

(6) $g(5)=5\times\frac{1}{3}+2=\frac{11}{3}$だから，$f(g(5))=f(\frac{11}{3})=\frac{11}{3}\times3+1=12$

$f(7)=7\times3+1=22$だから，$g(f(7))=g(22)=22\times\frac{1}{3}+2=\frac{28}{3}$

よって，与式$=12-\frac{28}{3}=\frac{8}{3}=2\frac{2}{3}$

3 (1) 第１グループには１個，第２グループには２個，第３グループには３個，…と分数が並んでいる。同じグループの中で並んでいる分数を，分母の数，分子の数と分けると，分母の数は，グループの数字より１多い数が並び，分子の数は，グループの数字から１ずつ小さくなるように並んでいるとわかる。

したがって，$\frac{17}{26}$は，26－１＝25，26－17＝９より，第25グループの９番目の数とわかる。第24グループまでに，$1+2+3+\cdots+24=\frac{(1+24)\times24}{2}=300$(個)の数が並ぶから，$\frac{17}{26}$ははじめの数から300＋９＝309(番目)の数である。

(2) 300番目の数が第24グループの24番目の数だから，これより300－250＝50(個前)の数である。23＋24＝47

より，第22グループの22番目の数は，はじめから300−47＝253(番目)の数である。250番目の数は，253番目の数より，253−250＝3(個前)の数だから，第22グループの22−3＝19(番目)の数である。

4 (1) 100gの食塩水Cにふくまれる食塩の量は100×0.07＝7(g)，できた9％の食塩水100＋100＝200(g)にふくまれる食塩の量は200×0.09＝18(g)だから，100gの食塩水Aにふくまれる食塩の量は18−7＝11(g)である。よって，食塩水Aの濃度は，11÷100×100＝11(％)である。

(2) 食塩水を熱して水を蒸発させてもふくまれる食塩の量は変わらない。200gの食塩水Cにふくまれる食塩の量は200×0.07＝14(g)である。できた12％の食塩水200−50＋100＝250(g)にふくまれる食塩の量は250×0.12＝30(g)だから，100gの食塩水Bにふくまれる食塩の量は30−14＝16(g)である。よって，食塩水Bの濃度は16÷100×100＝16(％)である。

(3) 195gの食塩水Cにふくまれる食塩の量は195×0.07＝13.65(g)だから，できる食塩水195＋5＝200(g)にふくまれる食塩の量は13.65＋5＝18.65(g)である。よって，求める濃度は18.65÷200×100＝9.325より，9.3％である。

5 (1) 右のように作図する。三角形ABCを，三角形ABOと三角形BCOと三角形ACOを合わせた図形と考えることができる。この3つの三角形は，それぞれの底辺を，AB，BC，ACとしたときの高さが3つとも半径である。三角形ABCの面積が5×12÷2＝30(㎠)だから，

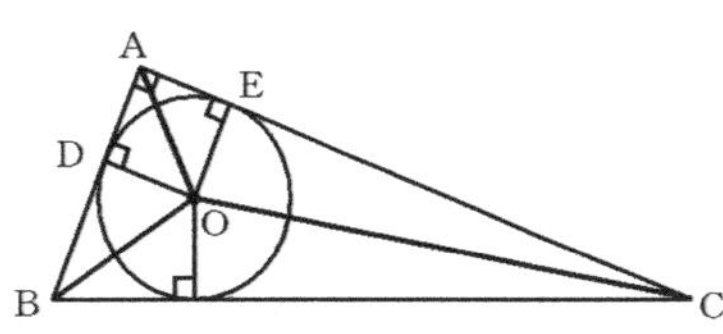

AB×(半径)÷2＋BC×(半径)÷2＋AC×(半径)÷2＝(AB＋BC＋AC)×(半径)÷2が30となる。

よって，円の半径は，30×2÷(5＋13＋12)＝60÷30＝2(cm)

(2) 三角形ABCと三角形HACは同じ形だから，対応する辺の長さの比は等しく，BC：AC＝13：12である。したがって，HC＝AC×$\frac{12}{13}$＝12×$\frac{12}{13}$＝$\frac{144}{13}$(cm)だから，BC：HC＝13：$\frac{144}{13}$＝169：144である。よって，BH：HC＝(169−144)：144＝25：144である。

(3) 四角形ADOEは正方形になるから，それぞれの長さを図にかきこむと右図のようになる。ABとEFは平行だから，三角形ABCと三角形EFCは同じ形で，対応する辺の長さの比はAB：EF＝12：10＝6：5なので，EF＝AB×$\frac{5}{6}$＝$\frac{25}{6}$(cm)，OF＝$\frac{25}{6}$−2＝$\frac{13}{6}$(cm)となる。

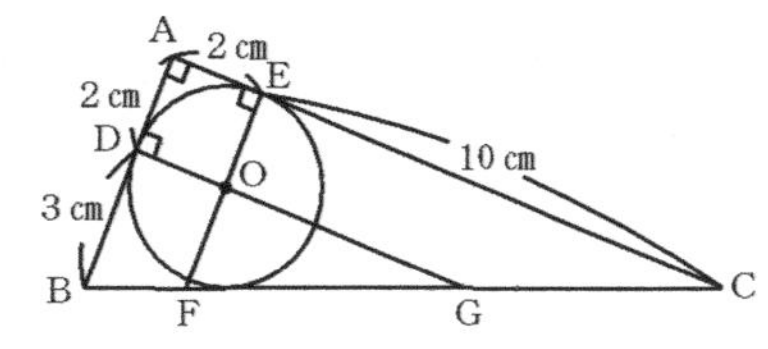

ACとDGは平行だから，三角形ABCと三角形DBGは同じ形で，対応する辺の長さの比はAB：DB＝5：3なので，DG＝AC×$\frac{3}{5}$＝$\frac{36}{5}$(cm)，OG＝$\frac{36}{5}$−2＝$\frac{26}{5}$(cm)となる。

よって，三角形OFGの面積は，OF×OG÷2＝$\frac{13}{6}$×$\frac{26}{5}$÷2＝$\frac{169}{30}$＝5$\frac{19}{30}$(㎠)である。

6 (1) 水そうにおもりAを入れたときの，水面の高さが上がる様子を模式的にかくと，右図のようになる。右図の色付き部分のおもりAの体積と，斜線(しゃせん)部分に入る水の体積は等しい。おもりAを入れた後に水が入っている部分の底面積は，10×20−40＝160(㎠)だから，斜線部分に入る水の体積は，160×3＝480(㎤)である。

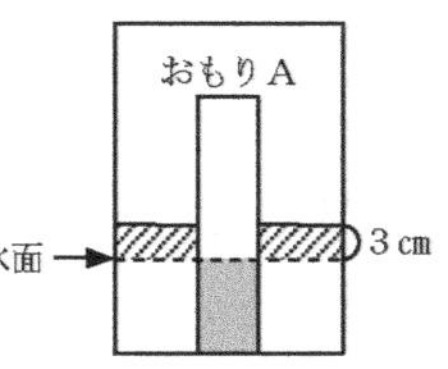

したがって，色付き部分の高さは，480÷40＝12(cm)であり，おもりAの高さの半分は12＋3＝15(cm)となる。よって，おもりAの高さは15×2＝30(cm)だから，求める体積は，40×30＝1200(㎤)である。

(2) 水面がおもりBの一番高い部分の高さと同じになるのだから，おもりBはすべて水の中に入ったとわかる。おもりBの体積と入っている水の体積の和は，10×20×16(㎤)である。(1)の解説より，最初の水面の高さは12cmとわかるから，水そうに入っている水の体積は，10×20×12(㎤)である。したがって，おもりBの体積は，

10×20×16−10×20×12＝200×(16−12)＝800(㎤)となる。おもりBは大きな直方体から小さな直方体を取り除いた立体であり，大きな直方体の体積は8×8.5×16＝1088(㎤)だから，取り除いた小さな直方体の体積は，1088−800＝288(㎤)である。小さな直方体の底面積は8×6＝48(㎠)だから，(ア)の長さは288÷48＝6(㎝)である。

《2020　理科　解説》

1　問2　(イ)○…卵→幼虫→さなぎ→成虫の順に育つことを完全変態，卵→幼虫→成虫の順に育つことを不完全変態という。ハチ，アリ，カブトムシ，チョウ，ハエは完全変態，カマキリ，バッタ，トンボは不完全変態である。

問3　(ア)○…成虫で冬を越(こ)すのは，ハチとアリである。なお，カマキリとバッタは卵，カブトムシとトンボは幼虫，チョウとハエはさなぎで冬を越す(種類や気候などによって異なることがある)。

問4　クモのからだは，頭と胸が1つになった頭胸部と腹部に分かれている。また，8本(4対)のあしは頭胸部についている。

2　問1　たい積作用は水の流れがおそくなると大きくなるから，図1では(い)がたい積作用を示す範囲(はんい)で，それ以外の(あ)が運ぱん作用としん食作用を示す範囲である。また，しん食作用は水の流れが速くなると大きくなるから，図2では(う)がしん食作用を示す範囲で，それ以外の(え)が運ぱん作用とたい積作用を示す範囲である。

問2　(イ)○…図2で，流れの速さを少しずつ速くしていったとき，最もおそい速さのときに(う)の範囲に入るこまかい砂が，最も早くしん食されるということである。

問3　(イ)○…図1より，ねん土の小さいつぶは，流れの速さがおそくなっても(い)の範囲に入らないことがわかる。また，図2より，ねん土は，つぶが小さくなるほど(う)の範囲に入るときの流れの速さが速くなることがわかる。

問4　(ア)○…図1と図2より，流れの速さがおそいとたい積作用を示す範囲に入り，流れの速さが速いとしん食作用を示す範囲に入ることがわかる。したがって，図1の上に図2をくっつけたような図にすることで，2本の曲線で3つの範囲に分けることができ，上から順に，しん食作用，運ぱん作用，たい積作用を示す範囲となる。

3　問1，3　①では酸素，②では二酸化炭素，③では水素，④ではアンモニアが発生する。

問2　(ア)×…ヨウ素液はでんぷんに反応して青紫(むらさき)色に変わる。　(イ)(ウ)×…アルカリ性の水よう液との反応である。二酸化炭素は水にとけると酸性を示す。

問4　(イ)×…酸素は空気より重く，また，空気中に多く存在する気体なので，上方置かん法で集めることができない。

問5　④○…アンモニアは水によくとけるので，水上置かん法で集めるのに適していない。アンモニアのように，水にとけやすく，空気より軽い気体は上方置かん法で集める。

4　問1　60℃と20℃で，100gの水にとける重さの差が最も大きいものを選べばよい。ミョウバンは60℃のときには約57g，20℃のときには約12gまでとけるから，約57−12＝45(g)の固体が出てくる。

問3　(ア)×…水よう液は，とけているものが水よう液全体に一様に広がり，時間がたってもどこかに集まるようなことがない(濃度(のうど)はどこでも同じである)。　(イ)×…水にとけているものはろ紙を通りぬける。ろ紙の上に残るのは，水にとけていないものである。

問4　〔質量パーセント濃度(%)＝$\frac{\text{とけているものの重さ(g)}}{\text{水よう液の重さ(g)}}\times 100$〕で求める。水120−30＝90(g)に，ミョウバンが60gとけているから，$\frac{60}{90+60}\times 100=40$(%)が正答となる。

5　問1　ばねの伸び（の）とおもりの重さには比例の関係がある。10gで2cm伸びるばねは，13gで$2\times\frac{13}{10}=2.6$(cm)伸びる。

問2　水中にある物体には，水から上向きの力(浮力（ふりょく）)がはたらく。また，水中にある物体の体積が大きいほど，物体にはたらく浮力は大きくなる。つまり，物体の水中にある体積が大きいときほど，ばねを下向きに引く力が小さくなり，ばねの伸びが小さくなる。したがって，図2のばねの伸びは，①が最も大きく，②と③は同じである。

6　問1　物体にはたらく浮力は，物体がおしのけた水の重さと等しい。Aの体積は15㎤だから，Aをすべて水に入れると，Aは15㎤の水をおしのけることになる。おしのけられた水15㎤の重さは15gだから，これがAにはたらく浮力と等しく，ばねばかりは30－15＝15(g)を示す。同様に考えて，Bでは，浮力が10gだから，ばねばかりは30－10＝20(g)を示す。

問2　(イ)○…空気中での重さはどちらも30gで，棒が水平な状態で静止したから，支点は棒の真ん中にあることがわかる。この状態で，AとBをすべて水の中に入れると，問1より，水中での重さはBの方が重くなるから，Bの方が棒をかたむけるはたらきが大きくなり，B側が下にかたむく。

問3　支点の左右で棒をかたむけるはたらき〔おもりの重さ(g)×支点からの距離(cm)〕が等しくなると，棒は水平になる。図4のとき，Bが棒を右にかたむけるはたらきは20(g)×10(cm)＝200だから，Cの水中での重さは200÷20(cm)＝10(g)である。Cの体積は10㎤だから，すべて水に入れたときの浮力は10gであり，Cの空気中での重さは10＋10＝20(g)だとわかる。

《2020　社会　解説》

1　問1(3)　1時間の時差でうまれる経度差は，360÷24＝15(度)である。　(4)　冬至の日とは反対に，北半球で北回帰線の真上に太陽がくる夏至の日は，1年の中で昼の時間が最も長く，夜の時間が最も短い日となる。

問2　経度差15度で1時間の時差が生じるから，日本とバンクーバーの経度差が135＋120＝255(度)で，時差は255÷15＝17(時間)。日本はバンクーバーより時刻が進んでいるので，到着時の日本は8月3日午前7時となるから，フライト時間は，8月3日午前7時－8月2日午後8時＝11(時間)である。

2　問1　尾根は谷と谷に挟まれた山地の一番高い部分の連なりだから，山頂から見て外側に出っ張っている「あ」と「う」を選ぶ。

問2　雨水は標高の高いところから低い方へ流れるので，E地点より標高が高いCを選ぶ。

問3　(縮尺の分母)＝(実際の距離)÷(地図上の長さ)より，100000÷4＝25000で，縮尺は25000分の1となる。

問4　(ア)と(ウ)が誤り。　(ア)①の大久保に茶畑(∴)は見当たらない。　(ウ)③の地点(300m)より④の地点(664.9m)のほうが標高が高い。

3　問1　Aの長崎県には松浦港，Bの静岡県には焼津港，Cの茨城県には波崎港がある。銚子港は千葉県，唐津港は佐賀県，気仙沼港は宮城県，釧路港は北海道，枕崎港は鹿児島県にある。

問2　だいこんとにんじんの生産量1位は北海道だから，(ア)を選ぶ。(イ)は千葉県，(ウ)は佐賀県，(エ)は長野県についての記述である。

問3　ごぼうの生産量1位は青森県だから，(ア)のねぶた祭りを選ぶ。(イ)は秋田県の竿灯祭り，(ウ)は京都府の祇園祭，(エ)は徳島県の阿波踊りについての記述である。

問4　(ウ)と(エ)を選ぶ。「明治日本の産業革命遺産 製鉄・製鋼，造船，石炭産業」は2015年，「長崎と天草地方の潜伏キリシタン関連遺産」は2018年，「琉球王国のグスク及び関連遺産群」は2000年，「平泉－仏国土(浄土)を表す建築・庭園及び考古学的遺跡群」は2011年に世界文化遺産に登録された。

4　問1　(1)の三内丸山遺跡は青森県だからア，(2)の稲荷山古墳は埼玉県だからエ，(3)の吉野ケ里遺跡は佐賀県だからキ，野尻湖遺跡は長野県だからイを選ぶ。

5　問1　白河法皇は，おとろえた藤原摂関家に代わって，天皇の位をゆずり上皇となった後も政治の実権をにぎり，自分の子や孫を天皇に指名できる院政をしいた。

問2　摂政は天皇が幼少だったり女性だったりしたときに天皇に代わって政治を行う役職，関白は天皇が成人した後に政治を補佐する役職である。

6　問1　本能寺の変で織田信長を倒した明智光秀は，直後の山崎の戦いで羽柴秀吉に滅ぼされた。

問2　豊臣秀吉は，明征服をもくろみ，その通り道となる朝鮮に2度にわたって出兵した。

7　問1　幕末に日本が開国すると，幕府の方針に反対する動きが見られ，外国の勢力を国外に追い出そうとする尊王攘夷運動が盛んになっていった。1863年，長州藩は攘夷を決行し，下関海峡を通過する外国船を砲撃した。その翌年，報復のためアメリカ・フランス・イギリス・オランダの4か国が下関砲台を攻撃し，占領した(下関砲撃事件／四国艦隊下関砲撃事件)。この敗戦を受けて，長州藩は軍備の西洋化を進め，倒幕の道に進んだ。

問2　敵対していた薩摩藩と長州藩の間を坂本龍馬が取り持ち，薩長同盟が結ばれると，倒幕の動きは強まっていった。

問3　新政府による徳川慶喜の扱いを不満に思う旧幕府側が，京都で薩長を中心とする新政府軍と交戦することで戊辰戦争が始まったが，新政府軍の勝利で終わった。

8　問1(1)　(エ)輸出が急増し生産が追い付かなくなると生糸の品質が低下してしまったため，生糸の品質を高めることや生産技術を向上させることを目的に，1872年群馬県に官営模範工場の富岡製糸場がつくられた。

(2)　(イ)八幡製鉄所は，日清戦争後の下関条約で得た賠償金の一部によって，鉄道建設や軍備拡張のための鉄鋼を生産することを目的に，中国から鉄鉱石を輸入しやすく，筑豊炭田から石炭を輸送しやすい北九州の地につくられた。

問3　明治時代，足尾銅山から出た鉱毒が渡良瀬川に流れこみ，流域で農業や漁業を営んでいた人々が大きな被害を受けた。衆議院議員であった田中正造は，帝国議会でこの事件を取り上げて政府の責任を追及し，議員を辞職した後も，鉱毒問題の解決に努めた(足尾銅山鉱毒事件)。

9　問1　戦前の大日本帝国憲法は君主がきめた欽定憲法，戦後の日本国憲法は国民が主権者である民定憲法。

問2　農地改革は，国が強制的に地主の土地を買い上げ，小作人に安く売り渡した政策である。小作人は，地主に納める高額の小作料などのため，長らく困窮していた。そのことが，日本の侵略政策につながったと判断され，小作農を減らす農地改革が実施された。

10　問1　三権分立では，立法権を持つ国会・行政権を持つ内閣・司法権を持つ裁判所の三権が分散・独立し，それぞれが互いに抑制し合い，バランスを保つことで権力の集中やらん用を防いでいる。

問２　Aは(イ)，Cは(オ)を選ぶ(右図参照)。

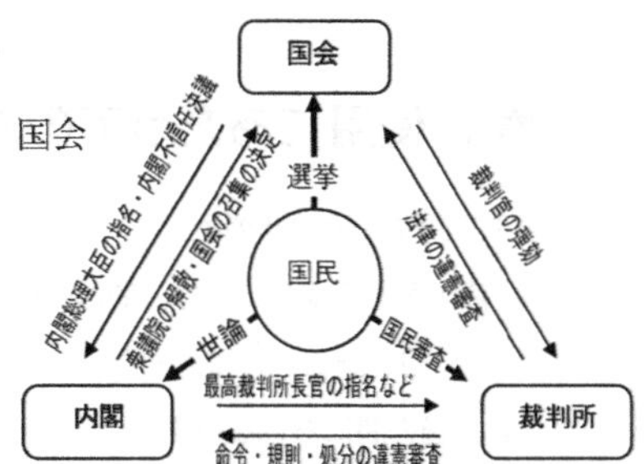

問３　裁判所は，内閣の制定した命令，規則，処分に対する法令審査権と，国会の制定した法律に対する違憲審査権を持つ。

問４　(エ)を選ぶ。ホッブズは，『リヴァイアサン』，ロックは『市民政府二論』を著したイギリスの思想家，ルソーは『社会契約論』を著したフランスの思想家である。

問６　衆議院議員の任期は４年，参議院議員の任期は６年(３年ごとに半数改選)である。

問８(ア)　誤り。最高裁判所は，天皇が任命する長官と，内閣が任命する 14 名の裁判官の計 15 名で構成される。
(ウ)　正しい。国民審査は，衆議院議員総選挙と同時に行われ，有効投票の過半数が罷免を可とした場合，その裁判官は罷免される。　(エ)　誤り。裁判員裁判では，重大な刑事事件の一審について，くじで選ばれた６人の裁判員と３人の裁判官で審議し，有罪か無罪か，有罪であればどのような量刑が適当かを決定する。

11　問２　「ＵＮＨＣＲ(国連難民高等弁務官事務所)」「シリアから逃れ」「ロヒンギャ」から難民(民族・宗教・国籍・政治的意見などを理由に迫害を受けて他国に逃れた人々)を導く。2020 年時点で最も多い難民はシリア難民で，ミャンマーは国民の大多数が仏教徒であるため，イスラム系住民のロヒンギャは以前から差別や迫害の対象であった。

問３　(エ)が誤り。男女共同参画社会基本法の成立は1995年で，男女双方の人権を尊重し，責任をともに分かちあうことを目的として制定された。

問４　日本国憲法 26 条に規定されている教育を受ける権利は，20 世紀に生まれた，より人間らしく生きる権利の「社会権」に含まれる。

問５　(ア)が正しい。　(イ)・(ウ)事務総長は決議に対する拒否権を持たない。安全保障理事会の常任理事国(アメリカ・中国・イギリス・フランス・ロシア)のうち，１国でも反対すればその議案は否決される(大国一致の原則)。(エ)国際連合は，平和の破壊を行う国に対して，紛争解決のための武力行使を容認している。

問６　「児童の権利に関する条約」でも良い。日本では 1994 年に批准された。

■ ご使用にあたってのお願い・ご注意

（1）問題文等の非掲載

著作権上の都合により，問題文や図表などの一部を掲載できない場合があります。

誠に申し訳ございませんが，ご了承くださいますようお願いいたします。

（2）過去問における時事性

過去問題集は，学習指導要領の改訂や社会状況の変化，新たな発見などにより，現在とは異なる表記や解説になっている場合があります。過去問の特性上，出題当時のままで出版していますので，あらかじめご了承ください。

（3）配点

学校等から配点が公表されている場合は，記載しています。公表されていない場合は，記載していません。

独自の予想配点は，出題者の意図と異なる場合があり，お客様が学習するうえで誤った判断をしてしまう恐れがあるため記載していません。

（4）無断複製等の禁止

購入された個人のお客様が，ご家庭でご自身またはご家族の学習のためにコピーをすることは可能ですが，それ以外の目的でコピー，スキャン，転載（ブログ，ＳＮＳなどでの公開を含みます）などをすることは法律により禁止されています。学校や学習塾などで，児童生徒のためにコピーをして使用することも法律により禁止されています。

ご不明な点や，違法な疑いのある行為を確認された場合は，弊社までご連絡ください。

（5）けがに注意

この問題集は針を外して使用します。針を外すときは，けがをしないように注意してください。また，表紙カバーや問題用紙の端で手指を傷つけないように十分注意してください。

（6）正誤

制作には万全を期しておりますが，万が一誤りなどがございましたら，弊社までご連絡ください。

なお，誤りが判明した場合は，弊社ウェブサイトの「ご購入者様のページ」に掲載しておりますので，そちらもご確認ください。

■ お問い合わせ

解答例，解説，印刷，製本など，問題集発行におけるすべての責任は弊社にあります。

ご不明な点がございましたら，弊社ウェブサイトの「お問い合わせ」フォームよりご連絡ください。迅速に対応いたしますが，営業日の都合で回答に数日を要する場合があります。

ご入力いただいたメールアドレス宛に自動返信メールをお送りしています。自動返信メールが届かない場合は，「よくある質問」の「メールの問い合わせに対し返信がありません。」の項目をご確認ください。

また弊社営業日（平日）は，午前９時から午後５時まで，電話でのお問い合わせも受け付けています。

2025 春

株式会社教英出版

〒422-8054　静岡県静岡市駿河区南安倍３丁目 12-28

TEL　054-288-2131　　FAX　054-288-2133

URL　https://kyoei-syuppan.net/

MAIL siteform@kyoei-syuppan.net

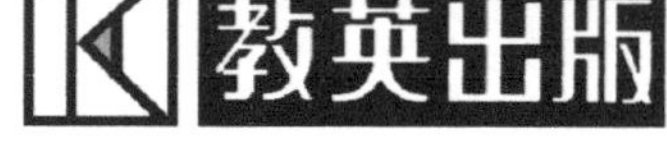

神奈川県

①[県立](相模原中等教育学校 / 平塚中等教育学校)
②[市立]南高等学校附属中学校
③[市立]横浜サイエンスフロンティア高等学校附属中学校
④[市立]川崎高等学校附属中学校
✿⑤聖光学院中学校
✿⑥浅野中学校
⑦洗足学園中学校
⑧法政大学第二中学校
⑨逗子開成中学校(1次)
⑩逗子開成中学校(2·3次)
⑪神奈川大学附属中学校(第1回)
⑫神奈川大学附属中学校(第2·3回)
⑬栄光学園中学校
⑭フェリス女学院中学校

新潟県

①[県立](村上中等教育学校 / 柏崎翔洋中等教育学校 / 燕中等教育学校 / 津南中等教育学校 / 直江津中等教育学校 / 佐渡中等教育学校)
②[市立]高志中等教育学校
③新潟第一中学校
④新潟明訓中学校

石川県

①[県立]金沢錦丘中学校
②星稜中学校

福井県

①[県立]高志中学校

山梨県

①山梨英和中学校
②山梨学院中学校
③駿台甲府中学校

長野県

①[県立](屋代高等学校附属中学校 / 諏訪清陵高等学校附属中学校)
②[市立]長野中学校

岐阜県

①岐阜東中学校
②鶯谷中学校
③岐阜聖徳学園大学附属中学校

静岡県

①[国立]静岡大学教育学部附属中学校(静岡·島田·浜松)
②([県立]清水南高等学校中等部 / [県立]浜松西高等学校中等部 / [市立]沼津高等学校中等部)
③不二聖心女子学院中学校
④日本大学三島中学校
⑤加藤学園暁秀中学校
⑥星陵中学校
⑦東海大学付属静岡翔洋高等学校中等部
⑧静岡サレジオ中学校
⑨静岡英和女学院中学校
⑩静岡雙葉中学校
⑪静岡聖光学院中学校
⑫静岡学園中学校
⑬静岡大成中学校
⑭城南静岡中学校
⑮静岡北中学校
⑯(常葉大学附属常葉中学校 / 常葉大学附属橘中学校 / 常葉大学附属菊川中学校)
⑰藤枝明誠中学校
⑱浜松開誠館中学校
⑲静岡県西遠女子学園中学校
⑳浜松日体中学校
㉑浜松学芸中学校

愛知県

①[国立]愛知教育大学附属名古屋中学校
②愛知淑徳中学校
③(名古屋経済大学市邨中学校 / 名古屋経済大学高蔵中学校)
④金城学院中学校
⑤椙山女学園中学校
⑥東海中学校
⑦南山中学校男子部
⑧南山中学校女子部
⑨聖霊中学校
⑩滝中学校
⑪名古屋中学校
⑫大成中学校
⑬愛知中学校
⑭星城中学校
⑮名古屋葵大学中学校(名古屋女子大学中学校)
⑯愛知工業大学名電中学校
⑰海陽中等教育学校(特別給費生)
⑱海陽中等教育学校(I·II)
⑲中部大学春日丘中学校
新刊⑳名古屋国際中学校

三重県

①[国立]三重大学教育学部附属中学校
②暁中学校
③海星中学校
④四日市メリノール学院中学校
⑤高田中学校
⑥セントヨゼフ女子学園中学校
⑦三重中学校
⑧皇學館中学校
⑨鈴鹿中等教育学校
⑩津田学園中学校

滋賀県

①[国立]滋賀大学教育学部附属中学校
②[県立](河瀬中学校 / 守山中学校 / 水口東中学校)

京都府

①[国立]京都教育大学附属桃山中学校
②[府立]洛北高等学校附属中学校
③[府立]園部高等学校附属中学校
④[府立]福知山高等学校附属中学校
⑤[府立]南陽高等学校附属中学校
⑥[市立]西京高等学校附属中学校
⑦同志社中学校
⑧洛星中学校
⑨洛南高等学校附属中学校
⑩立命館中学校
⑪同志社国際中学校
⑫同志社女子中学校(前期日程)
⑬同志社女子中学校(後期日程)

大阪府

①[国立]大阪教育大学附属天王寺中学校
②[国立]大阪教育大学附属平野中学校
③[国立]大阪教育大学附属池田中学校

④[府立]富田林中学校
⑤[府立]咲くやこの花中学校
⑥[府立]水都国際中学校
⑦清風中学校
⑧高槻中学校（A日程）
⑨高槻中学校（B日程）
⑩明星中学校
⑪大阪女学院中学校
⑫大谷中学校
⑬四天王寺中学校
⑭帝塚山学院中学校
⑮大阪国際中学校
⑯大阪桐蔭中学校
⑰開明中学校
⑱関西大学第一中学校
⑲近畿大学附属中学校
⑳金蘭千里中学校
㉑金光八尾中学校
㉒清風南海中学校
㉓帝塚山学院泉ヶ丘中学校
㉔同志社香里中学校
㉕初芝立命館中学校
㉖関西大学中等部
㉗大阪星光学院中学校

兵庫県

①[国立]神戸大学附属中等教育学校
②[県立]兵庫県立大学附属中学校
③雲雀丘学園中学校
④関西学院中学部
⑤神戸女学院中学部
⑥甲陽学院中学校
⑦甲南中学校
⑧甲南女子中学校
⑨灘中学校
⑩親和中学校
⑪神戸海星女子学院中学校
⑫滝川中学校
⑬啓明学院中学校
⑭三田学園中学校
⑮淳心学院中学校
⑯仁川学院中学校
⑰六甲学院中学校
⑱須磨学園中学校（第1回入試）
⑲須磨学園中学校（第2回入試）
⑳須磨学園中学校（第3回入試）
㉑白陵中学校
㉒夙川中学校

奈良県

①[国立]奈良女子大学附属中等教育学校
②[国立]奈良教育大学附属中学校
③[県立]（国際中学校／青翔中学校）
④[市立]一条高等学校附属中学校
⑤帝塚山中学校
⑥東大寺学園中学校
⑦奈良学園中学校
⑧西大和学園中学校

和歌山県

①[県立]（古佐田丘中学校／向陽中学校／桐蔭中学校／日高高等学校附属中学校／田辺中学校）
②智辯学園和歌山中学校
③近畿大学附属和歌山中学校
④開智中学校

岡山県

①[県立]岡山操山中学校
②[県立]倉敷天城中学校
③[県立]岡山大安寺中等教育学校
④[県立]津山中学校
⑤岡山中学校
⑥清心中学校
⑦岡山白陵中学校
⑧金光学園中学校
⑨就実中学校
⑩岡山理科大学附属中学校
⑪山陽学園中学校

広島県

①[国立]広島大学附属中学校
②[国立]広島大学附属福山中学校
③[県立]広島中学校
④[県立]三次中学校
⑤[県立]広島叡智学園中学校
⑥[市立]広島中等教育学校
⑦[市立]福山中学校
⑧広島学院中学校
⑨広島女学院中学校
⑩修道中学校
⑪崇徳中学校
⑫比治山女子中学校
⑬福山暁の星女子中学校
⑭安田女子中学校
⑮広島なぎさ中学校
⑯広島城北中学校
⑰近畿大学附属広島中学校福山校
⑱盈進中学校
⑲如水館中学校
⑳ノートルダム清心中学校
㉑銀河学院中学校
㉒近畿大学附属広島中学校東広島校
㉓AICJ中学校
㉔広島国際学院中学校
㉕広島修道大学ひろしま協創中学校

山口県

①[県立]（下関中等教育学校／高森みどり中学校）
②野田学園中学校

徳島県

①[県立]（富岡東中学校／川島中学校／城ノ内中等教育学校）
②徳島文理中学校

香川県

①大手前丸亀中学校
②香川誠陵中学校

愛媛県

①[県立]（今治東中等教育学校／松山西中等教育学校）
②愛光中学校
③済美平成中等教育学校
④新田青雲中等教育学校

高知県

①[県立]（安芸中学校／高知国際中学校／中村中学校）

福岡県

①[国立] 福岡教育大学附属中学校（福岡・小倉・久留米）

②[県立] 育徳館中学校 / 門司学園中学校 / 宗像中学校 / 嘉穂高等学校附属中学校 / 輝翔館中等教育学校

③西南学院中学校
④上智福岡中学校
⑤福岡女学院中学校
⑥福岡雙葉中学校
⑦照曜館中学校
⑧筑紫女学園中学校
⑨敬愛中学校
⑩久留米大学附設中学校
⑪飯塚日新館中学校
⑫明治学園中学校
⑬小倉日新館中学校
⑭久留米信愛中学校
⑮中村学園女子中学校
⑯福岡大学附属大濠中学校
⑰筑陽学園中学校
⑱九州国際大学付属中学校
⑲博多女子中学校
⑳東福岡自彊館中学校
㉑八女学院中学校

佐賀県

①[県立] 香楠中学校 / 致遠館中学校 / 唐津東中学校 / 武雄青陵中学校

②弘学館中学校
③東明館中学校
④佐賀清和中学校
⑤成穎中学校
⑥早稲田佐賀中学校

長崎県

①[県立] 長崎東中学校 / 佐世保北中学校 / 諫早高等学校附属中学校

②青雲中学校
③長崎南山中学校
④長崎日本大学中学校
⑤海星中学校

熊本県

①[県立] 玉名高等学校附属中学校 / 宇土中学校 / 八代中学校

②真和中学校
③九州学院中学校
④ルーテル学院中学校
⑤熊本信愛女学院中学校
⑥熊本マリスト学園中学校
⑦熊本学園大学付属中学校

大分県

①[県立]大分豊府中学校
②岩田中学校

宮崎県

①[県立]五ヶ瀬中等教育学校

②[県立] 宮崎西高等学校附属中学校 / 都城泉ヶ丘高等学校附属中学校

③宮崎日本大学中学校
④日向学院中学校
⑤宮崎第一中学校

鹿児島県

①[県立]楠隼中学校
②[市立]鹿児島玉龍中学校
③鹿児島修学館中学校
④ラ・サール中学校
⑤志學館中等部

沖縄県

①[県立] 与勝緑が丘中学校 / 開邦中学校 / 球陽中学校 / 名護高等学校附属桜中学校

もっと過去問シリーズ

北海道

北嶺中学校
7年分(算数・理科・社会)

静岡県

静岡大学教育学部附属中学校
(静岡・島田・浜松)
10年分(算数)

愛知県

愛知淑徳中学校
7年分(算数・理科・社会)
東海中学校
7年分(算数・理科・社会)
南山中学校男子部
7年分(算数・理科・社会)
南山中学校女子部
7年分(算数・理科・社会)
滝中学校
7年分(算数・理科・社会)
名古屋中学校
7年分(算数・理科・社会)

岡山県

岡山白陵中学校
7年分(算数・理科)

広島県

広島大学附属中学校
7年分(算数・理科・社会)
広島大学附属福山中学校
7年分(算数・理科・社会)
広島学院中学校
7年分(算数・理科・社会)
広島女学院中学校
7年分(算数・理科・社会)
修道中学校
7年分(算数・理科・社会)
ノートルダム清心中学校
7年分(算数・理科・社会)

愛媛県

愛光中学校
7年分(算数・理科・社会)

福岡県

福岡教育大学附属中学校
(福岡・小倉・久留米)
7年分(算数・理科・社会)
西南学院中学校
7年分(算数・理科・社会)
久留米大学附設中学校
7年分(算数・理科・社会)
福岡大学附属大濠中学校
7年分(算数・理科・社会)

佐賀県

早稲田佐賀中学校
7年分(算数・理科・社会)

長崎県

青雲中学校
7年分(算数・理科・社会)

鹿児島県

ラ・サール中学校
7年分(算数・理科・社会)

※もっと過去問シリーズは国語の収録はありません。

教英出版
〒422-8054
静岡県静岡市駿河区南安倍3丁目12-28
TEL 054-288-2131
FAX 054-288-2133
詳しくは教英出版で検索
教英出版 検索
URL https://kyoei-syuppan.net/

二〇二四年度入学試験問題

国語

（第一回）

（50分）

法政大学第二中学校

注意

一、受験番号・氏名は、問題用紙・解答用紙ともに記入すること。

二、解答は、すべて解答用紙に記入すること。

三、携帯電話など音が出るものは事前に電源を切り、試験の妨(さまた)げにならないようにすること。万一、この注意事項を読んでいる時に電源の切り忘れに気付いたら、必ず監督者に申し出ること。

受験番号　　番

氏名

一　次の各問に答えなさい。

問一　次の①～⑤の傍線部を漢字で正確に答えなさい。

①　ブナンに学校生活を送る。　②　卒業アルバムを見てカンショウにひたる。　③　理科の授業でヨウリョク素のはたらきを調べる。

④　世の中のフウセツにたえる。　⑤　運命に身をユダねる。

問二　次の①～④の傍線部の漢字の読みをひらがなで正確に答えなさい。

①　この料理は筆舌につくしがたい。　②　うわさが流布する。　③　船は寄港せずに行った。　④　四番打者は攻撃の要だ。

問三　次の①～③の二つの語が類義語になるようにしたい。□に入る適切な漢字一字を答えなさい。

①　公正・平□　②　明朗・□活　③　熟考・思□

問四　次の①～③の傍線部と同じ働きをしている言葉を後のア～ウから選び、それぞれ記号で答えなさい。

①　お茶でも飲んでいきなさい。
ア、何度呼んでも返事がない。　イ、そのくらい私でもできる。　ウ、こういう時は食事でもしよう。

②　友情が自然と感じられる。
ア、旅先の彼のことが案じられる。　イ、十皿まで食べられる。　ウ、先生が来られる。

③　専門家でさえわからない難問。
ア、寝てさえいれば、かぜは治る。　イ、話すのさえ怖い。　ウ、覚悟ができてさえいれば、まったく問題ない。

二　次の文章を読んで、後の各問に答えなさい（なお、出題の都合上、本文を省略・改変した所がある）。

お詫び

著作権上の都合により、文章は掲載しておりません。

ご不便をおかけし、誠に申し訳ございません。

教英出版

お詫び

著作権上の都合により、文章は掲載しておりません。

ご不便をおかけし、誠に申し訳ございません。

教英出版

お詫び

著作権上の都合により、文章は掲載しておりません。ご不便をおかけし、誠に申し訳ございません。

教英出版

お詫び
著作権上の都合により、文章は掲載しておりません。
ご不便をおかけし、誠に申し訳ございません。
教英出版

（高橋源一郎「表と裏と表——政治のことばについて考えてみる」より）

問一　傍線部①「なんとか答えるしかない」とあるが、それはなぜか。その説明として最も適切なものを次から選び、記号で答えなさい。

ア、学校というところはみんなで同じ時間に集まって同じことをしたりする訓練の場所だと正直に答えるしかないから。
イ、きちんと物事を正確に把握することができない年齢なので、経験や不完全な知識・知性は不十分なままであるから。
ウ、自分の持つ経験や不完全な知識・知性は十分ではないので、小さい頃から少しずつ慣れさせておくものであるから。
エ、私たち人間はそれぞれが持っている知識・経験・知性・モラルなどは充分なものではなく不完全なままであるから。

問二　空欄 A ～ C に入れる言葉の組み合わせとして最も適切なものを次から選び、記号で答えなさい。

ア、Aでも　Bたぶん　Cつまり
イ、Aつまり　Bでも　Cたぶん
ウ、Aたぶん　Bでも　Cつまり
エ、Aたぶん　Bつまり　Cでも

問三　傍線部②「全力でものを考える」とあるが、これは、どういうことか。「考えること。」につながる形になるように、次の空欄にあてはまる言葉を本文中から二十五字以上三十字以内で探し、はじめと終わりの五字を抜き出して答えなさい。ただし、句読点・記号等も字数に含むこととする。

［　　　　　　　　　　］考えること。

問四 傍線部③「そういうこと」とあるが、これはどういうことを指しているのか。その説明として最も適切なものを次から選び、記号で答えなさい。

ア、精一杯ものを考えたときに、多くの人からの共感を得ることが難しいこと。
イ、全力で物事を考えると、少数の立場でも世の中を動かすことができること。
ウ、物事を深く考えたときに、多くの人から絶対的な嫌悪や差別を受けること。
エ、深くものを考えたときに、多数の人々の共感を得られる確率が上がること。

問五 傍線部④「人はものを考えたりしないからだ」とあるが、筆者はなぜこう言っていると考えられるか。その説明として最も適切なものを次から選び、記号で答えなさい。

ア、日頃、学校の宿題に向き合っているときに、腕組みをして眉をしかめて答えを考えているようでも、実際のところは、宿題が終わらなかった言い訳を編み出すときのしぐさでしかないから。
イ、何かの場面で人は腕組みをしたり、眉をしかめて様々なことを考えているように見えることがあるが、実際は、何かを思い出したり言い訳をひねり出している場合の方が圧倒的に多いから。
ウ、人は政治に関する討論会で考えたり、正しい政治を行うときにも頭を使って考えたりするなど様々な状況で思考をしているが、本当は、想像することで重々しい発言をすることができるから。
エ、人が眉をしかめたり、腕を組んだり、遠くの方を見つめたりするときは何か答えを出そうと考えているが、実際には、日々生きることで精一杯であり、誰もが深く考えようとはしないから。

問六　空欄 X には次のア～エの文が入る。これらの文を意味が通るように正しく並べ替え、その順序を解答用紙にあうように記号で答えなさい。

ア、ああ、もうちょっと、きちんと生きて、経験しておけばよかったのに、いろんなことを！
イ、そのとき、わたしたちにできるのは、自分の経験のすべてをもとにして、もっとも生き残る確率が高い方法を見つけ出すことだけだ。
ウ、こんなとき、痛いぐらいに思う。
エ、生きるためには、手持ちをすべて投げ出すしかない。

問七　傍線部⑤「『まずいな、これ』と思うのである」とあるが、筆者は何に対してこのように思うのか。その説明として適切でないものを次から一つ選び、記号で答えなさい。

ア、毎回違ったことを考える、という努力を怠ったということ。
イ、民主主義に関して一生懸命考えていないということ。
ウ、前に考えていたことと、同じようなことを言ってしまったこと。
エ、自分のこれまでの経験が自分の考えに生かされていないこと。

問八　傍線部⑥「どう『考え』れば、正解にたどり着くことができるのだろうか」とあるが、筆者の言う「考え」るとは、どのようなことですか。次の条件に従って説明しなさい。

【条件】

1、本文で書かれている筆者の主張を踏まえて、あなた自身の具体例を挙げた上で説明すること。

2、字数は八十字以上百二十字以内とし、段落は作らずに一マス目からつめて書くこと。ただし、句読点・記号等も字数に含むものとする。

下書き用（必要に応じて使用すること）

80

120

三　**次の文章を読んで、後の各問に答えなさい（なお、出題の都合上、本文を省略した所がある）。**

宿題が出された。

遠い遠い宇宙の果ての先の先――太陽系の外にある、どこかの星の人たちに、自己紹介も兼ねて「はじめまして」のメッセージを送ることになった。

「わたしたち地球人はこんな生命体ですよ、というのを相手に伝えるわけだ」

星野先生はそう言って、「仲良くなりたいっていうのが伝わると最高だ」と付け加えた。

「地球人」も「生命体」も、ふつうの中学二年生の教室では、めったに登場しない言葉だろう。ましてや、いまは国語の時間なのだ。でも、星野先生の授業はいつもこうだ。すぐに話が脱線して、宇宙や星の話になる。一年生のときから国語を受け持っているので、僕たちにも「地球人」や「生命体」はすっかりおなじみなのだ。

「ただし、文章で書いてもだめだぞ。向こうには地球の言葉がわからないんだから」

国語の宿題なのに文章を書かせないのって、おかしくないですか――たとえそう言われても、星野先生はちっとも気にしないだろう。先生はとにかく宇宙や星が大好きなのだ。名前に「星」がついているのは偶然に決まっているのに、本人は運命だと言い張る。もう四十を過ぎていても、①けっこうガキっぽい。

（中略）

放課後は近藤さんと一緒に帰った。

あんのじょう、女子の話し合いもまとまらなかったらしい。地球人をほめたい人とそうじゃない人の意見は、最後まで嚙(か)み合わず、しまいには「星野先生も国語の授業だけやればいいのに」「英語や数学の授業でこんなに脱線してたら絶対に大問題だよね」と、みんなで先生の悪口を言いはじめた。

（中略）

一人になってからも、星野先生の宿題のことを考えながら歩いた。

近藤さんには言わなかったけど、先生から聞いた宇宙の話で、気に入っているのがもう一つある。

地球は火星人に侵略されそうになった。H・G・ウェルズという作家が百二十年ほど前に書いた『宇宙戦争』という小説での話だ。

タコみたいな火星人が地球を襲って、大暴れした。このままだと地球は火星人のものになってしまう……と思いきや、火星人は地球の細菌に免疫がなかったので、みんな病気になって死んでしまったのだ。
「だから、こういうこともありうるだろ」と先生は言った。
いま地球人を苦しめている新型ウイルスだって、じつはひそかに、宇宙から侵略に来た目に見えない知的生命体を倒してくれているのかもしれない。僕たちはウイルスに文句ばかり言っているけど、もしかしたら、そのウイルスのおかげで滅亡の危機を免れているのかも……。
教室のみんなはマスク越しのくぐもった声でブーイングをした。先生も「甘いかなあ、甘いよなあ、やっぱり」と認めた。「ごめんごめん、みんなの苦労を無視しちゃって」と謝ってもくれた。ただ、そのあとで、こう付け加えたのだ。
②「そういう発想でものごとを見るのも、意外と大事かもしれないぞ」
そのときにはピンと来ていなかった僕も、いま、ちょっとだけ、先生の言いたいことがわかったような気がした。
先生の話で好きなのが、もう一つ。
いま地球人は、最新の探査機を火星に送っている。新型ウイルスが猛威をふるっていたさなか、去年の七月三十日に打ち上げられて、今年の二月十八日に火星に着陸したことが確認され、いまも火星の荒れ野を探査中だ。
その探査機の名前は、パーサヴィアランス――「忍耐」という意味。命名の由来は知らない。新型ウイルスと関係あるのかどうかもわからない。ただ、暗い名前だというのは確かだ。
でも、その一方で、火星の岩石などを調べるロボットアームの先端の観測機器は、シャーロックと名付けられている。名探偵シャーロック・ホームズだ。で、シャーロックが観測したものを撮影するカメラの名前は、ホームズの相棒のワトソン。
「深刻すぎるぐらい真面目なのか、ノーテンキなのか、よくわからないよなあ」
先生はおかしそうに笑っていた。僕たちも笑った。③その笑いを遠い星の生命体にも伝えられたらいいのにな――ふと、思った。

ねえ。
きみは、どう思う?
いま僕の話を聞いてくれているのは、地球人の中でもほんのひと握り、というか、ひとつまみというか、すごく偏って、すごく限られた地球人にすぎない。
でも、知りたい。
きみなら、星野先生の宿題に、どんなふうに答える?

近藤さんと僕は、それぞれウチに帰ってからも必死に考えた。両親に訊いたらヒントぐらいにはなりそうな気がしたけど、逆に、両親の考えることは絶対に違うだろうな、とも思った。

翌日の国語の授業で、さっそく宿題の答えを発表することになった。

最初は女子から。

近藤さんは「赤ちゃんの泣き声です」と言った。「なんにも説明しなくていいから、泣き声だけを録音します。できれば、赤ちゃんが生まれた直後の、産声（うぶごえ）」

昨日、僕と別れたあと、近藤さんはもっとじっくり考えたくて、公園に寄った。ベンチに座って、どうしようかなあ、と考えていたら、ベビーカーを押したお母さんが通りかかって、ちょうど赤ちゃんが泣きだした。その泣き声を聞いていて、これだ、と決めたのだという。

授業前に女子のみんなに訊いてみたら、全員賛成してくれたらしい。

男子には「えーっ？」「ワケわかんねえっ」と不評だったけど、女子は自信たっぷりに、だから男子ってバカだよね、という顔をしていた。

星野先生も満足そうに大きくうなずいて、「いい答えだ」と言ってくれた。〇がついたわけだ。

ホッとする近藤さんや女子たちに、先生はさらに続けた。

④「きっと伝わるよ。地球人は、こんなふうに命を始めるんだ、って……わかってくれるよ、うん、わかるだろうな、絶対に」

次は男子。

近藤さんと入れ替わりに教壇（きょうだん）に立った僕は、言った。

⑤「世界中の人びとの顔を集めます」

人種、民族、国家、とにかく可能なかぎり幅広い人たちの、もちろん年齢とか社会的立場とか性別も取り混ぜて、笑ったり泣いたり怒ったりすましたり落ち込んだり……という、さまざまな顔の画像を集めて、データにする。

授業前にクラスの男子に話したときには、はっきり言ってウケなかった。荻野くんなんて「弱っちい顔なんてあったらナメられるだろ。ビッと気合入れた顔だけでいいじゃん」――ヤンキーのケンカと一緒になってる。

でも、星野先生は、「うん、なるほどな」と小さくうなずいて、質問をした。

「いろんな表情があるわけだよな」

「はい……」

「大きく二つに分けちゃおう。笑顔と泣き顔だ。で、どっちのほうを多くする？」

荻野くんが横から「そんなの笑顔に決まってるじゃん。圧勝、圧勝」と言ったけど、僕は聞こえなかったふりをした。先生もなにも応えなかった。

「接戦です」

僕は言った。教室がどよめいた。不服そうな目になったヤツが何人もいた。でも、先生は表情を変えずに「それで？」と続きをうながした。

「接戦ですけど……笑顔のほうが、ほんのちょっとだけ……勝ってます」

荻野くんは「なんだよ、それ」とすごんだ声になったけど、僕はさらに続けた。

「たまに逆転されたりするけど……」

荻野くんが「ふざけんなよ」と怒りだす寸前、先生は大きな声で「だなっ！」と言って、手を一つ、大きく叩いてくれた。

「そうだそうだ、逆転される！　たまに、じゃなくて、しょっちゅうだ！」

これではもう、荻野くんは黙るしかない。

「でも、途中で逆転されても、必ず……笑顔のほうが増える」

僕もそう思う。

「でも、笑顔が増えて安心してたら、また泣き顔が増えてくる」

それも、わかる。

⑥「その繰り返しだ」

だよなあ、ほんと、そうだよなあ、と納得する。

「でも、笑顔のほうがちょっとだけ多いってことで、探査機に載せちゃえ。それでいい」

どうやら、先生は僕の答えにも◯をつけてくれたらしい。

「どうせ、ずっと未来にならなきゃ異星の生命体には見てもらえないんだ。だから、いまが泣き顔が多い時期でも、かまわないから、笑顔を増やせばいいんだ」

すると、荻野くんが「えーっ、先生、嘘ついちゃだめだって言ってましたーっ」と声をあげた。

でも、先生はあわてず騒がず、むしろ待ってましたというふうに、目を細くして言った。

「嘘じゃないよ」

そして、教室をゆっくりと見渡して――。

「それは、［Y］っていうんだ」

星野先生の宿題は、きっと誰かから誰かへとリレーされていくものだろう。

僕がバトンを持って走るのは、ここまで。

受け取ってくれるかな。

ねえ、きみ。

⑦星野先生の宿題に、きみなら、どんなふうに答える――？

（重松清「星野先生の宿題」『おくることば』所収　新潮文庫刊より）

問一　傍線部①「けっこうガキっぽい」とあるが、このように思う理由として最も適切なものを次から選び、記号で答えなさい。

ア、教師として未熟な授業をおこなっており、国語としての宿題なのに文章を書かせないような課題を常に出しているから。
イ、タコみたいな火星人が地球を侵略する話と、新型ウイルスの話をむりやり結びつけた国語の授業をおこなっているから。
ウ、宇宙や星が好きで国語の時間に脱線した話をしたり、今回も異星の生命体に関しての宿題を僕たちに出したりしたから。
エ、自分の名前に「星」がついていたり話が脱線したりするのは運命だと言い張って、国語の授業を全くおこなわないから。

問二　傍線部②「『そういう発想でものごとを見るのも、意外と大事かもしれないぞ』」とあるが、星野先生は、どういう発想でものごとを見ることが大事なことだと言っていると考えられるか。その説明として最も適切なものを次から選び、記号で答えなさい。

ア、火星人が地球の侵略のために暴れたとき、地球の細菌が火星人を撃退する力があったように、地球上のあらゆる細菌の力を信じてみること。
イ、新型ウイルスが地球人を苦しめているように見えるが、実はそのウイルスによって地球人の寿命が延びているではないかと考えてみること。
ウ、通常は人間にとって便利だと認識されているものであっても、使い方を間違えると無益なものに成り下がってしまうことを肝に銘じること。
エ、一般的には害悪を与えると考えられているものでも、実は有益なものと考えられる部分があるかもしれないと視点を変えて考えてみること。

問三　傍線部③「その笑いを遠い星の生命体にも伝えられたらいいのにな」とあるが、これはどのような思いから発せられた言葉なのか。その説明として最も適切なものを次から選び、記号で答えなさい。

ア、星野先生の宿題のおかしさや星野先生の話の面白さを自分たち地球人だけではなく、他の星の生命体とも共有していきたいという思い。
イ、星野先生の話に対してクラスの仲間たちと一緒に仲良く笑い合い、このような明るい笑いを他の星の生命体と共有できればという思い。
ウ、探偵シャーロック・ホームズと助手のワトソンの関係性を探査機にまで結びつけるおかしさを異星の生命体とも共有したいという思い。
エ、真面目なのかノーテンキなのかよくわからないようなことを話している星野先生の奇妙さを異星の生命体とも共有できればという思い。

問四　傍線部④「きっと伝わるよ」とあるが、何が伝わるのか。この傍線部より前の本文から十二字で抜き出して答えなさい。ただし、句読点・記号等も字数に含むこととする。

問五　傍線部⑤『世界中の人びとの顔を集めます』とあるが、「僕」はなぜこのようにしようと考えたのか。その説明として最も適切なものを次から選び、記号で答えなさい。

ア、地球の人々の人種、民族、国家、年齢、身分、性別、そして感情をデータにすることで、異星人に、地球の人々が感情のみにとらわれて生きていないことを分かってもらえると考えたため。
イ、世界の人々の人種、民族、国家、年齢、地位、性別のほかに、喜怒哀楽などの表情のデータをまとめることで、異星の生命体に、画一的ではない地球人の特徴をつかんでもらえると考えたため。
ウ、地球の人々の喜怒哀楽などの感情は、人種や民族、国家、年齢や性別によって変化するものであり、異星の生命体が地球に来たときに困らないようにデータをまとめておこうと考えたため。
エ、人種、民族、国家、その他年齢や地位、性別なども織り交ぜて様々な感情の中でも笑顔と泣き顔を拾い上げることで、世界中の人々のありようを分かりやすく異星人に伝えられると考えたため。

問六　傍線部⑥『その繰り返しだ』」とあるが、星野先生はどのようなことを言っていると考えられるか。その説明として最も適切なものを次から選び、記号で答えなさい。

ア、地球上の人々は多くの悲しみや喜びを繰り返しながら共存し、歴史を形作ってきたということ。
イ、地球上の人類は喜怒哀楽の感情を自在に操りながら生き延び、社会を創造してきたということ。
ウ、人類は異星人とは異なる感情を持って生まれたことで、意思疎通を可能にしてきたということ。
エ、人類は異星人とは違う文化を持ったことで、物質的・精神的な豊かさを作ってきたということ。

問七　空欄 Y に入る言葉として最も適切なものを次から選び、記号で答えなさい。

ア、真実　イ、未来　ウ、幸福　エ、希望

問八　傍線部⑦「星野先生の宿題に、きみなら、どんなふうに答える」とあるが、あなたはここでの「星野先生の宿題」に対してどのように答えますか。次の条件に従って説明しなさい。

【条件】
1、星野先生の宿題が、「どのような内容」で「星野先生の宿題の意図がどこにあるのか」明確になるように説明する。
2、それを踏まえて、あなたならどのように答えるか詳しく説明すること。ただし、本文中で書かれた答えは書かないこと。
3、字数は八十字以上百字以内とし、段落は作らずに一マス目からつめて書くこと。ただし、句読点・記号等も字数に含むものとする。

下書き用（必要に応じて使用すること）

80

100

2024年度　入学試験問題

算　　数（第一回）

（50分）

注意　1.　受験番号・氏名は問題用紙・解答用紙ともに記入すること。

2.　解答はすべて解答用紙に記入すること。

3.　携帯電話など音が出るものは事前に電源を切り，試験の妨げにならないようにすること。万一，この注意事項を読んでいる時に電源の切り忘れに気付いたら，必ず監督者に申し出ること。

4.　定規，分度器，コンパスは使用しないこと。

5.　文字や記号・数字ははっきり書くこと。

6.　計算は問題用紙の余白を利用して行うこと。

7.　必要ならば，円周率は3.14を用いること。

8.　図は必ずしも正しいとは限らない。

受験番号　|　|　|　|　|　番

氏　　名　|　　　　　　|

1 次の □ にあてはまる数を求めなさい。

(1) $23\times\left(17-18\times\frac{2}{3}\right)+46\times\left(27\div\frac{3}{2}+19\right)+69\times3=$ □

(2) $\left\{4-\left(5\frac{2}{3}-\frac{11}{6}\right)\right\}\times\left(7\times11\div2\frac{4}{9}-\square\right)=\frac{1}{12}$

(3) 分母が24で分子が1から24までの24個の分数のうち，約分できない分数をすべて足し合わせると □ となります。

(4) 1×2×3×4×…×2022×2023×2024は5で □ 回割り切れます。

2 次の問に答えなさい。

(1) 30個のご石と，赤色と青色の2つの袋があります。1回の作業につき，赤色の袋に2個のご石を入れる作業，又は青色の袋に1個のご石を入れる作業のどちらか一方のみを行います。この作業を18回行ったとき，30個のご石はすべてなくなりました。それぞれの袋には何個ずつご石が入っていますか。

(2) いくらか水のはいった井戸があり，たえず一定の割合で水がわき出ています。毎分24ℓくみ上げられるポンプを使って水をくみ上げると，25分で水がなくなり，毎分37ℓくみ上げられるポンプを使うと，12分で水がなくなります。この井戸は毎分何ℓの割合で水がわき出ていますか。

(3) ある日の日の出は午前6時44分で，この日の昼の長さと夜の長さの比は13:17でした。この日の日の入りは午後何時何分ですか。

(4) 体験教室の参加者に折り紙を4枚ずつ配るつもりでしたが，予定よりも2人参加者が少なかったので，折り紙を5枚ずつ配ろうとしたら8枚足りませんでした。折り紙は何枚ありましたか。

(5) ある濃度の食塩水Aが100gあります。これに7%の食塩水B 600gを混ぜたら，食塩水Aの濃度より3%濃い食塩水ができました。食塩水Aの濃度は何%ですか。

(6) 図のように，縦4㎝，横3㎝，対角線が5㎝の2枚の同じ長方形の紙を重ねました。2枚の長方形が重なった部分の面積は何㎠ですか。

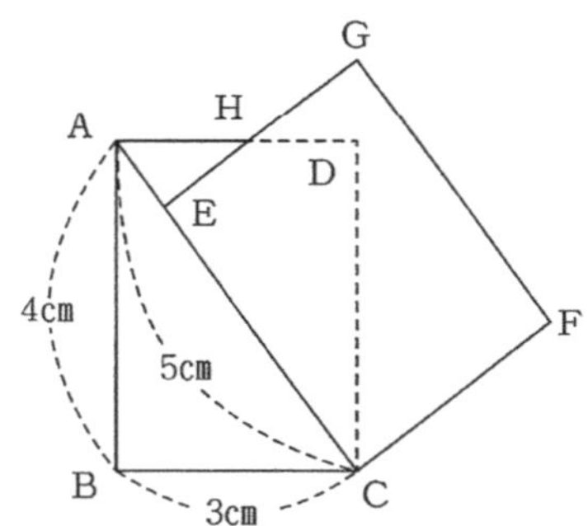

3 川沿いの4.8㎞のジョギングコースをAとBが利用しました。AはBよりも何分か先に出発しましたが，Bは自転車で走ったのでAより早く走り終えました。
グラフはAが出発してからの時間と，2人の間のきょりの関係を表したものです。次の問に答えなさい。ただし，AとBの速さはそれぞれ一定で，先に走り終えたBは，そのままその場所に止まっていることとします。

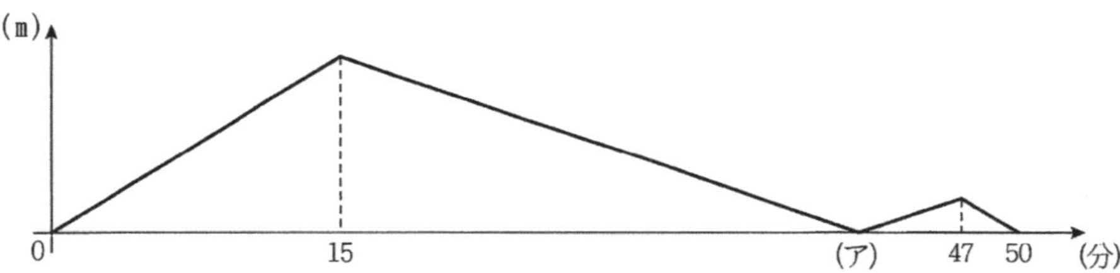

(1) Aの走った速さは毎分何mですか。

(2) (ア)にあてはまる数は何ですか。

4 次のように，ある法則に従って数字が並んでいます。

15，14，13，12，11，15，14，13，12，11，15，14，13，…

次の問に答えなさい。

(1) 2024番目の数はいくつですか。

(2) はじめから2024番目までの数を足すと，いくつになりますか。計算過程を含めて考え方も書きなさい。

5 図のような，1目もりが6㎝の方眼用紙があります。次の作業にしたがって，この方眼用紙に直線をひきました。次の問に答えなさい。

(1) 作業1

① 点Jと点Kを通る直線をひく。

② 点Kと点Sを通る直線をひく。

③ 点Sと点Bを通る直線をひく。

①～③の直線で囲まれた図形の面積は何㎠ですか。

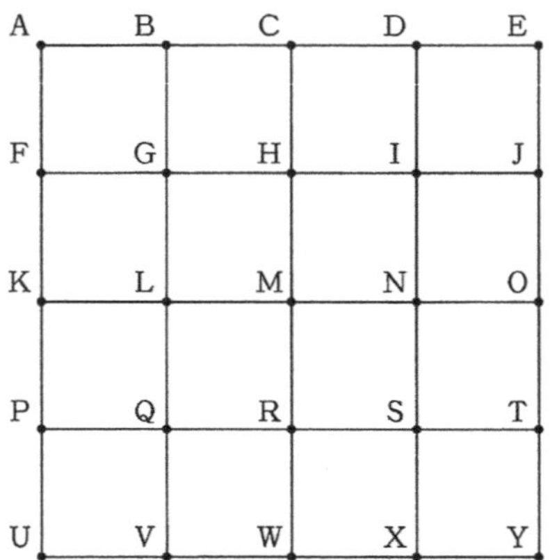

(2) 作業2

1 点Aと点Rを通る直線をひく。

2 点Fと点Oを通る直線をひく。

3 点Jと点Vを通る直線をひく。

1～3の直線で囲まれた図形の面積は何㎠ですか。

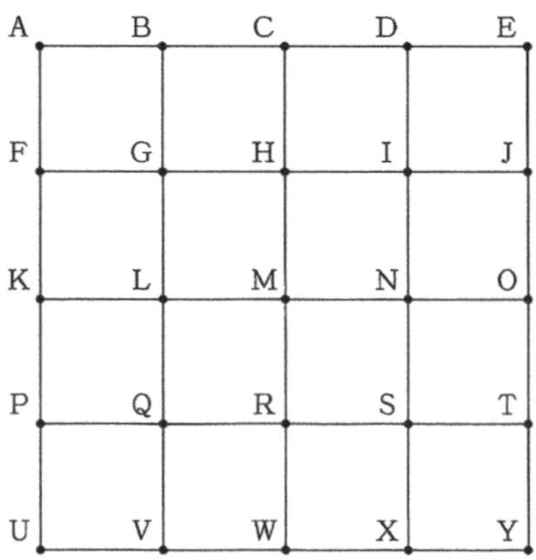

6 図のような，水が入っている密閉された直方体の容器があります。次の問に答えなさい。ただし，容器の厚さは考えないものとします。

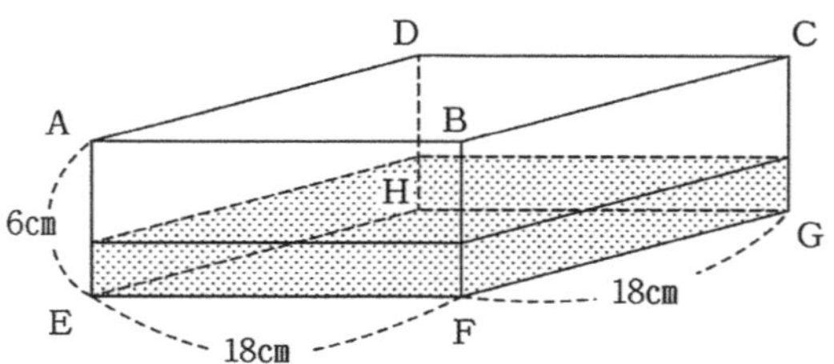

(1) 面ＡＥＦＢを下にして水平な地面に置いたとき，水の高さが$\frac{49}{18}$cmとなりました。中に入っている水の体積はcm³ですか。

(2) 次に，(1)の状態から辺ＡＥだけが地面に接するようにし，かつ，面ＡＥＦＢと地面とが45°になるように（対角線ＤＢと地面が平行になるように）置きました。
このとき，地面から水面までの高さは何cmですか。

(3) 次に，(2)の状態から（対角線ＤＢと地面が平行であることを維持したまま），頂点Ｅだけが地面に接するようにして頂点Ａを浮かし，少しずつ傾けていったところ，図のように水面が作る図形ＷＸＹＺの辺について，ちょうどＷＺ:ＸＹ＝4:1になりました。このとき，三角形ＷＥＺの面積は何cm²ですか。

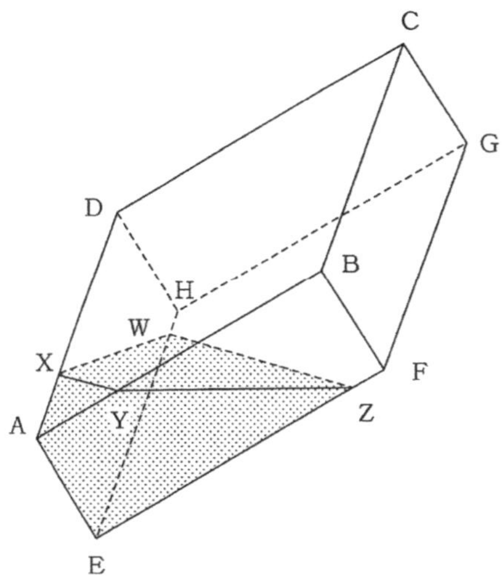

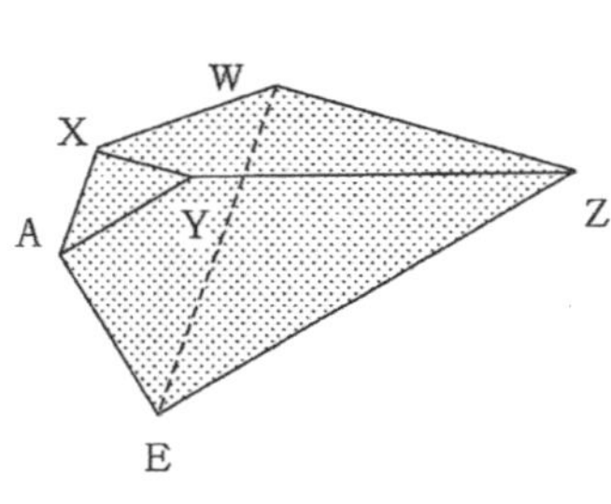

2024年度　入学試験問題

理　　　科 （第一回）

(40分)

注意　1．受験番号・氏名は問題用紙・解答用紙ともに記入すること。

2．解答はすべて解答用紙に記入すること。

3．携帯(けいたい)電話など音が出るものは事前に電源を切り、試験の妨(さまた)げにならないようにすること。万一、この注意事項(じこう)を読んでいるときに電源の切り忘れに気づいたら、必ず監督(かんとく)者に申し出ること。

4．文字や記号・数字は、はっきりと書くこと。

5．計算は問題用紙の余白を利用すること。

6．選択(せんたく)問題で答えが複数ある場合は、すべて解答用紙に書くこと。

受験番号					番

氏　名	

1. 次の会話文を読み、以下の問いに答えなさい。

タロウ「今朝、家の前の田んぼでザリガニを見かけたけど、あれはアメリカザリガニだったのかな？」

ノリコ「直接見たわけじゃないから断言できないけど、体色が赤色だったならアメリカザリガニじゃないかな。ニホンザリガニなどの国内にいる他の種類のザリガニは体色が赤色ではないから。」

タロウ「そうなんだ！じゃあ今まで見てきたザリガニは全てアメリカザリガニだったのかもしれない。ニホンザリガニは数が少ないのかな？」

ノリコ「ニホンザリガニは水温が低い綺麗(きれい)な水でないと生息できないから、河川の開発などによって数を減らしているようだよ。その他にも外来種であるウチダザリガニが原因であるという報告もあるみたい。」

タロウ「ザリガニに限らず (a)<u>外来種が引き起こす問題</u>はよく聞くけど、実際に影響(えいきょう)が出てしまっているんだね。」

ノリコ「そうなの。だからアメリカザリガニなどの外来種を飼育している場合は、野外に放したり、逃(に)がしたりしてはならないんだよ。」

タロウ「もし飼育するときは気をつけるよ。そういえば、日本国外からやってくる (b)<u>ツバメ</u>は、誰(だれ)かが飼育しているわけではないから外来種って扱(あつか)いになるのかな？」

ノリコ「どうだろう。一緒(いっしょ)に調べて考えてみようか。」

問１　下線部 (a) の問題として間違(まちが)っているものを次の（ア）～（オ）から全て選び、記号で答えなさい。

（ア）様々な在来種を捕食(ほしょく)し、在来種の個体数が減少する。

（イ）在来種と外来種の間で雑種が生まれて、純粋な在来種が失われてしまう。

（ウ）在来種に捕食されて、在来種の個体数が爆発的(ばくはつてき)に増えてしまう。

（エ）外来種が媒介(ばいかい)する病気によって、在来種の個体数が減少する。

（オ）外来種が農作物を食べたり、畑を荒(あ)らしたりしてしまう。

問２　日本国内における外来種において、特に生態系を脅(おびや)かすおそれのある「特定外来生物」を次の（ア）～（ケ）から全て選び、記号で答えなさい。

（ア）オオクチバス　（イ）ブルーギル　（ウ）アライグマ

（エ）ヌマガエル　（オ）ヤンバルクイナ　（カ）ムササビ

（キ）アブラゼミ　（ク）ナナホシテントウ　（ケ）ヤマネ

問３　外来種の定義を簡単に説明しなさい。

問４　下線部（b）について以下の各問いに答えなさい。

(1) ツバメは外来種かどうか、外来種なら「○」、そうでないなら「×」で答えなさい。

(2) 自然現象や生物の行動の様子から天気を予想することを観天望気（かんてんぼうき）というが、そのうちの１つに『ツバメが低く飛ぶ』という行動がある。その後の天気はどうなると予想できるか答えなさい。

(3) ツバメは子育てのために春から夏にかけて国内にやってきて、寒くなる前に東南アジア等の暖かい地域に戻（もど）っていく。このような行動を特に何というか答えなさい。

2. 次の文章を読み、以下の問いに答えなさい。

図１－１のような、南に面した崖（南の崖）と東に面した崖（東の崖）がある、高さ120cmの垂直な崖があります。崖の下は平坦な地面（崖下の地面）で、崖の上は水平にけずられ、整地された平らな面が広がっています（崖上の平坦面）。

それぞれの場所を観察すると、南の崖には地層の断面が水平になっているのが観察できました。東の崖はコンクリートで固められていて地層を見ることが出来ません。崖上の平坦面は草におおわれていますが、草を刈ったり、穴を掘ったりして表面や地下の地層の調査が出来るようです。崖下の地面は、アスファルトでおおわれています。

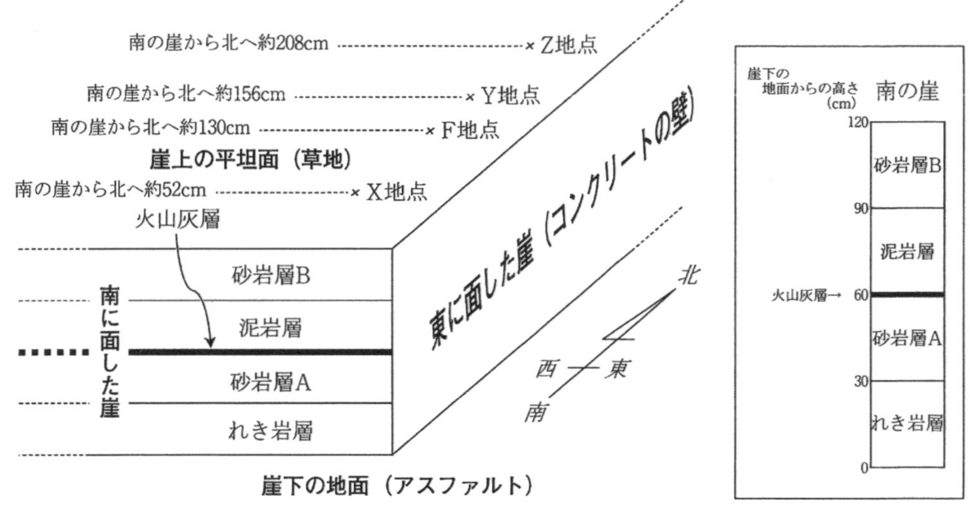

図１－１南の崖と東の崖の様子

図１－２南の崖の柱状図

南の崖をくわしく観察すると、図１－２の柱状図のようになっていました。地層は４つの層に分かれ、一番下には「れき岩層」が崖下の地面から30cmの高さまで見られます。このれき岩層を下に少し掘ってみましたが、さらに地下まで続いているため、本当の厚さは不明です。なお、地層の厚さとは、地層の底面から垂直に測ったときの地層の上面までの長さのことを言います。れき岩層の上には崖下の地面から60cmの高さまで「砂岩層A」が重なり、その上には崖下の地面から90cmの高さまで「泥岩層」、さらにその上には「砂岩層B」が崖上の平坦面まで続いています。平坦面はこの地層をけずっていますので砂岩層Bの本当の厚さはわかりません。南の崖で見られるそれぞれの地層は図１－１のように、水平で平行に重なっています。砂岩層Aと泥岩層の間には特徴的な火山灰の薄い地層がはさまれており、地層のつながりを知る良い目印になっています。ただし、火山灰層は薄いため、砂岩層Aと泥岩層の厚さには影響しないものとします。

2024(R6) 法政大学第二中
K 教英出版

問１　南の崖から北へ約52cm行った崖上の平坦面のX地点で穴を掘ったところ、図２で示すとおり、火山灰層が深さ90cmのところで見つかりました。この結果のみから考えられる東の崖の断面と砂岩層Aの地層の厚さを正しく説明している文章を次の（ア）～（カ）から１つ選び、記号で答えなさい。

（ア）東の崖に見えるはずの地層は、北に向かって高くなっており、砂岩層Aの地層の厚さは30cmである。

（イ）東の崖に見えるはずの地層は、北に向かって高くなっており、砂岩層Aの地層の厚さは30cmよりも厚い。

（ウ）東の崖に見えるはずの地層は、北に向かって高くなっており、砂岩層Aの地層の厚さは30cmよりも薄い。

（エ）東の崖に見えるはずの地層は、北に向かって低くなっており、砂岩層Aの地層の厚さは30cmである。

（オ）東の崖に見えるはずの地層は、北に向かって低くなっており、砂岩層Aの地層の厚さは30cmよりも厚い。

（カ）東の崖に見えるはずの地層は、北に向かって低くなっており、砂岩層Aの地層の厚さは30cmよりも薄い。

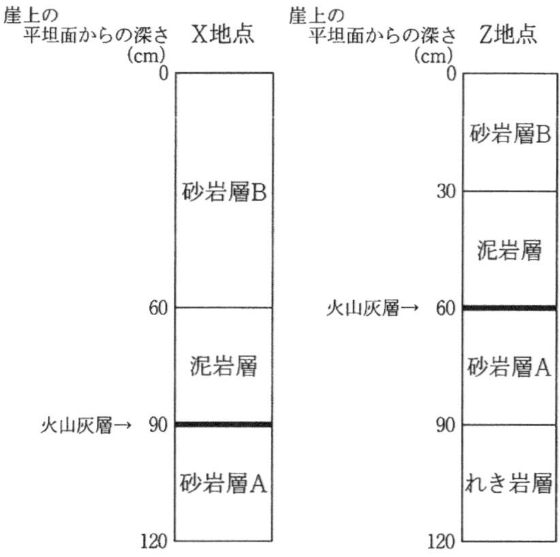

図２　X地点とZ地点の柱状図（穴を掘ったときの境界の深さ）

問２　問１で考えた通り、この場所の地層は一定の向きに傾(かたむ)きながら平行に積み重なっていることがわかりました。そこで、南の崖から北へ約208cm行った崖上の平坦面のZ地点で穴を掘ったところ、図２で示すように、火山灰層が深さ60cmのところで見つかりました。この結果から南の崖、X地点、Z地点の３地点の火山灰層が直線でつながらないことがわかりました。地層の傾きが一定で平行であることを考えるとX地点とZ地点の間に東西方向にのびる断層があり、その断層で地層がずらされていることが予想されました。

断層の作られ方の正しい説明および、問１と問２に書かれた事実から考えられることを、次の（ア）～（ク）の文章から全て選び、記号で答えなさい。

（ア）地層が大きな力で東西に押(お)されたため、崖上の平坦面XとZの間に東西方向にのびる断層ができ、X側は下に、Z側が上にずらされた。

（イ）地層が大きな力で東西に押されたため、崖上の平坦面XとZの間に東西方向にのびる断層ができ、X側は上に、Z側が下にずらされた。

（ウ）地層が大きな力で南北に押されたため、崖上の平坦面XとZの間に東西方向にのびる断層ができ、X側は下に、Z側が上にずらされた。

（エ）地層が大きな力で南北に押されたため、崖上の平坦面XとZの間に東西方向にのびる断層ができ、X側は上に、Z側が下にずらされた。

（オ）地層が大きな力で東西に引っ張られたため、崖上の平坦面XとZの間に東西方向にのびる断層ができ、X側は下に、Z側が上にずらされた。

（カ）地層が大きな力で東西に引っ張られたため、崖上の平坦面XとZの間に東西方向にのびる断層ができ、X側は上に、Z側が下にずらされた。

（キ）地層が大きな力で南北に引っ張られたため、崖上の平坦面XとZの間に東西方向にのびる断層ができ、X側は下に、Z側が上にずらされた。

（ク）地層が大きな力で南北に引っ張られたため、崖上の平坦面XとZの間に東西方向にのびる断層ができ、X側は上に、Z側が下にずらされた。

問３　崖上の平坦面X地点と崖上の平坦面Z地点の間で断層を探したところ、南の崖から北へ約130cm行った崖上の平坦面のF地点で東西方向にのびる断層が見つかりました。断層面がどちらにどの程度傾いているのか調べるため、南の崖から北へ約156cm行った崖上の平坦面のY地点で穴を掘ったところ、図３で示すように、断層が深さ45cmのところで見つかりました。

問１、問２、問３でわかった事実から、断層の作られ方および断層のX側とZ側のずらされ方を正しく説明している文章を、問２の（ア）～（ク）の文章から１つ選び、記号で答えなさい。

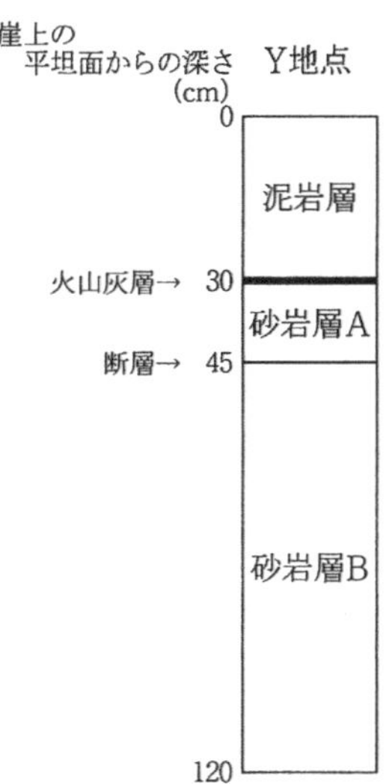

図３　Ｙ地点の柱状図（穴を掘ったときの境界の深さ）

問４　以下の火山灰層の特徴や火山灰に関係する次の文章のうち、正しい文章を次の（ア）～（エ）から全て選び、記号で答えなさい。

（ア）日本は偏西風（へんせいふう）の影響をうけているため、火山灰は西側に流されてつもりやすい。

（イ）富士山が江戸（えど）時代と同じ規模の噴火（ふんか）をした場合、都心に火山灰が降りつもるため、都市機能に障害が出ることが心配されている。

（ウ）同じ火山からは、いつでも同じ種類の火山灰が噴出（ふんしゅつ）されるため、噴出源となる火山はすぐに特定できる。

（エ）火山灰層は、石灰岩と同じように硬（かた）く固まる成分を多く含（ふく）んでいるため多くの化石が見つかっている。

問５　この場所と離（はな）れた地域では地層が波をうったように変形しているのが見られました。このように変形しているものをなんといいますか。次の（ア）～（エ）から最も適切なものを１つ選び、記号で答えなさい。

（ア）りゅう曲　　（イ）曲層　　（ウ）しゅう曲　　（エ）不整合

問６　問５のような変形が起こるときや起こった結果について、正しい文章を次の（ア）～（エ）から全て選び、記号で答えなさい。

（ア）大地が隆起（りゅうき）したり、沈降（ちんこう）したりする。

（イ）この変形を起こす力と同じ力によってできる断層を正断層という。

（ウ）地層が左右から引っ張られた結果作られる。

（エ）地層の上下が逆転してしまうこともある。

3. ろうそくが燃えるときの様子を説明した文章について、以下の問いに答えなさい。

【説明１】

ろうそくのロウにマッチの火を近づけても、ロウがとけるだけで、火はつきません。ろうそくのしんには、火がつきます。その熱で、（　①　）のロウが、（　②　）になり、しんにしみこみ、上へのぼっていき、ロウが（　③　）になります。（　③　）のロウは燃えるため、火がつきます。

【説明２】

ろうそくの炎はしんを中心として３つの層があります。

最も外側の層は、周りの空気から（　④　）を十分とりこめるのでロウに含まれる炭素はすべて燃焼し、温度は最も（　⑤　）。

真ん中の層は、（　④　）が不足し、炭素が一部燃え残ってしまいます。この燃え残ったものをすすと言います。黒色のすすは熱せられ、明るく輝いています。

最も内側の層は、（　③　）のロウがあり、またすすはないため暗く見えます。図１のように、この部分にガラス管をさしこむと（　⑥　）色のけむりがでて、（　⑦　）。

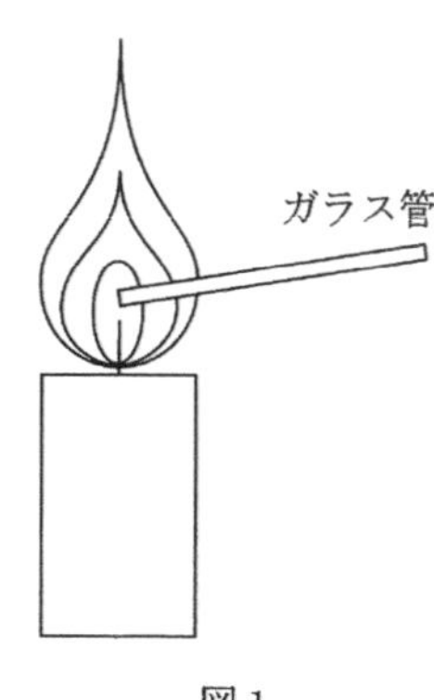

図１

【説明３】

ろうそくが燃えるときの様子を観察した結果、ものが燃え続けるための条件は以下のようになります。

(A) 燃えるものがあること

(B) 燃えるのを助ける気体である（　④　）があること

(C) 発火点より高い温度であること

問１　①～③に適する語句の組み合わせとして最も適切なものを次の（ア）～（カ）から１つ選び、記号で答えなさい。

（ア）①固体　②気体　③液体　　（イ）①液体　③気体　③固体

（ウ）①気体　②液体　③固体　　（エ）①固体　②液体　③気体

（オ）①液体　②固体　③気体　　（カ）①気体　②固体　③液体

問２　④に適する気体の名前を漢字で答えなさい。

問３　⑤～⑦に適する語句の組み合わせとして最も適切なものを次の（ア）～（ク）から１つ選び、記号で答えなさい。

（ア）⑤高い　⑥白　⑦ガラス管の先にマッチの炎を近づけると燃えます

（イ）⑤高い　⑥白　⑦ガラス管の先に炎がでます

（ウ）⑤高い　⑥黒　⑦ガラス管の先にマッチの炎を近づけると燃えます

（エ）⑤高い　⑥黒　⑦ガラス管の先に炎がでます

（オ）⑤低い　⑥白　⑦ガラス管の先にマッチの炎を近づけると燃えます

（カ）⑤低い　⑥白　⑦ガラス管の先に炎がでます

（キ）⑤低い　⑥黒　⑦ガラス管の先にマッチの炎を近づけると燃えます

（ク）⑤低い　⑥黒　⑦ガラス管の先に炎がでます

問４　次の（ア）～（カ）の現象は、【説明３】にある、ものが燃え続けるための条件（A）～（C）のうちどれに最も関係が深いか。（ア）～（カ）の現象について、（A）～（C）の記号で答えなさい。

（ア）火の周りの木を切(き)り倒(たお)して山火事を消す。

（イ）空気中では、スチールウールや鉄の粉は燃えるが、鉄の板は燃えにくい。

（ウ）ふたをした広口ビンの中でろうそくを燃やすと、しばらくして消えた。

（エ）紙で作ったなべに水を入れて火にかけると、紙は燃えずに湯を沸(わ)かすことができる。

（オ）火のついたろうそくのしんの根元をピンセットではさむと、しばらくした後に火が消えた。

（カ）火のついたろうそくに強く息を吹(ふ)きかけると消えた。

問５　マグネシウムの粉末をステンレス皿にのせ、三脚(さんきゃく)の上の三角架(さんかくか)に置き、薬さじで混ぜながらガスバーナーで加熱した。加熱した回数を増やすと、（　④　）が結びつき、ステンレス皿上の物質の重さは増えたが、５回目以降は加熱をしても重さは増えず、表１のような結果になった。5gのマグネシウム粉末を十分に加熱すると重さは何g増加するか。割り切れないときは小数第２位を四捨五入して小数第１位まで答えなさい。

表１　加熱した回数とステンレス皿上の物質の重さの関係について

加熱した回数（回）	0	1	2	3	4	5	6
物質の重さ（g）	1.5	2.0	2.3	2.4	2.4	2.5	2.5

4．同じ種類の豆電球と電池を用いて回路を作った。以下の問いに答えなさい。

問１　図１～４のように豆電球を複数個つないだ。以下の問いに答えなさい。

(1) 図２～４のような豆電球のつなぎ方を何というか答えなさい。

(2) 図１の電池を電気用図記号で書き直し、回路図を完成させなさい。ただし、電池の右側は＋極とする。

(3) 図１～４の各回路において以下の（ア）～（ウ）の測定を行った。どの回路で測定しても値が同じになるものを次の（ア）～（ウ）の中から全て選び、記号で答えなさい。

（ア）a点を流れる電流の大きさ

（イ）b点を流れる電流の大きさ

（ウ）豆電球１個にかかる電圧の大きさ

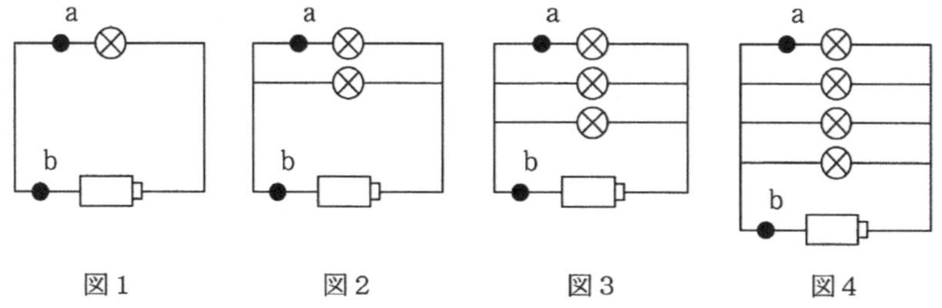

図１　図２　図３　図４

問２　図５～８のように豆電球を複数個つないだ。以下の問いに答えなさい。

(1) 回路を構成する豆電球の個数と回路を流れる電流の関係（例えば図６なら回路を構成する豆電球の個数は２個で、このとき回路を流れる電流を調べグラフに点をかいた）を表すグラフとして最も適切なものを（ア）～（カ）から１つ選び、記号で答えなさい。ただし、グラフの縦軸は電流として答えること。

(2) 回路を構成する豆電球の個数と豆電球1つにかかる電圧の関係（例えば図７なら回路を構成する豆電球の個数は３個で、このときどれか１つの豆電球にかかる電圧を調べグラフに点をかいた）を表すグラフとして最も適切なものを（ア）～（カ）から１つ選び、記号で答えなさい。ただし、グラフの縦軸は電圧として答えること。

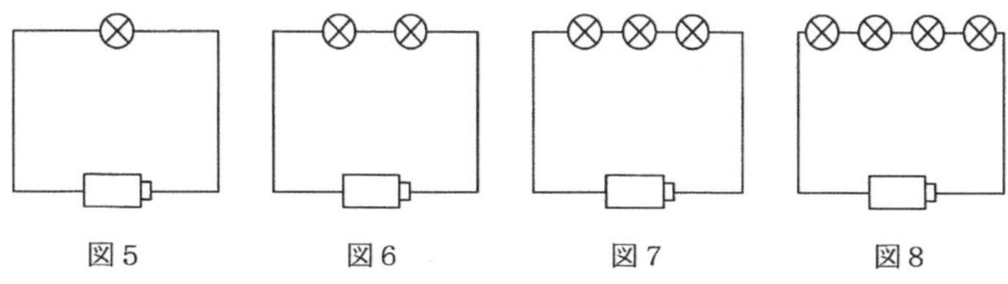

図５　図６　図７　図８

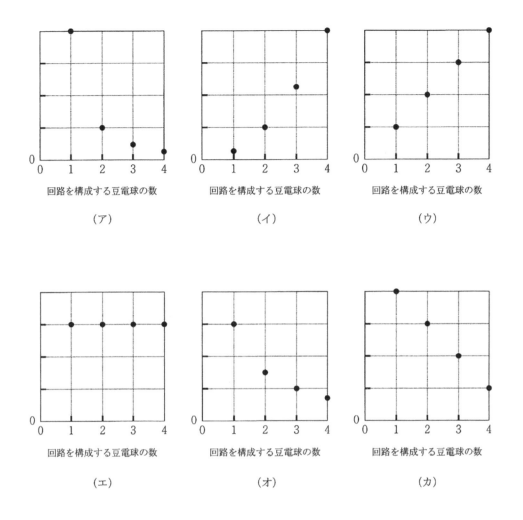

0 1 2 3 4
回路を構成する豆電球の数

（ア）

0 1 2 3 4
回路を構成する豆電球の数

（イ）

0 1 2 3 4
回路を構成する豆電球の数

（ウ）

0 1 2 3 4
回路を構成する豆電球の数

（エ）

0 1 2 3 4
回路を構成する豆電球の数

（オ）

0 1 2 3 4
回路を構成する豆電球の数

（カ）

問３　金属線Aの３倍の断面積をもつ金属線Bがある。また、それぞれの金属線に流れる電流と電圧の関係を表したものが図９となる。このとき、金属線Bの長さは金属線Aの長さの何倍になるか答えなさい。ただし、金属線Aと金属線Bの材質は同じものとする。また、もし答えが割り切れない場合は分数で求めなさい。

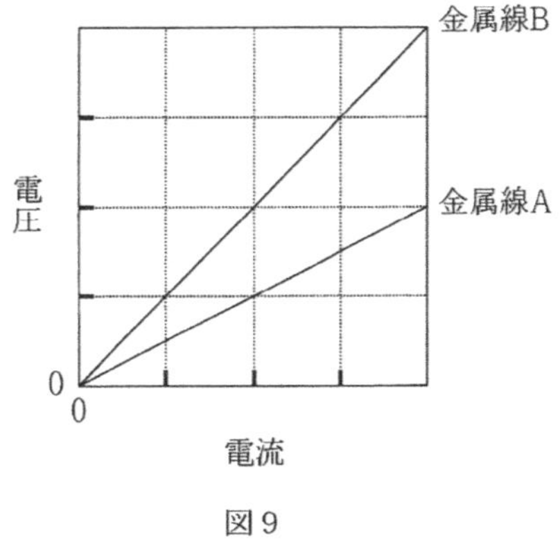

図９

5. 次の文章は、地質年代に関する近年の議論について説明したものです。これについて、文章中の（ ① ）～（ ⑤ ）の空所にあてはまる語句・用語・数値を下の選択肢（ア）～（ツ）から１つずつ選び、記号で答えなさい。

2023年７月12日、国際地質科学連合の（ ① ）作業部会は、人類の爪痕が残る時代の証拠を示す模式地（基準の場所）として（ ② ）を選んだと発表しました。

（ ① ）が始まった時期の根拠として、人間活動およびその影響が爆発的に増大したといわれたことから、（ ① ）は（ ③ ）年を境に始まったとする考えが広まりました。これは同じ頃に相次いだ核実験由来の（ ④ ）が世界各地の地表や氷床から見つかり、地質年代を区分する有効な指標とされたからです。これに加えて、同じ頃に（ ⑤ ）を燃やすことで生じるブラックカーボン（すす）が急増していることもわかりました。さきの模式地に（ ② ）が選ばれたのは、こうした人間活動の証拠が、その場所の堆積物中に適切な状態で保存されているからであるとされています。

ただし（ ① ）が正式に地質年代として認められるまでには、まだ議論の余地が残されています。例えば、これまでの地質年代の区分は、巨大隕石の衝突などによる、環境および生物の生息状況の大きな変化にもとづいており、人間活動の影響がこれに相当するものとして扱うことができるかについては、意見が分かれるとされています。

選択肢

（ア）最新世　（イ）完新世　（ウ）人新世　（エ）更新世

（オ）アメリカのサンフランシスコ湾　（カ）日本の大分県別府湾

（キ）カナダのクロフォード湖　（ク）オーストラリアのサンゴ礁

（ケ）南極半島の氷床　（コ）中国の四海龍湾湖

（サ）1650　（シ）1750　（ス）1850　（セ）1950

（ソ）化石燃料　（タ）放射性物質　（チ）産業廃棄物　（ツ）レアメタル

2024年度　入学試験問題

社　　　会（第一回）

(40分)

注意　1.　受験番号・氏名は、問題用紙・解答用紙ともに記入すること。

2.　解答はすべて解答用紙に記入すること。

3.　携帯電話など音が出るものは事前に電源を切り、試験の妨(さまた)げにならないようにすること。

万一、この注意事項を読んでいる時に電源の切り忘れに気がついたら、必ず監督者に申し出ること。

受験番号					番

氏　　名	

1　次の【図1】と【1】～【7】の文をみて、あとの問いに答えなさい。

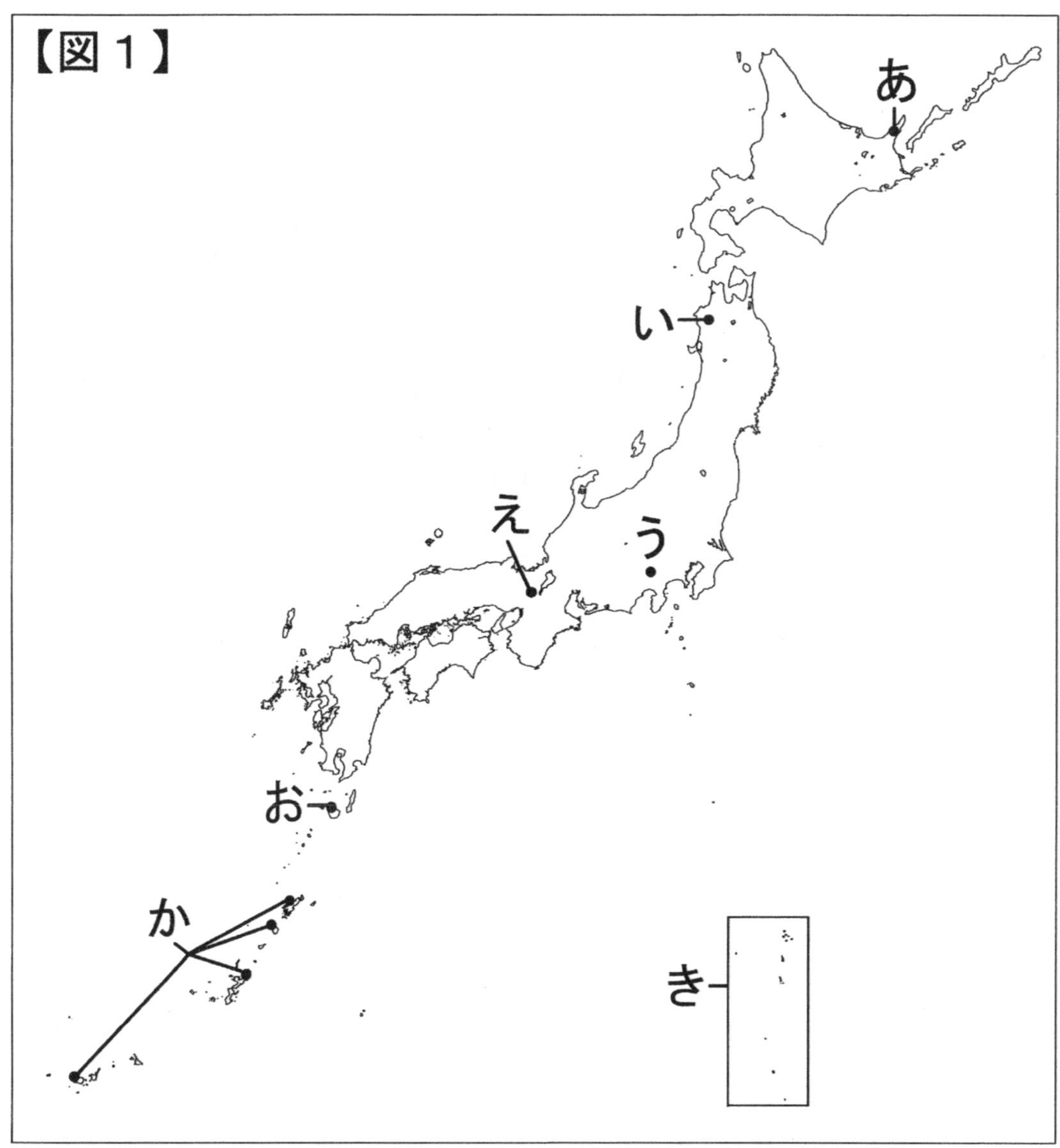

【１】1993年に日本で初めて世界遺産となった。「巨大なスギ天然林」の自然美と、「植生の垂直分布がいちじるしい島の生態系」という観点から登録された。

【２】【１】と同じ1993年に、日本で初めて世界遺産となった。「東アジアで最大の原生的なブナ林で、世界の他のブナ林よりも多様性に富んでいる」という生態系の観点から登録された。

【３】2005年に世界遺産となった。「海氷の影響を受けた海と陸の生態系の豊かなつながり」という観点と、「多くの希少種や固有種を含む幅広い生物種が生息・生育するなど、生物の多様性を維持するために重要な地域」という観点から登録された。

【４】2011年に世界遺産となった。「一度も大陸と陸続きになったことがない島のいちじるしく高い固有種率と現在進行形の生物進化」という観点から登録された。

【５】2013年に世界遺産となった。「日本人の心のよりどころであり続ける、形の整った美しい有名な山」であり、標高3776mの火山は、その堂々としておごそかな山の形と断続的なふん火が宗教的な霊感を人々にいだかせ、古くから「死とよみがえり」を象徴する「登拝（とはい）」が行われてきたことから登録された。

【６】2021年に世界遺産となった。「島の成り立ちを反映した独自の生物進化を背景とした、国際的にも希少な固有種に代表される生物多様性の保全上重要な地域」という観点から登録された。

【７】1994年に世界遺産となった。古代中国の首都をモデルに建てられたこの場所は、1000年以上にわたり日本文化の中心地であり、「日本の木造建築、特に宗教建築の発展と、世界中の造園に影響を与えた日本庭園の芸術」を示している観点から、登録された。

問１　【１】～【７】の文は世界遺産の説明である。それぞれの世界遺産の位置を【図１】のあ～きから選び、記号で答えなさい。ただし、同じ記号を二回以上使用しないこと。

問２　「世界遺産」の登録・審査を担当する、国際的な組織の名称を（あ）～（え）から一つ選び、記号で答えなさい。

（あ）ＵＮＩＣＥＦ　（い）ＷＦＰ　（う）ＵＮＥＳＣＯ　（え）ＷＨＯ

問３　「世界遺産」には「自然遺産」「文化遺産」「複合遺産」という分類がある。「文化遺産」として認定されているものを【１】～【７】から**二つ選び**、数字で答えなさい。

問４　【図１】中の世界遺産**あ**・**え**・**お**の地域にあてはまる雨温図をＡ～Ｄからそれぞれ選び、記号で答えなさい。

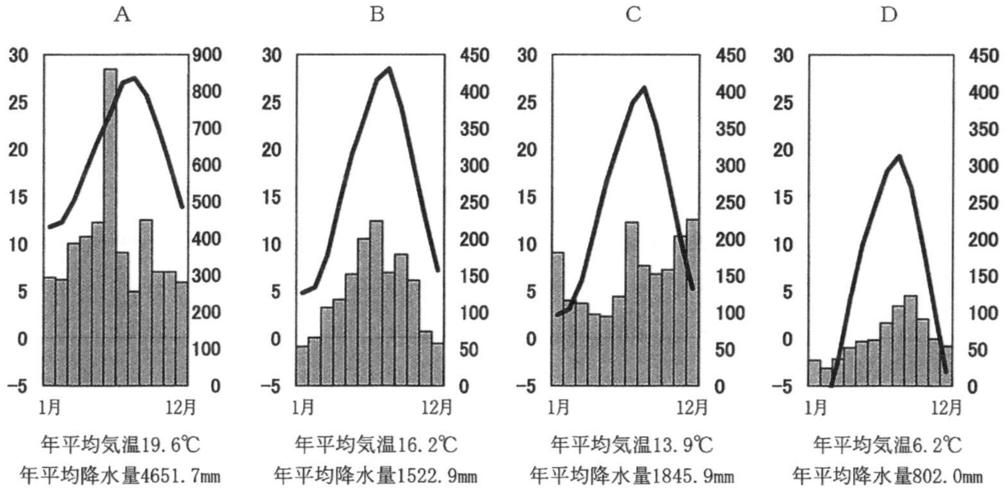

※左縦軸が平均気温（℃）　右縦軸が平均降水量（mm）
（気象庁過去の気象データ、1991-2020年の平年値より作成）

問５　【図１】の世界遺産**あ～き**がある都道府県のうち、【表１】の家畜の都道府県別頭数の（　Ａ　）と（　Ｂ　）にあてはまる都道府県名を答えなさい。

【表１】家畜の都道府県別頭数 2022年２月１日現在

乳用牛			肉用牛		
都道府県名	数（万頭）	%	都道府県名	数（万頭）	%
（ A ）	84.6	61.7	（ A ）	55.3	21.2
栃木	5.5	4.0	（ B ）	33.8	12.9
熊本	4.4	3.2	宮崎	25.5	9.7
岩手	4.0	2.9	熊本	13.4	5.1
群馬	3.4	2.5	岩手	8.9	3.4
全国	137.1	100.0	全国	261.4	100.0

豚			肉用若鶏		
都道府県名	数（万頭）	%	都道府県名	数（万羽）	%
（ B ）	119.9	13.4	（ B ）	2809	20.2
宮崎	76.4	8.5	宮崎	2760	19.8
（ A ）	72.8	8.1	岩手	2110	15.2
群馬	60.5	6.8	青森	806	5.8
千葉	58.3	6.5	（ A ）	518	3.7
全国	894.9	100.0	全国	13923	100.0

（日本国勢図会2023/24より作成）

問６　日本は、兵庫県明石市を通る東経135度を日本の標準時としている。アメリカ合衆国から観光で来日した親子が、【５】の山頂からアメリカ合衆国のニューオリンズ（西経90度）にある自宅にいる祖父母に「ご来光」を経験した感激を伝えようと、日本時間で８月４日７時に国際電話をしたとき、祖父母がいるニューオリンズの現地時間は８月何日の何時だったか、24時間表記で答えなさい。ただしサマータイムは考えないものとする。

2　次の【図2】をみて、あとの問いに答えなさい。

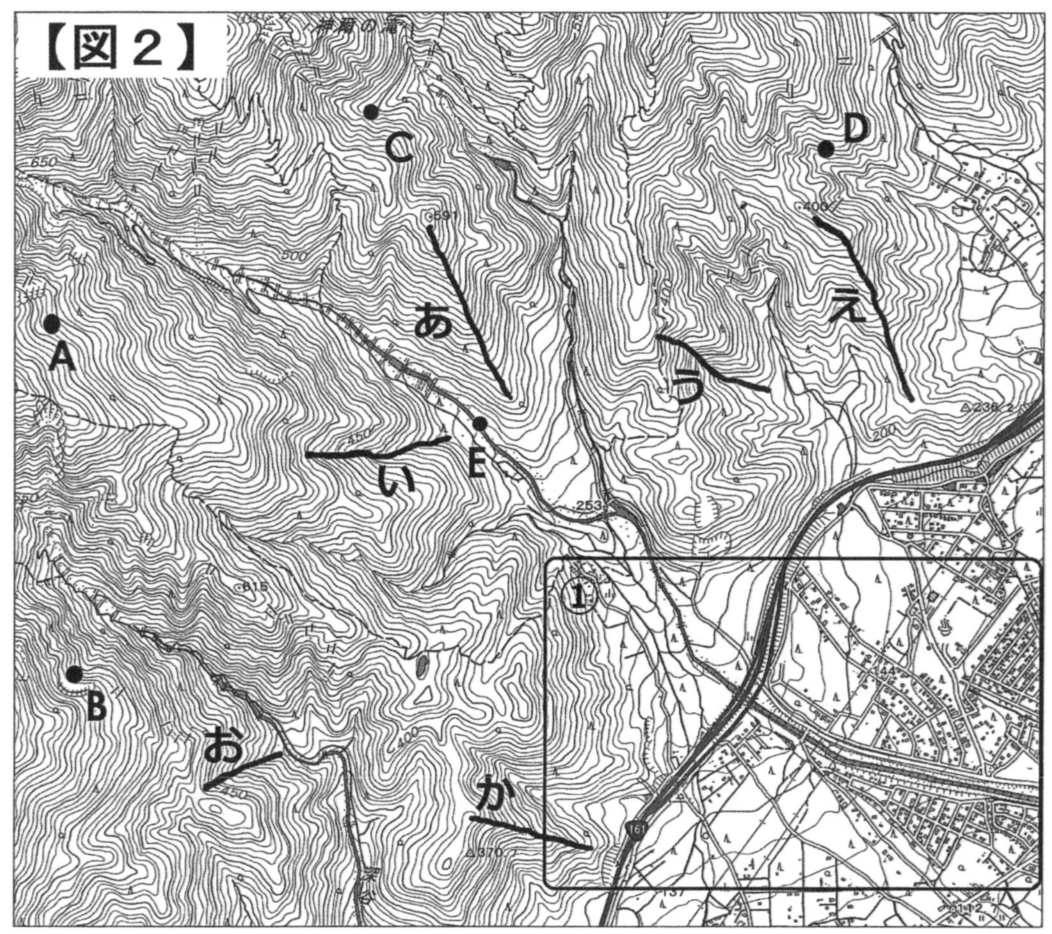

（国土地理院地形図より作成）

問1　**あ～か**の線から谷線を**三つ選び**、記号で答えなさい。

問2　A～Dの地点に雨が降った場合、E地点に雨水が流れつくものを一つ選び、記号で答えなさい。

問3　この地図の縮尺を答えなさい。

問４　【図２】中の①を拡大したものが【図３】である。【図３】の説明として正しいものを（あ）～（え）から**二つ選び**、記号で答えなさい。

（あ）地震によりつくりだされる地形であり、ふん火が多い。

（い）河川がつくりだす地形であり、小石や砂が多くたまっている。

（う）針葉樹林と広葉樹林が広がっており、住宅地も広がっている。

（え）水田が広がっている。

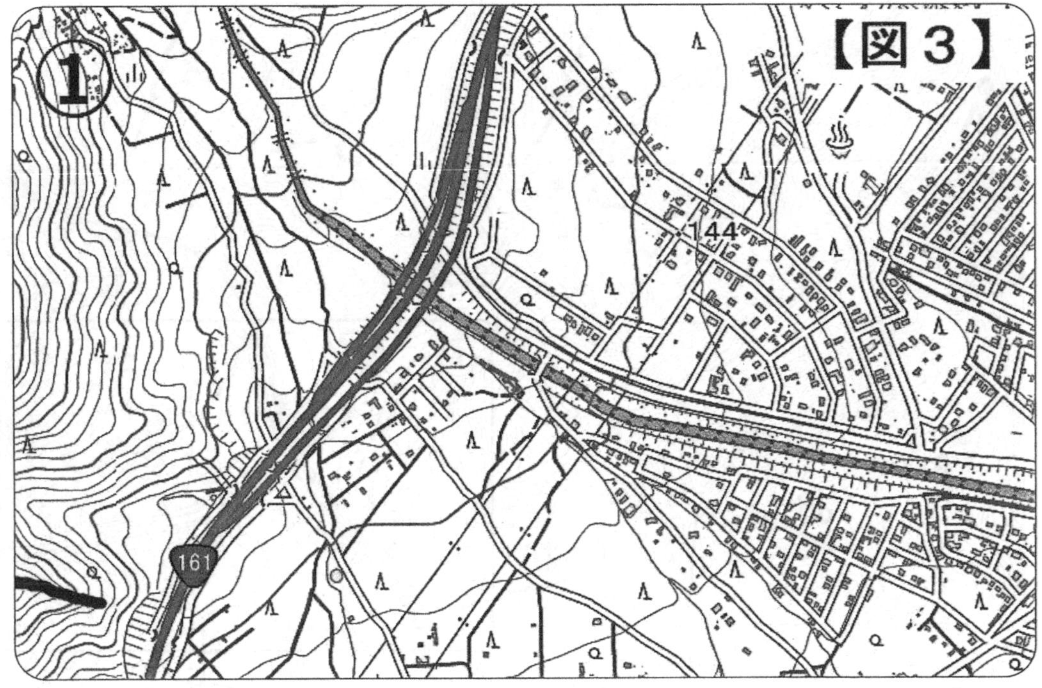

二〇二四年度入学試験

国語解答用紙

（第一回）

受験番号 ＿＿＿＿ 番

氏名 ＿＿＿＿

一

問一 ① ② ③ ④ ⑤ ねる

問二 ① ② ③ ④

問三 ① ② ③

問四 ① ② ③

問一　問二

問三 はじめ　5　終わり　5

問四　問五

問六 → → ウ →

問七

(答)

2	(4)	枚
	(5)	%
	(6)	cm^2
3	(1)	毎分　　　m
	(2)	

5	(1)	cm^2
	(2)	cm^2
6	(1)	cm^3
	(2)	cm
	(3)	cm^2

得　点	※100点満点 （配点非公表）

		(エ)		(オ)		(カ)			

4	問1	(1)	つなぎ	問1	(2)
		(3)			
	問2	(1)		(2)	
	問3		倍		

5	①		②		③	
	④		⑤			

※75点満点
（配点非公表）　点

	問 11	
	問 12	

4	問 1	(1)			(2)			(3)				
	問 1	(4)			問 2		問 3			問 4		
	問 5											
5	問 1	あ			い			問 2				
	問 3						問 4			問 5		
	問 6											

※75点満点
（配点非公表）点

2024(R6) 法政大学第二中

K 教英出版

2024年度入学試験

社会解答用紙

（第一回）　受験番号 | | | | | 番　氏　名 | |

1	問1	【1】		【2】		【3】		【4】		【5】		【6】		【7】
	問2		問3			問4	あ		え		お			
	問5	A			B				問6	8月	日	時		
2	問1				問2		問3			問4				

	問1	(1)		(2)		(3)					
	問2		問3		問4		問5				
	問6		問7								
	問8		問9	→	→	→	問10	⑨		⑩	

【解答

2024年度入学試験

理科解答用紙

（第一回）　受験番号　|　|　|　|　番　氏名

1	問1		問2	
	問3			
	問4	(1)	(2)	
		(3)		

2	問1		問2		問3	
	問4		問5		問6	

	問1		問2		問3	

【解答

2024 年度入学試験問題

算数解答用紙

（第一回）　受験番号 ＿＿＿＿ 番　氏名 ＿＿＿＿

（数字ははっきり書きなさい）

1	(1)	
	(2)	
	(3)	
	(4)	
	(1)	赤色の袋には　　個，青色の袋には　　個
	(2)	毎分　　ℓ

4	(1)	
	(2)	（考え方）

三				
問八	問五	問四	問一	
	問六		問二	
	問七		問三	

80

100

12

問八

80

120

※100点満点
（配点非公表） 点

3　次の文を読み、あとの問いに答えなさい。

犬はペットのなかでも人気が高く、705万3千頭が飼育されている（「2022年全国犬猫飼育実態調査」）。そもそも、犬は人間とともにどのような歴史を歩んできたのだろうか。

千葉県の加曽利①貝塚から、ていねいに埋められた犬の骨が見つかった。このことから、縄文時代の②人間と犬は特別な関係をきずいていたと考えられている。一方で、中国の③『魏志』倭人伝に記された「一支国」の場所だと考えられている長崎県の原の辻遺跡からは、解体されたり、肉をはいだあとが残る犬の骨が見つかったことから、犬は食用とされていたと考えられている。

平安時代から室町時代の絵巻物のなかにみられる犬は、ほとんどが放し飼いで、特定の飼い主を持っていなかったといわれている。清少納言が宮廷の体験を記した『（　1　）』には、犬の鳴き声は「すさまじきもの（興ざめなもの）」や「にくきもの」として書かれている。また、『延喜式（えんぎしき）』という④律令の細かな規則を定めた法典では、犬の死にふれた人は５日間喪（も）に服さなければならないと書かれている。『餓鬼草紙（がきぞうし）』という絵巻物では、野犬が亡くなった人を食べてしまう姿が描かれているように、当時の人々は犬を不浄なものを持ち込む存在としてみていたようである。

⑤鎌倉時代になると、犬は日常の弓矢武芸のたん練に欠かせない動物となる。犬追物という武芸は、武士の間でさかんにおこなわれていた。また、将軍を助ける（　2　）という地位についた北条高時は闘犬に熱中したため、４～５千頭の犬が鎌倉にいたと記録にある。⑥後醍醐天皇の政治を批判した『二条河原落書』には、「犬追物をしてみれば落馬する数が命中する矢の数より多い」とあり、社会に対する皮肉が込められている。このように、武家社会にとって犬は、なくてはならない存在だった。

戦国時代になると、⑦南蛮貿易によって新しい犬種が海外からもたらされた。絵巻には、すらりとした犬を引いたヨーロッパ人が描かれている。⑧江戸時代には、狆（ちん）とよばれる小型の犬を飼うことが大流行していたことが浮世絵などからわかる。また、犬と江戸時代といえば、５代将軍の（　3　）による生類憐れみの令を思い出すが、この法令は福祉という視点から近年では評価が見直されている。

近代になると、犬は軍用動物として利用されるようになる。日本では、1919年に陸軍歩兵学校に軍用犬班が設立された。1928年から満州で警備犬が使用され、1931年におこった⑨満州事変では、軍用犬の活躍が伝えられるようになる。⑩日中戦争がはじまると、軍用犬の利用が拡大し、民間から犬の献上も盛んになった。そして軍用犬の活躍は「犬のてがら」として扱われるようになる。2023年に生誕100年を迎えた忠犬「ハチ」の物語は「オンヲ忘レルナ」として教科書にのり、忠義や愛国の象徴として扱われ、全国から寄付金が集められ、銅像が建てられた。しかし、⑪戦争が激しくなるなかで1944年にハチ公像は国に回収された。その後、1948年に渋谷駅に再建された。

戦後の東西冷戦の時代になると、東西両陣営は、軍事的な優位性を示すために大量の核兵器を作り、ロケットの開発を競い始めた。実は、⑫世界ではじめて地球を周回した生物はライカと呼ばれる犬で、1957年に宇宙に飛び立った世界最初の「宇宙飛行士」として記録されている。

このように、原始から現代まで、犬と人間は長く深い歴史を共にしてきたといえるだろう。

問1　（　1　）～（　3　）にあてはまることばや人物名を漢字で答えなさい。

問2　下線①の説明としてまちがっているものを（あ）～（え）から一つ選び、記号で答えなさい。

（あ）食べ物ののこりかすなどのごみが貝塚に捨てられていた。

（い）土器などがみつかり、当時の人々のくらしを知ることができる。

（う）人の骨とともに鉄でできた剣や刀などの武器も見つかっている。

（え）群馬県や埼玉県など、現在海に面していない県でも貝塚が発見されている。

問3　下線②について、これよりあとの弥生時代の銅鐸には、【図4】のような文様が描かれている。これは人間と犬が協力をして何をしている図か答えなさい。

【図4】

（帝国書院『図説日本史通覧2023』より作成）

問4　下線③の文献には邪馬台国についての記述がある。この国の女王の名前を漢字で答えなさい。

問5　下線④について、律令にもとづいた政治をおこなう中心地として710年につくられた都の名前を漢字で答えなさい。

問6　下線⑤の時代、2度にわたる元との戦いがあった。1回目の元との戦いで【図5】のように戦った竹崎季長は、戦争が終わったあとに【図6】のように鎌倉におもむいた。その目的を説明しなさい。

【図5】　元軍と戦う竹崎季長

【図6】　鎌倉におもむいた竹崎季長

（蒙古襲来絵詞［模本］、九大コレクション、九州大学付属図書館）

問7　下線⑥について、鎌倉幕府をたおした後醍醐天皇がはじめた天皇中心の政治を何というか、5文字で答えなさい。

問８　下線⑦の時代の説明としてまちがっているものを（あ）～（え）から一つ選び、記号で答えなさい。

（あ）ポルトガル人が乗った船が種子島に流れ着き、日本に鉄砲を伝えた。

（い）スペインはアメリカ大陸に進出し、武力で征服した。

（う）プロテスタントのイエズス会は、アジアなどで活発に布教活動をおこなった。

（え）琉球王国は東アジアや東南アジアの国々と貿易をおこなっていた。

問９　下線⑧の時代におこなわれた（あ）～（え）の政治について、古いものから新しいものへ順に並びかえ、記号で答えなさい。

（あ）田沼意次は積極的な商業政策を進め、株仲間を増やして営業税を集めた。

（い）徳川吉宗は新田開発を進め、年貢の取り立て方法を変えるなど米価の安定に努めた。

（う）水野忠邦はぜいたくを禁じて株仲間を解散させた。

（え）松平定信は質素・倹約をすすめ、凶作に備えて米を蓄えさせた。

問10　下線⑨・⑩のきっかけとなった事件の場所を【図７】の**あ**～**お**からそれぞれ選び、記号で答えなさい。

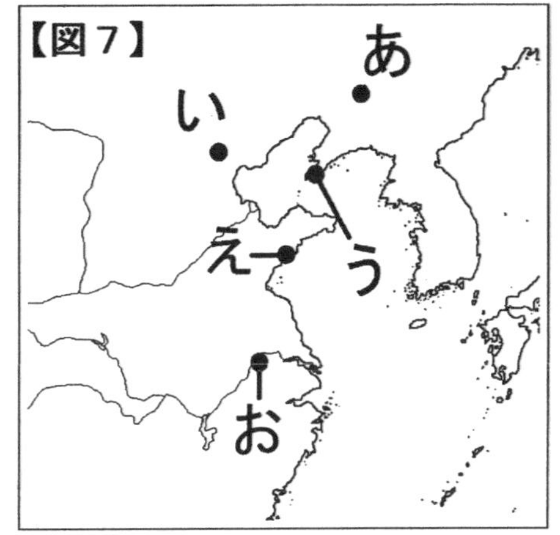

問11　下線⑪について、ハチ公像はどのような法律にもとづいて、何のために回収されたのか、説明しなさい。

問12　下線⑫について、このことも含めて当時宇宙開発の先頭に立ち、世界で初めて人工衛星の打ち上げに成功した国を（あ）～（え）から一つ選び、記号で答えなさい。

（あ）ソ連　（い）アメリカ　（う）中国　（え）フランス

4　次の文を読み、あとの問いに答えなさい。

2023年５月、①Ｇ７広島サミットが開催され、「核軍縮に関するＧ７首脳広島ビジョン」が示され、「我々の安全保障政策は、核兵器は、それが存在する限りにおいて、防衛目的のために役割を果たし、侵略を（　１　）し、並びに戦争及び威圧を防止すべきとの理解に基づいている。」と述べた。これに対して、同年８月６日に行われた平和祈念式典において、広島市長は、「各国は、核兵器が存在する限りにおいて、それを防衛目的に役立てるべきであるとの前提で安全保障政策をとっているとの考えが示されました。しかし、核による威嚇(いかく)を行う為政者(いせいしゃ)がいるという現実を踏まえるならば、世界中の指導者は、核（　１　）論は破綻しているということを直視し、私たちを厳しい現実から理想へと導くための具体的な取組を早急に始める必要があるのではないでしょうか。」と述べ、「かつて祖国インドの独立を達成するための活動において非暴力を貫いた（　２　）は、『非暴力は人間に与えられた最大の武器であり、人間が発明した最強の武器よりも強い力を持つ』との言葉を残しています。また、国連総会では、平和に焦点を当てた国連文書として『平和の文化に関する行動計画』が採択されています。今、起こっている戦争を一刻も早く終結させるためには、世界中の為政者が、こうした言葉や行動計画を踏まえて行動するとともに、私たちもそれに呼応して立ち上がる必要があります。」と続けた。唯一の被爆国である日本、そして被爆した都市の市長の言葉の重さをよく考えなければならない。

振り返れば、日本の被爆は広島、長崎にとどまらない。②1954年に日本の漁船である（　３　）は、太平洋上のビキニ環礁の付近で操業中にアメリカの水爆実験によって出された「死の灰」を浴び、被爆した。この事件をきっかけとして、1955年に広島で第１回原水爆禁止世界大会が開かれた。原水爆禁止世界大会は核兵器廃絶をめざすための運動として現在も開催されているが、核兵器廃絶の道は険しい。「核軍縮に関するＧ７首脳広島ビジョン」では、③ＣＴＢＴの発効もすぐに取り組まなければならない事項であることを強調するとしているが、広島市長は、日本政府に対して「④被爆者を始めとする平和を願う国民の思いをしっかりと受け止め、核保有国と非核保有国との間で現に生じている分断を解消する橋渡し役を果たしていただきたい。そして、一刻も早く（　４　）条約の締約国となり、核兵器廃絶に向けた議論の共通基盤の形成に尽力するために、まずは本年11月に開催される第２回締約国会議にオブザーバー参加していただきたい。」と述べ、日本の核廃絶に向けた取り組みを前進させるように述べた。

問１　（　１　）～（　４　）にあてはまることばや人物名を答えなさい。ただし、（　２　）は**カタカナ**で、それ以外は漢字で答えなさい。

問２　下線①について、Ｇ７にあてはまらない国を（あ）～（き）から一つ選び、記号で答えなさい。

（あ）アメリカ　　（い）イギリス　　（う）中国　　（え）フランス

（お）ドイツ　　（か）イタリア　　（き）カナダ

問3　下線②について、この当時、【図8】のようなちらしが発行された。このちらしの（　A　）にあてはまることばを答えなさい。

【図8】

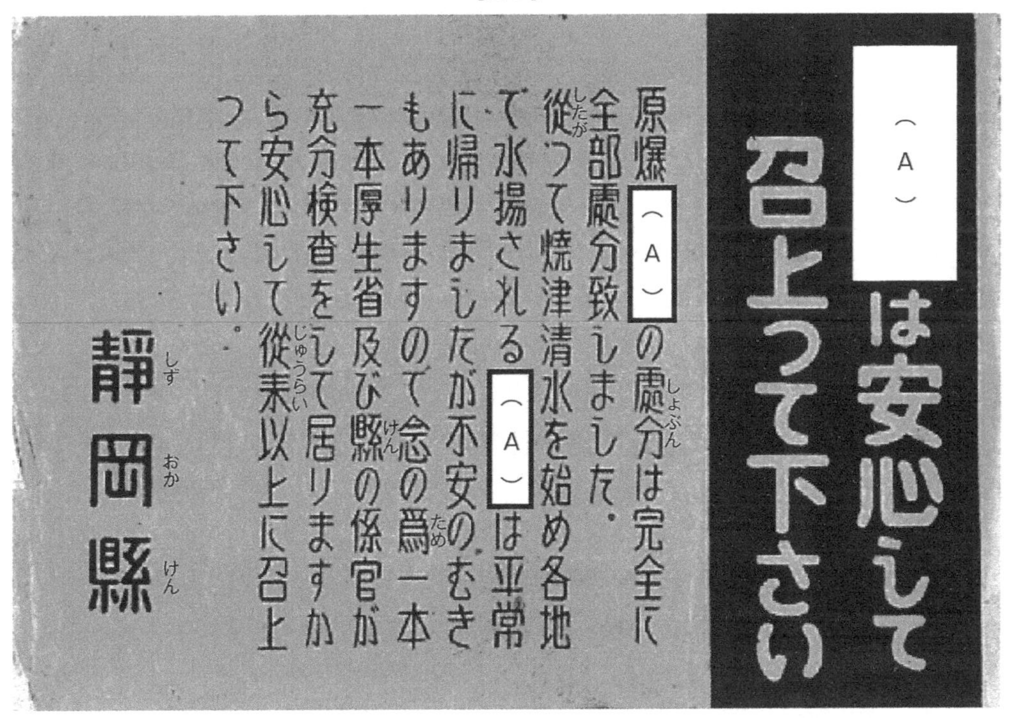

（A）
召上つて下さい
は安心して
原爆（A）の處分は完全に
全部處分致しました・
從つて燒津清水を始め各地
て水揚される（A）は平常
に帰りましたが不安のむき
もありますので念の爲一本
一本厚生省及び縣の係官が
充分検査をして居りますか
ら安心して從來以上に召上
つて下さい。
靜岡縣

（オンラインミュージアム戦争と静岡HPより）

問4　下線③について、この条約の説明として正しいものを（あ）～（え）から一つ選び、記号で答えなさい。

（あ）あらゆる核兵器の爆発実験とその他の核爆発を禁止している。

（い）大気圏内と圏外及び水中核実験を禁止しているが、地下核実験は除外されている。

（う）核保有国は非保有国に核兵器をゆずらないこと、非保有国は開発をしないことを定めている。

（え）戦略核弾頭の保有上限を1550発に削減することを定めている。

問5　下線④について、広島に原爆が投下された直後の「黒い雨」を浴びて健康被害を受けたと住民などが訴えた裁判では、政府が2021年7月26日、最高裁判所への（　あ　）を断念する方針を決め、原告全員を被爆者と認めた広島高等裁判所の判決が確定した。この（　あ　）にあてはまることばを、漢字2文字で答えなさい。

5　次の文を読み、あとの問いに答えなさい。

博物館は博物館法において、「国民の教育、学術及び文化の発展に寄与することを目的とする」ものとして位置づけられており、2022年の①法改正では「②文化観光の観覧」が追記された。この博物館をとりまく状況は厳しく、日本で最も歴史のある総合科学博物館である国立科学博物館は、「『標本・資料の収集・保管』が、昨今のコロナ禍や③光熱費、原材料費の高騰(こうとう)によって、資金的に大きな危機に晒(さら)されています。」として支援を求めた。国立科学博物館は、標本や資料の保管や収集、展示、人件費などには、④国からの「運営費交付金」と入館料などの自己収入を充(あ)てている。2023年度の光熱費は2021年度の約２倍になる見込みで、保管に必要な資材も高騰していることから、インターネットを通じて支援を求めることに踏み切ったのである。

光熱費や原材料費の高騰を含む物価の上昇は博物館だけの問題ではなく、私たちの生活にも大きな影響を及ぼしている。ここ数年⑤世界的な物価の上昇のなかで、諸外国に比べて日本の賃金上昇率が低いことが問題視されるようになり、2023年は⑥雇う側と労働者の話し合いの結果、例年に比べて平均賃上げ率は上昇した。

問１　下線①について、法改正を行うのは国会である。日本国憲法第41条では国会について「国会は、（　あ　）の（　い　）であつて、国の唯一の立法機関である。」と定めている。この（　あ　）と（　い　）にあてはまることばを、それぞれ漢字で答えなさい。

問２　下線②について、「観光地に人が集まり過ぎて渋滞が起きるなど、観光が地域の生活に負の影響を及ぼす現象」のことを「（　う　）ツーリズム」という。この（　う　）にあてはまることばを、**カタカナ**で答えなさい。

問３　下線③について、持続的に物価が上昇する現象を一般に何というか、**カタカナ**で答えなさい。

問４　下線④について、この国からの「運営費交付金」は日本の一般会計予算から支出されている。現在、日本の一般会計予算においてもっとも歳出の大きい項目は「（　え　）関係費」である。この（　え　）にあてはまることばを、漢字４文字で答えなさい。

問５　下線⑤について、物価の上昇に対してアメリカ・ＥＵと日本の対策が異なったため、日本は円安に転じたと考えられている。円安が日本経済に与える影響の説明としてまちがっているものを（あ）～（え）から一つ選び、記号で答えなさい。

（あ）外国人旅行客にとって日本を訪問しやすくなる。

（い）輸入食料品などの価格が上がる。

（う）日本から海外へ留学するときの費用が安くなる。

（え）輸出を中心に行っている企業の利益が増えやすくなる。

問６　下線⑥について、労働組合が、雇う側と労働条件などを話し合い、文書などで約束を交わすことができる権利のことを何というか、漢字５文字で答えなさい。

二〇二三年度入学試験問題

国語 （第一回） （50分）

法政大学第二中学校

注意

一、受験番号・氏名は、問題用紙・解答用紙ともに記入すること。
二、解答は、すべて解答用紙に記入すること。
三、携帯電話など音が出るものは事前に電源を切り、試験の妨げにならないようにすること。
万一、この注意事項を読んでいる時に電源の切り忘れに気付いたら、必ず監督者に申し出ること。

受験番号　　　番

氏名

一　次の各問に答えなさい。

問一　次の①～⑤の傍線部を漢字で正確に答えなさい。

① ケイトウ立てて説明する。　② 穀物をチョゾウする。　③ 混乱のシュウシュウを図る。

④ 美しい布をオる。　⑤ 大声援にイサみ立った。

問二　次の①～④の傍線部の漢字の読みをひらがなで正確に答えなさい。

① 調査に時間を費やす。　② 秋になり暑さが和らぐ。　③ 知人の安否を確認する。　④ 後援会の発起人になる。

問三　次の①～③の二つの語が類義語になるようにしたい。□に入る適切な漢字一字を答えなさい。

① 裕福・□裕　② 刊行・出□　③ 真心・□意

問四　次の①～③の傍線部と同じ働きをしている言葉を後のア～ウから選び、それぞれ記号で答えなさい。

① 感染症の流行で不自由な生活を強いられる。

ア、相手に非難され、心中はおだやかでない。　イ、洗面所できれいに手を洗う。　ウ、台風で大きな橋が流された。

② 今夜から雪になるらしい。

ア、彼の振る舞いはとても中学生らしい。　イ、犯人はまだ逃げているらしい。　ウ、今日の夕陽はいつになくすばらしい。

③ あなたには鳥のさえずりが聞こえますか。

ア、まもなく長い試験が終わる。　イ、兄は無口だが弟はおしゃべりだ。　ウ、私の姉はフランス語が話せる。

二　次の文章を読んで、後の各問に答えなさい（なお、出題の都合上、本文を省略した所がある）。

〈被差別—差別〉という二分法的見方があります。それはある具体的な差別事象をめぐり、人々の全体を、差別を受ける側の人々と差別をする側の人々という二つの立場に分けていく考え方です。（中略）

私たちは、この見方をてがかりとすることで、差別を受ける人々が誰なのかを括（くく）りだすことができ、被差別の現実や被差別それ自体を冷静かつ克明に考えていくことができます。その意味で、差別を考える原点の思考法であり、本来、明快で柔軟なものです。

しかし、この見方は、普段私たちの常識のなかでは、被差別の現実から差別を考えていくうえで役立つ見方と考えられていないようです。本来この見方が持っている原理的な部分が失われ、差別を受ける人と差別する人を括りだして二分するだけの〝硬直した〟思考法になっています。そして、①<u>まさに〝硬直した〟二分法が、「差別を考えること」から私たちを遠ざけてしまいます</u>。

『「あたりまえ」を疑う社会学』（二〇〇六年、光文社新書）の中で書いていますが、ある評論家の発言に私は驚愕（きょうがく）したことがありました。もうかなり前になってしまいましたが、深夜のニュース番組で解放運動を進めている被差別当事者と評論家との対談がありました。冒頭評論家はこう切り出しました。

「私は生まれてこのかた、差別を受けたこともないし、差別をしたこともありません。その意味で普通の人間です。普通の人間として、これからあなたにいろいろと質問したいのですが……」。

自分は一度も差別などしたことがないと断言できることに、私はまず驚きました。なぜなら先に述べて※1いるように自分の行為が差別的であるか否かについては、それを受けた人の「声」によってわかるのであって、行為者が自分で決めることができるようなものではないからです。

そして私はそれ以上に、差別に関係がない人間が「普通」だという了解に驚愕しました。

この評論家の発言の背後には以下のような差別をめぐる心理学的な了解図式とでもいえるものが息づいています。

差別を受ける人も差別をする人も「普通」ではない。彼らは「特別」であって、差別とは「特別」な人たちの中で起こる「特別」な出来事なのだ。その意味において差別は「普通ではない出来事」だ。他方で私も含めて多くの人々は「普通」の世界で生きている。「普通」である私は、差別とは基本的に関係がない。だからこそ、より客観的に、冷静に差別について考えられるし、「特別」を生きている当事者のあなたに、いろいろと問いかけられるのだ、と。

これは、まさに〝硬直した〟二分法的見方の典型といえます。

先の新書で私がこの発言をとりあげ批判し、言いたかったことを確認しておきます。

「普通」の人間であれば、差別しないし、差別などに関わりがないはずという考えは、まったく根拠のない幻想です。さらにその裏返しとして「差別者であれ被差別者であれ、差別に関わる人びとは普通でない特別な存在だ」という考えは、差別をできるだけ限定し、狭く稀なできごととして私たちの日常生活世界から締め出そうとする硬直した見方です。

差別とは、差別をした人と差別を受けた人との間の「問題」であり出来事なのだ。「普段」差別などしていないし、する気もなく「普通」に生きている私たちにとって、差別は関わりのないことだ。硬直した二分法的見方は、こうした了解を私たちに与えてしまいます。

例えばテレビ・ドキュメンタリーやニュースで、差別の激しさや被差別当事者の生の実相などを知り現実の厳しさを実感することもあるでしょう。その時私たちは「かわいそうだ」「差別は許せない」という思いがわきあがる一方で、「自分がそうでなくてよかった」「できることなら関わりたくない世界だ」と感じます。そして、②差別というできごとから距離をとり、それを自らの生活世界から締め出してしまおうとします。

つまり、私たちは、基本的に自らが生きている日常生活世界を脅かすこともない「問題」「事件」として、いわば〝 I の II 〟として差別を傍観しながら、差別を受けた人々の「痛み」や「怒り」に同情し共感し、差別をした人を「怒り」「批判」することができるのです。

「差別を考える」うえで、まず必要な作業があります。それは〈被差別―差別〉をめぐる〝硬直した〟常識的な二分法をひとまず〝カッコに入れる〟、つまりペンディング※2し、使わないように気をつけることです。

そして差別問題をめぐり自らの位置取りをするときに思わず語ってしまう「普通の人間」の姿、 I で II （=差別）を安心して見物できる「普通の人間」の姿とは、いったいどのようなものなのかを詳細に読み解こうとするまなざしをもつことです。

もう一つの重要な基本があります。それは「人は誰でも差別する、あるいは差別してしまう可能性がある」ということです。この見方は実は、差別という現象を差別する側から考えたときに出てくるもので、被差別者、被差別の現実から差別を考えるという先の二分法とは抵触することはありません。（中略）

私は大阪生まれ大阪育ちです。一九七〇年代大阪では部落解放運動や障害者解放運動が急速に展開していました。私が通っていた市内の中学校の校区には大きな被差別地域があり、そこから通ってくる友人も多く、中学校は人権教育、解放教育のモデル校でした。

しばらく前でしたが、校区内にある被差別地域出身で当時の運動を中心的に進めていた男性二人と会ってお話をうかがう機会がありました。二人とも、もう八〇歳近いであろう老齢になられていたのですが、彼らに当時の話や今の運動の課題などうかがうなかで、「人は誰でも差別する可能性がある」という考えをどう思うかと問うてみたのです。

彼らはすんなりと「そのとおりだよ」と言いました。「私は若い頃がむしゃらに運動を進めてきたが、他の差別問題への理解ができていたのかと考えれば、そうではないだろうと思います。障害者問題は、障害者たちの集会に参加して、連帯を表明すれば、理解できたと思い込んでいたところはありますね」と a 淡々と語ってくれた姿は、印象深いものがありました。

もちろん(中略)、彼らは、ただ「普通」に安住して生きている多くの私たちとは異っていて、長い時間をかけ自らの被差別性を考え抜いた結果、他者理解や人間理解が深まると同時に、感性や理性が磨かれ、結果的に他の差別事象に対しても鋭い感性を持っている場合が多いのではないかと思います。しかし、もしそうであるとしても、差別を受ける人々であるからといって、他の差別事象を真に理解できると言い切ることなどできません。いわば私たちは、③それぞれの被差別性がどうであれ、他者を差別する可能性からは、誰も逃れ得ないと私は考えます。(中略)

世の中には、ある人々をめぐる根拠のない「決めつけ」や恣意的な「思い込み」があり、ある問題や出来事をめぐり「歪められ」「偏った」理解の仕方などがあります。

「差別する可能性」とは、世の中に息づいている、こうした他者理解や現実理解をめぐる知や情緒に私たちが囚われてしまう〝危うさ〟のことです。こうした知や情緒を私たちが生きていくうえで適切であり必要なものなのかを批判的に検討しないで、そのまま認めてしまう〝危うさ〟のことです。

さらに言えば、「差別する可能性」とは「差別者になる可能性」ではありません。むしろ私たちは、自らの「差別する可能性」に気づけば、それを修正し、他者に新たに向きあい、理解するための指針として活用することができます。つまり、この可能性は「差別をしない可能性」に変貌すると私は考えています。

ではいったいそもそもどこに、この根拠のない決めつけや恣意的な思い込み、歪められた知や情緒が息づいているのでしょうか。それらは、まさに「普通」に生きたいと考える私たちの「常識」に息づいており、「普通」の中で、活き活きとうごめいているのです。

私たちは、「普通」でありたいと望みます。また自分は特別ではなく、差別という出来事からも遠い、「普通」の人間だと思う場合も多いでしょう。ただ「普通」であることは、差別をめぐる関わりから一切私たちを切り離してくれる〝保障〟などでは決してありません。

むしろ「普通」の世界には、さまざまな「ちがい」をもった他者をめぐる思い込みや決めつけ、過剰な解釈など、歪められ、偏り、硬直した知や情緒が充満しており、こうした知や情緒を「あたりまえ」のものとして受容してしまう時、X まさに私たちは「差別的日常」を生きているといえます。

こう考えていけば、Y 差別はけっして特別な誰かが特別な誰かに対して起こす限られた社会問題ではありません。それは私が生きて在る日常のなかでいつでも起こり得る普遍的で普通の現象です。だからこそ、声高に「差別はしてはいけない」とだけ叫ぶのではなく、まずは私が「差別する可能性」「差別してしまう可能性」を認めたうえで、なぜそんなことを私はしてしまうのかを思い返すチャンスとして、つまり〝よりよく他者を理解し生きていくための大切な指針〟として「差別」を活用すべきではないでしょうか。

「普通であること」を見直すことから自らが思わず知らずはまり込んでしまっている④差別する可能性を掘り起こし、自分にとってより気持ちのいい「普通」とは何かを考え直し、そこに向けて自分にとっての「普通」を作り替えていくこと、新しい「普通」を創造していくことこそ、「差別を考える」ことの核心に息づいています。

ところで、なぜ私は「差別を考えること」が重要だと言っているのでしょうか。

Ⅲ

こうした他者の姿と出会ったとき、私たちは二つのことを実感するでしょう。

一つは、いかに他者と繋がることが難しく厳しいものであるかということです。今一つは、他者と繋がることでいかに優しさや豊かさを得られるのかということです。この二つを実感するからこそ、他者と多様で多彩な〝距離〟があることに驚き、悩み、苦しみながらも、他者を理解し繋がりたいという〝意志〟が「わたし」のなかに沸き起こってくるのです。

いま、世の中では、さまざまな理由から、「わたし」と他者が繋がる〝ちから〟が萎え、他者と繋がる可能性が奪われつつあります。「わたし」が、そうした〝ちから〟をとり戻すためにも、「差別する可能性」とは何かを考え活用し、「差別的日常」を詳細に読み解き、「わたし」が気持ちよく生きていける意味に満ちた、新たな「普通」を創造する必要があるのです。

（好井裕明『他者を感じる社会学　差別から考える』ちくまプリマー新書より）

［注］　※1　先に述べているように……ここよりも前の部分で筆者は、差別について「受けた側の苦しみや痛み、怒り、憤りや抗議という『声』があって初めて、ある出来事が「差別」であるとわかるし、こうした被差別の側の『声』にまっすぐ向き合うことこそが、差別を考える基本の一つです」と述べている。

※2　ペンディング……保留にすること。

問一　空欄 Ⅰ ・ Ⅱ に入る言葉の組み合わせとして最も適切なものを次から選び、記号で答えなさい。

ア、Ⅰ他山　　Ⅱ石
イ、Ⅰ紺屋　　Ⅱ白ばかま
ウ、Ⅰすずめ　　Ⅱ涙
エ、Ⅰ対岸　　Ⅱ火事

問二　二重傍線部ａ「淡々と」の言葉の意味として最も適切なものを次から選び、記号で答えなさい。

ア、ひっそりとして静かである様子　　イ、すんなりいさぎよく認める様子
ウ、あっさりしてこだわらない様子　　エ、ぼんやりと過去を懐かしむ様子

問三　傍線部①「まさに〝硬直した〟二分法が、『差別を考えること』から私たちを遠ざけてしまいます」とあるが、それはなぜか。その説明として最も適切なものを次から選び、記号で答えなさい。

ア、被差別の厳しい現実をてがかりに差別を考えるあり方が失われることで、目を向けるべき差別の存在が見えなくなるから。
イ、差別と被差別を二つに分ける考え方は、差別を受ける人の厳しい現実に目を向ける上では、まったく役には立たないから。
ウ、被差別の苦しみから目を背けることで差別の実態が十分に理解されなくなり、「普通」の人の見方しかできなくなるから。
エ、単に差別と被差別を分類するだけでは両者の立場が逆転することはなく、被差別の厳しい現実の解決は望めなくなるから。

問四　傍線部②「差別というできごとから距離をとり、それを自らの生活世界から締め出してしまおうとします」とあるが、その背景にはどのような考え方があるのか。その説明となっている箇所を、解答欄の「という考え方」に続く形で本文中より三十五字以上四十字以内で抜き出し、そのはじめとおわりの三字をそれぞれ答えなさい。ただし、句読点・記号等を含む場合は、これも一字と数えることとする。

問五　傍線部③「それぞれの被差別性がどうであれ、他者を差別する可能性からは、誰も逃れ得ない」とあるが、それはなぜか。その説明として最も適切なものを次から選び、記号で答えなさい。

ア、たとえ自分の受けた差別を振り返り、受け止める中で人間に対する理解が深められたとしても、差別事象が異なれば、差別される側の人を本質的に理解することができるとは限らないから。

イ、たとえ自分の受けた差別を振り返り、受け止める中で他の差別事象への感性が磨かれたとしても、差別される人に共感し連帯するだけでは差別問題を同様に理解することにはならないから。

ウ、たとえ自分の受けた差別を振り返り、受け止める中で差別への理解が深まって、しなやかさを身につけたとしても、他者を差別することで自己の被差別意識を克服することもありうるから。

エ、たとえ自分の受けた差別を振り返り、受け止める中で差別問題への感性が鋭敏になったとしても、結局のところ、自分が差別されないようにするには他者を厳しく差別するほかはないから。

問六　傍線部④「差別する可能性」とあるが、それはどういうことか。その説明として最も適切なものを次から選び、記号で答えなさい。

ア、私たちは誰でも、立場の弱い人を厳しく差別する経験をすることで、それを振り返って反省し、他者に新たに向きあい理解する可能性を秘めているということ。

イ、被差別者は自らの被差別性を考え抜くことで他者への理解を深める一方、自らの被差別経験を再生産し、次は差別する側に回ってしまう恐れもあるということ。

ウ、私たちは誰でも、世の中に存在する根拠のない決めつけや思い込みなどを批判的に検討することもなく、ただ受け入れてしまう危うさをもっているということ。

エ、被差別者にとっての「普通」を理解することで社会に広く共通する「普通」のあり方が創造され、他者との親和的な繋がりが生まれる可能性があるということ。

問七　空欄 Ⅲ には次のア〜エの文が入る。これらの文を意味が通るように正しく並べ替え、その順序を記号で答えなさい。

ア、そこには自分がこれまで想像もできなかったような厳しい生があり、厳しい生のなかで「ひと」として豊かに生きてきた他者の姿があります。

イ、自らの「普通」や「あたりまえ」を掘り崩して、さらに「差別」という「問題」を理解しようとします。

ウ、それは他者と繋がる〝ちから〟を得る原点だと考えているからです。

エ、そうした過程で、私たちは異質な他者や他者が生きてきた圧倒的な〝現実〟と出会うことができるでしょう。

問八　波線部Ｙ「差別はけっして特別な誰かが特別な誰かに対して起こす限られた社会問題ではありません」とあるが、ここから脱却するために必要なこととはどのようなことか。次の条件に従って説明しなさい。

【条件】

・直前の波線部Ｘ「私たちは『差別的日常』を生きている」の具体例を、あなた自身の体験や身近にある内容に基づいて挙げなさい（ただし、筆者が本文中に示した例を、単純に他の例に置き換えて述べることは不可とする）。
・右の具体例を挙げた上で、波線部Ｙの状況から脱却するために必要なこととはどのようなことか、説明すること。
・字数は百字以上百五十字以内とし、段落は作らずに一マス目からつめて書くこと。ただし、句読点・記号等も字数に含むものとする。

下書き用（必要に応じて使用すること）

150

100

三　**次の文章を読んで、後の各問に答えなさい（なお、出題の都合上、本文を省略した所がある）。**

「実はね、菜月さん。塾のことなんだけど」

ふうっと大きく息を吐き、光枝が菜月の顔をじっと見てくる。

「俊ちゃん、まだ小学六年生でしょう。こんなに早々と塾に行かせなきゃいけないの？」

自分も夫も俊介の塾通いには反対だと、光枝がはっきりと言ってくる。

「でも、俊介が中学受験をしたいって言い出したんです。塾も楽しいみたいで、難しい問題が解けるようになるのが嬉しいって言ってるんですよ」

俊介は塾から帰るとすぐに、その日習った学習内容を菜月の前で話してくれる。教わった算数の技法を使って、複雑な計算問題の答えをわずか数秒で出してくることもある。「お母さん、おれ、勉強がこんなにおもしろいって知らなかった」と興奮気味に話す姿はサッカーで活躍していた時とまるで同じで、この子は打ち込めるものをまた見つけたのだ。菜月は義母に向かってそう説明した。俊介が積極的に塾に通っていることをなんとかわかってもらおうと、これまでの経緯を一つ一つ丁寧に話していく。だが光枝はそんな話にはまるで興味がないのか「ふうん」と呟(つぶや)き、

「塾代って一年でどれくらいかかるもんなの？」

と［　I　］聞いてくる。

「受験生の六年生で……百万くらいかと」

もっとかかるかもしれないが、少なめに告げておいた。

「百万？　おおこわー。塾にそんなお金かけてどうするの」

うちは子ども二人とも、一度だって塾になど行かせたことがない。子どもは遊ぶのが仕事なのだから塾なんて可哀(かわい)そうだ。小さい時に我慢を強(し)いられた子どもは性格が歪(ゆが)み、ろくな大人にならない。菜月が言葉を挟む間もなく、光枝が批判的な言葉を重ねてくる。

「そういえば菜月さん、パートに出てるんですって」

「はい」

「働きに出ている間、美音(みおん)はどうしてるの。さっき俊介に聞いたら、学童がどうとか言ってたけど……。あの子の帰宅時間に間に合うようには、帰って来てるの」

「いえ……①俊介の言う通り、美音は学童保育に通っていて、私が仕事を終えてから迎えに行ってるんです」

光枝は菜月の言葉に目を剝くと、「可哀そう」と首を横に振った。まさかこんな時間まで学童保育に預けているなんて思ってもみなかった、と苦々しい表情で菜月を見つめる。

「美音をほったらかしにしてまでパートに出なきゃいけないの？　私はね、そもそも美音が普通の小学校に通うことも反対だったの。送り迎えやらが大変かもしれないでしょうけど、私は小学校もそのまま聾学校に進んだほうが美音のためなんじゃないかって思ってたのよ。正直なところ、俊介の塾にお金がかかるんでしょう？　だからパートをする時間が欲しいんでしょう？　だったら中学受験なんてしなきゃいいのよ。地元の中学で十分よ。美音にも俊介にも負担をかけて、そんな子育てをしていたら、あなた絶対に後悔するわよ」

子どもたちは楽しくやっている、と繰り返し伝えても、光枝は聞く耳を持たなかった。小学生が塾に通うことなんて、いまは珍しくもないのに。

「私はてっきり菜月さんは母性愛の強い人だと思ってたわ。俊介が生まれてからはちゃんと仕事も辞めたし、家にいて家庭を守ってくれてたのに……子どもたちが可哀そう」

②何度も「可哀そう」と責められているうちに、菜月の頭の中でなにかが弾け切れるような音がした。自分にしても、美音を学童保育に通わせることにはためらいがあった。でもあの子は日々成長しているし、新しい環境を楽しもうとしている。美音ももちろん大切だ。でも俊介も大切で、お金も必要で、自分が働かなくてはいけなくて……。ようやく折り合いをつけた気持ちを揺さぶられ、どくんどくんと心臓が脈打つ。

可哀そう……。テレビも観ず、ゲームもせず、外で遊んだりもせずに一日五時間も六時間も勉強する俊介は可哀そうなのかもしれない。可哀そう……。友達との会話もままならない美音を、放課後まで学童保育所に預けるのは可哀そうなのかもしれない。でも本当に可哀そうなのは、夢を持てない大人になることじゃないだろうか。

自分に自信が持てないことじゃないだろうか。

菜月は、俊介が「塾で勉強したい。中学受験がしたい」と言い出した時、驚いたけれど嬉しかった。戸惑いもしたが、でも息子が目標を持って、それに向かって頑張ろうとしていることが誇らしかった。その頑張りを全力で応援してやりたいと思ったのだ。

「お義母さん、俊介は将来やりたいことがあるらしいんです。それで、自分の夢を叶えるために行きたい中学があるって。私と浩一さんは、それを応援しようと決めたんです」

「そんな、子どもの言うことをうのみにしちゃって。夢なんてね、叶えられる人なんてごくごくわずか、ひと握りなのよ」

「おっしゃる通りだと思います。私も夢なんて、持ったこともありませんでした。十七歳の時から必死でただ働くばかりで……」

高校を中退して就職したリサイクル工場では、荷台に山積みにされてくるパソコンやOA機器などの産業廃棄物や家電などの機械製品を、ドライバーを手に分解した。分解したものはアルミや鉄、プラスチックなどに分別して破砕機にかけるのだが、そこまでが自分の仕事だった。職場の上司や先輩は親切な人ばかりだったし、働くことは嫌いではなかった。けれど十七歳から十年間続けたその仕事は、自分が望んで選んだものではない。

「でも、私はダメだったけれど、俊介には夢があって、もしかしたらその夢を叶えるかもしれません。まだ十一歳なんです。自分がやりたいと願うことを、好きなことを、職業にできるかもしれないんです」

俊介はなにも百万円のおもちゃを買ってくれとねだっているわけではない。勉強がしたい。中学受験に挑戦して、日本で一番難しいといわれている中学校に進学したい。そう言っているだけなのだ。正直なところ、進学塾がこれほど大変だとは思ってもみなかった。十一歳の子どもをここまで残酷に順位づけするのかと呆れることもある。春期講習の最終日のテストで、俊介は全クラス合わせて最下位だった。塾の授業中に行われる小テストでも思うようには点が取れず、ほとんど毎回補講を受けている。でも俊介は入塾してからこの一か月間、一度も弱音を吐くことはなかった。なんとか這い上がろう、遅れを取り戻そうと、食事をとる時間も惜しんで机に向かっている。その姿は、義母が口にする「可哀そう」なものでは、決してない。

「お義母さん、俊介はいま毎日必死で勉強しています。その姿を見ていて私は胸が締めつけられるくらいに感動しています。すごいと思ってるんです。誇らしく思ってるんです。俊介は私の息子です。私が育てているんです。あの子の人生は私が責任を持ちます。だからお願いです、俊介には受験や塾に対して否定的なことを言わないでください。応援してくれとは言いません。でも全力で頑張る俊介に、沿道から石を投げるようなことはしないでください」

途中から気持ちを抑えることができなくなり、涙が滲んできた。光枝に歯向かうのは、浩一と結婚して以来、これが初めてだった。

光枝は唇を固く結び、なにも言葉を発さず黙っていたが、やがて椅子から立ち上がりそのまま玄関に向かっていく。従順だった嫁の反抗的な態度に呆れ、怒り、許せないのだろうとその背中を見て思った。

よく言った、と菜月は心の中で呟く。自分の思いを、本心をきちんと伝えることができた。わが子を守るために強くなったと自分を褒める。高校を中退した時の悲しさや口惜しさは、いまこうしてわが子の盾になるために必要だったのかもしれない。

手の甲で涙を拭っていると、美音が菜月の腰にしがみついてきた。母と祖母のやりとりを、［　Ⅱ　］見ていたのだろう。声は聴こえなくても、二人が烈しくやり合っていたことはわかったはずだから。

玄関のドアが閉まる音が聞こえてから、菜月は美音をぎゅっと抱きしめた。「大丈夫よ。びっくりさせてごめんね」とその目を見つめて伝えると、美音と手を繋いでリビングを出た。足音を忍ばせて廊下を歩き、俊介の部屋のドアをそっと開ける。目の前には俊介の丸まった背中があり、机上を照らすライトに潜り込むような姿勢で一心不乱に問題を解いていた。

光枝に切った啖呵(たんか)が聞こえていたら恥ずかしいなと思っていたので、菜月はほっとする。勉強に集中している時の俊介は、菜月が呼ぶ声にも反応しないことがある。リビングで言い合う声は届いていなかったのだろう。

結果がどうであれ、俊介も私もこの戦いを最後まで諦めずにやり遂げる。

そう心に決めて、リビングに戻ろうとしたその時だった。

「お母さん」

俊介が椅子ごとくるりと振り返り、呼び止めてくる。

「なに？」

平静を装い、首を傾(かし)げる。

「おばあちゃん帰った？」

「うん、いまさっきね」

「なんかいろいろ言われてたね」

「……聞こえてたの」

「あたりまえじゃん。お母さんの声、大きすぎだし」

その言い方に、思わずふっと笑ってしまった。菜月が光枝にあんな口を利くのは初めてで、俊介もさぞ驚いたことだろう。

「おばあちゃん、怒らせちゃった」

菜月が投げやりに言うと、

「いいじゃん。お母さんはまちがってなかったし」

と今度は俊介が小さく笑った。③二人で目を合わせて笑っているうちに、理由もなくまた涙が出てきて、でも心は晴れてすっきりしている。

「お母さんはさぁ」

「うん？」

目尻の涙を小指で拭う菜月の顔を、俊介がじっと見てきた。笑顔は消えている。

「十七歳から働いてたんだね。おれ知らなかった」

「……うん。……言ってなかったしね」
「あのさお母さん、いまからでも遅くないんじゃない？」
「なにが」
意味がわからず聞き返すと、俊介の口元がきゅっと引き締まる。
「お母さんさぁ、いまから夢を持てばいいじゃん。お母さんのやりたいこと、なんかないの？」
「お母さんの……やりたいこと？」
私のやりたいこと……。
夢……？
（中略）
入学式からの数日間、美音は髪をまっすぐに下ろして登校していた。耳に付けた補聴器をクラスメイトに見られないよう隠すためだ。でもいまは髪を束ねることも三つ編みにすることも怖れずに学校に通っている。俊介の部屋からは毎朝五時になるときまって目覚まし時計のベルがなる。遅れを取り戻すため、俊介だけに特別に出された宿題をこなすためだ。早起きが大の苦手だった息子が、自分の力で起きている。
春を迎えてからの一か月間、頑張る子どもたちを見ていると、自分もまだやれることがあるんじゃないかと思えてきた。自分の可能性を語れるのは自分しかいない。そんな当たり前のことを子どもたちが教えてくれる。
俊介が開けた中学受験という新しい扉は、菜月が想像もしなかった別の場所へと続いていた。
「あのね俊介、美音。お母さん、いまからお勉強して、保育園の先生になろうかな。お母さんが高校生の時にね、とてもいい先生に出会ったの。お母さんが高校をやめなくちゃいけなくなった時、その先生が最後まで応援してくれて……。お母さん、その時に、先生ってすごいなって思ったんだ。先生っていいな、って……」
突然なにを言い出すのだという顔で子どもたちは菜月を見ていたが、すぐに兄妹で顔を見合わせ、にやりと笑い合う。菜月は自分が口にした言葉に胸が高鳴り、しばらく呆然としてしまった。そんな菜月の顔を見上げ、
「ママ、保育園の先生！　いいねっ！」
美音が口を大きく開き、はっきりと言葉を出す。発声を恥ずかしがって訓練以外の場所では喋（しゃべ）ってくれない美音の可愛らしい声が大きく響く。
「うん、いいと思う。お母さんが先生って、なんかぴったりな気がする」

俊介に言われると、また泣きたくなった。

自分を見つめる子どもたちの目を見返しながら、ふと思う。十七歳の時になにもかも諦めた気になっていたけれど、本当にそうだったのだろうか、と。あれから自分はなにも手にしてこなかったわけではない。家族を懸命に守ってきた。かつて未来を手放したこの手に、いまは大切なものがたくさん入っている。そんなことを、いまこの年齢になってようやく気づいた。

「ママも、お兄ちゃんも、ヨーイドン！」

となぜか美音がかけっこの合図を口にする。④腹の底から出ている美音の声に心が震える。

「ヨーイドン！」

菜月も美音を真似（まね）て、大きな声で口にした。

俊介と美音が、身を捩（よじ）って嬉しそうに笑っている。

⑤大切なものを手の中に握りしめながらヨーイドン、私はまた走り出した。

（藤岡陽子『金の角持つ子どもたち』より）

問一　空欄 I ・ II に入れる言葉として最も適切なものをそれぞれ次から選び、記号で答えなさい。ただし、同じ記号を二度以上選ばないこと。

ア、肩を落としながら　イ、鼻にかけるように　ウ、耳をそろえて　エ、息を殺して　オ、眉をひそめたまま

問二　傍線部①「菜月の言葉に目を剝く」とあるが、このときの光枝の気持ちはどのようなものか。その説明として最も適切なものを次から選び、記号で答えなさい。

ア、孫たちの養育方針をめぐって菜月と意見が対立し、自分の思い通りにならないと考え、ひどく怒っている。
イ、孫たちが望む遊びや勉強をさせてもらえず、つらく悲惨な生活を送っていると考え、ひどく悲しんでいる。
ウ、孫たちの成長に必要なことを菜月が一切考えず、自身が望む生活を強いていると考え、ひどく呆れている。
エ、孫たちが理想的で幸せな生活を送るための努力を、菜月が一切してこなかったと考え、ひどく驚いている。

問三　傍線部②「何度も『可哀そう』と責められているうちに、菜月の頭の中でなにかが弾け切れるような音がした」について、次の問に答えなさい。

（一）「可哀そう」とあるが、光枝と菜月の考える「可哀そう」の意味する内容とはどのようなものか。その説明として最も適切なものを次から選び、記号で答えなさい。

ア、光枝は子どもの思うようにさせないことでその人格に影響が及ぶことを「可哀そう」と考えるが、菜月は夢に向かい自らの手で道を開く可能性を閉ざしてしまうことを「可哀そう」と考えている。

イ、光枝は子どもの本分である遊びを制限することで理想的な大人になれないことを「可哀そう」と考えるが、菜月は夢を叶えることができず希望しない職業に就くことを「可哀そう」と考えている。

ウ、光枝は我慢を強いることで性格が歪んだ大人に育ってしまうことを「可哀そう」と考えるが、菜月は夢を否定し自信をも失わせることで性格の歪んだ大人に育つことを「可哀そう」と考えている。

エ、光枝は子どもの言うことをうのみにし叶うはずのない夢を追求させることを「可哀そう」と考えるが、菜月は努力を怠ることで手に入るはずの夢を逃してしまうことを「可哀そう」と考えている。

（二）「菜月の頭の中でなにかが弾け切れるような音がした」とあるが、このときの菜月の気持ちはどのようなものか。その説明として最も適切なものを次から選び、記号で答えなさい。

ア、菜月は結婚してから今までは義母に対して不満などを漏らさず、義母の意向に沿って家庭を守り続けた。こうして忠実な嫁であろうと努めてきたにもかかわらず、話を聞かず批判ばかりされたため、せき止められていた不満が爆発し言いたいことを言おうと決意した。

イ、菜月は新しい環境に慣れようとする美音や中学受験に向けて努力する俊介の姿を見ることで、悩みつつも俊介の塾通いを支えることに決めた。そうした美音や俊介の思いも理解せず一方的に塾通いに反対する義母への説得をやめ、親としての信念を貫こうと決意した。

ウ、菜月は耳の不自由な美音を学童保育に通わせることにためらいがあったが、日々の成長ぶりを見てようやく折り合いをつけた。こうした菜月の苦悩、そして俊介の頑張りも知らずに義母が批判ばかりを繰り返すため、諦めてこの場をやり過ごしてしまおうと決意した。

エ、菜月は俊介が中学受験をしたいと言い出した時には戸惑ったものの、夢に向けて努力しようとする姿勢を誇らしく思うようになった。そうした俊介の姿勢を無視して自分の意見だけを通そうとする義母に対し、俊介の邪魔をさせないよう徹底的に対決しようと決意した。

問四　傍線部③「二人で目を合わせて笑っているうちに、理由もなくまた涙が出てきて、でも心は晴れてすっきりしている」とあるが、このときの菜月の気持ちはどのようなものか。その説明として最も適切なものを次から選び、記号で答えなさい。

ア、光枝に反抗したことが今まで一度もなかったため気が動転していたが、その緊張感から解放され安心した。加えて、俊介も母親である自分の行動に共感してくれていると知り、さらに安心すると同時に、成長した俊介を頼もしく思っている。

イ、光枝との口論の中で自分の過去を赤裸々に話すことになり、嫌な過去がよみがえって悔しい気持ちになった。しかし、俊介にも聞かれてしまったことで、これまで伝えられずにいた自分の過去を知ってもらうこととなり、晴れ晴れしている。

ウ、光枝を怒らせたままの状態で気持ちがふさいでいる上に、俊介も動揺させてしまった自分の行動を恥じた。一方、俊介は動じることもなく学習に向き合い、かつ母親である自分の行動に理解を示していたので、感謝の気持ちにあふれている。

エ、光枝に涙を流して抵抗したことが俊介に知られ、気恥ずかしい気持ちになった一方、俊介が味方してくれているとわかり、ほっとしている。と同時に、自分は間違っていなかったと母親としての行動に自信が持て、心から嬉しく思っている。

問五　傍線部④「腹の底から出ている美音の声に心が震える」とあるが、それはなぜか。その説明として最も適切なものを次から選び、記号で答えなさい。

ア、夢を諦めていた自分が今になって保育園の先生を目指すようになったことを「ヨーイドン」の掛け声で実感したから。
イ、生活のために夢を諦めていたが、今では子どもたちに夢に向かっていく後押しをしてをもらったことに満足したから。
ウ、普段はあまり声を出さない美音が、大きな声を出して自分の背中を押してくれていることに強く心を動かされたから。
エ、高校時代も保育園の先生を目指す今も、いつも身近な人たちに強く応援してもらっていることを誇らしく思ったから。

問六　傍線部⑤「大切なものを手の中に握りしめながらヨーイドン、私はまた走り出した」とあるが、このときの菜月の気持ちはどのようなものか。六十字以上八十字以内で説明しなさい。ただし、句読点・記号等も字数に含むものとする。

下書き用（必要に応じて使用すること）

2023年度　入学試験問題

算　　数 (第一回)

(50分)

注意 1. 受験番号・氏名は問題用紙・解答用紙ともに記入すること。

2. 解答はすべて解答用紙に記入すること。

3. 携帯電話など音が出るものは事前に電源を切り，試験の妨(さまた)げにならないようにすること。万一，この注意事項を読んでいる時に電源の切り忘れに気付いたら，必ず監督者に申し出ること。

4. 定規，分度器，コンパスは使用しないこと。

5. 文字や記号・数字ははっきり書くこと。

6. 計算は問題用紙の余白を利用して行うこと。

7. 必要ならば，円周率は3.14を用いること。

8. 図は必ずしも正しいとは限らない。

受験番号 |　|　|　|　| 番

氏　　名 |　|

1 次の □ にあてはまる数を答えなさい。

(1) $5.5 \div \left(8\frac{1}{2}+1\frac{1}{8}\right)+2.75 \div 4\frac{1}{8}=\square$

(2) $\left(\frac{3}{4}-\frac{2}{3}\right) \div \frac{\square}{6} \times 1.2=0.12$

(3) $1+3 \div [1+3 \div \{1+3 \div (1+3)\}]=\square$

(4) $\frac{21}{10}$日は2日と2時間 □ 分です。

2 次の問に答えなさい。

(1) 8月のある週の月曜日から日曜日までの日付を合計すると133でした。その年の9月の第3週の日曜日は［　　　］日です。［　　　］にあてはまる数は何ですか。ただし，週の始まりは月曜日とします。

(2) 2つのサイコロA，Bを同時に投げるとき，Aの目は5以下，Bの目は4の約数になる場合は何通りありますか。

(3) 法政二中の今年入学した生徒の人数は，去年入学した人数より4%増えて234人でした。法政二中に去年入学した人数は何人ですか。

(4) 縦180cm，横90cmの長方形があります。これを図のように，縦を6等分した点から，横の辺に平行な直線を引き，対角線で区切られる12の部分に分けました。このとき，②＋⑨の面積は何cm²ですか。

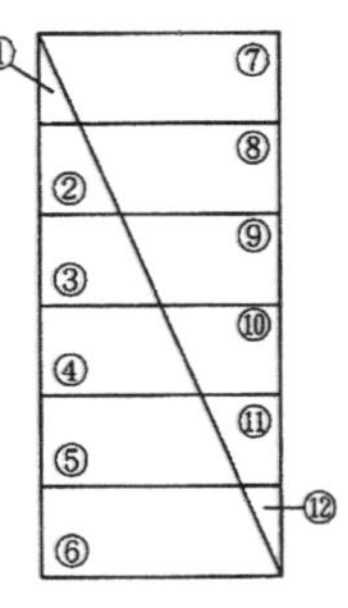

(5) $a※b=a\times b+9\times b-a$とします。23※［　　　］＝113となるとき，［　　　］に入る数は何ですか。

(6) 太郎くんは100円硬貨(こうか)と50円硬貨を合わせて119枚持っています。それぞれ持っている硬貨の枚数の比は13:4です。太郎くんは100円硬貨を何枚持っていますか。

3 図のような1辺60mの正方形ABCDの道があります。この道を動く3つの点X，点Y，点Zがあり，それぞれの動き方については,【表】のように設定しました。点と点が接触(せっしょく)すると，どちらの点も速さを変えずに進んでいた向きと逆向きに進みます。ただし，接触とは，点と点が正面から出会う場合と速い点が遅い点に追いつく場合の両方のこととします。
3つの点X，点Y，点Zを8時ちょうどに同時に動かし始めたとき，次の問に答えなさい。

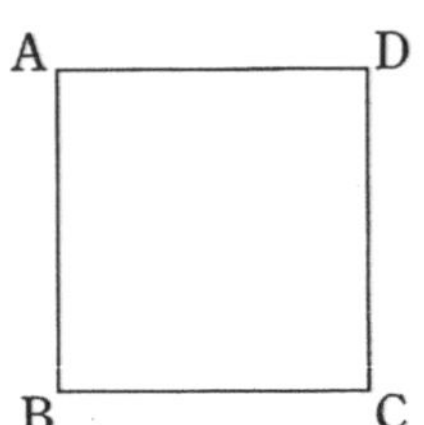

【表】

	分速	出発する頂点	動く向き	頂点で停止する時間
X	3m	D	時計回り	4分
Y	2m	D	反時計回り	2分
Z	1m	B	反時計回り	3分

(1) 点Xと点Zが初めて接触するのは何時何分ですか。

(2) 点Yと点Zが初めて接触するのは何時何分何秒ですか。

2023(R5) 法政大学第二中
K 教英出版

4 数学者ガウスは幼き日に，1＋2＋3＋……＋98＋99＋100の計算を，「逆の順に並べた式と加えたものを2で割って計算した」と言われています。

$$
\begin{array}{r}
1+\ \ 2+\ \ 3+\cdots\cdots+\ 98+\ 99+100 \\
+)\ 100+\ 99+\ 98+\cdots\cdots+\ \ 3+\ \ 2+\ \ 1 \\
\hline
101+101+101+\cdots\cdots+101+101+101
\end{array}
$$

よって，101×100÷2＝5050

次の問に答えなさい。

(1) 偶数の和2＋4＋6＋……＋96＋98＋100はいくつですか。

(2) 3の倍数の和102＋105＋108＋……＋261＋264＋267はいくつですか。
考え方も書きなさい。

5 図の平行四辺形ABCDにおいて，辺BFと辺FCの比は1：3，三角形BEFの面積は4cm^2です。次の問に答えなさい。

(1) 辺FCの長さは何cmですか。

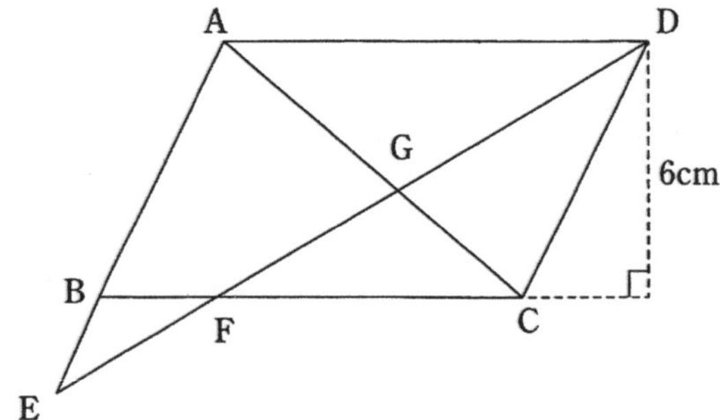

(2) 四角形ABFGの面積は何cm^2ですか。

6 図のような半径6cm，高さ10cmの円柱型の水そうと，立体アがあります。次の問に答えなさい。ただし，水そうの厚さは考えないものとし，立体アはななめにかたむけたりせずに，水そうに入れるものとします。

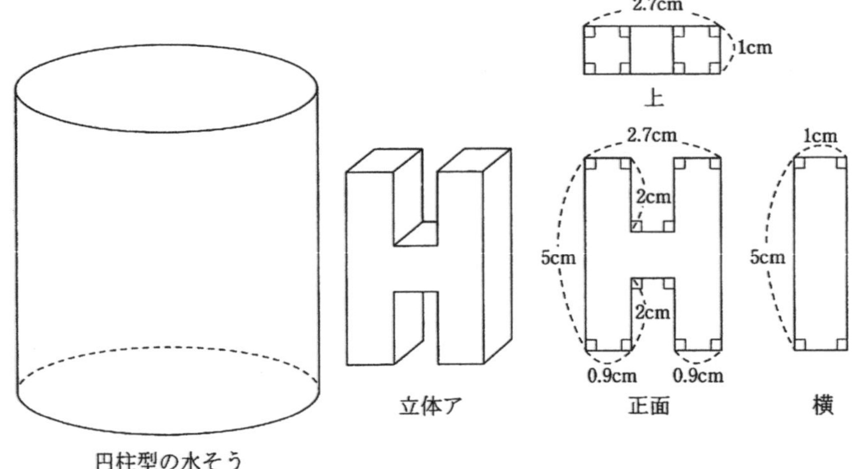

(1) 立体アの表面積は何cm^2ですか。

(2) 立体アを円柱型の水そうの底面との設置面積が一番大きくなるように入れました。そこに水を注いで立体アを完全に水の中に沈ませるには，水は何cm^3より多くの水を入れる必要がありますか。

(3) 今度は立体アを円柱型の水そうの底面との設置面積が一番小さくなるように入れました。次に，水そうに立体アの高さ$\frac{4}{5}$まで水を入れたところで，立体アを抜き取りました。このとき，水面の高さは何cm下がりますか。

2023(R5) 法政大学第二中
K 教英出版

2023年度　入学試験問題

理　　　科（第一回）

（40分）

注意　1．受験番号・氏名は問題用紙・解答用紙ともに記入すること。

2．解答はすべて解答用紙に記入すること。

3．携帯電話など音が出るものは事前に電源を切り、試験の妨げにならないようにすること。万一、この注意事項を読んでいるときに電源の切り忘れに気づいたら、必ず監督者に申し出ること。

4．文字や記号・数字は、はっきりと書くこと。

5．計算は問題用紙の余白を利用すること。

6．選択問題で答えが複数ある場合は、すべて解答用紙に書くこと。

受験番号　|　|　|　|　|　番

氏　　名

1. 下の図は血液がどのように全身に流れているのかを模式的に表したものです。以下の問いに答えなさい。

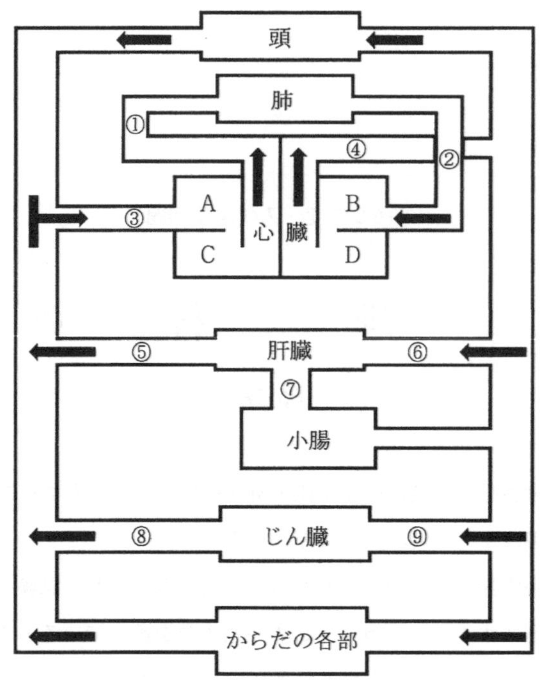

問１　心臓のつくりにおいて、Cの部屋が収縮しているとき、同時に収縮している部屋を図のA、B、Dから１つ選び、記号とその部屋の名前を答えなさい。

問２　ヒトの心臓は２心房（しんぼう）２心室です。ヒトの心臓と同じつくりをもつ動物をすべて選び、次の（ア）～（オ）の記号で答えなさい。

（ア）イモリ　（イ）サメ　（ウ）カエル　（エ）ペンギン　（オ）イルカ

問３　図の①～④の血管のうち、静脈をすべて選び、①～④の記号で答えなさい。

問４　図の①～④の血管のうち、静脈血が流れているものをすべて選び、①～④の記号で答えなさい。

問５　静脈には、動脈に見られない特徴的（とくちょうてき）なつくりがある。そのつくりのはたらきとして正しいものを次の（ア）～（エ）から１つ選び、記号とそのつくりの名前を答えなさい。

（ア）全身にめぐる血液を勢いよく送り出す。

（イ）養分や不要物を効率よく運ぶ。

（ウ）血液の逆流を防ぐ。

（エ）二酸化炭素と酸素の交かんを効率よく行う。

問６　図の①～⑨の血管のうち、最も不要物の少ない血液が流れているのはどこか、①～⑨の記号で答えなさい。

2. 次の文章を読んで、以下の問いに答えなさい。

下の図のような装置は（　①　）といいます。風通しをよくするため四方をよろい戸にしてあります。太陽光線の影響を考え、とびらは（　②　）側を向いた面にあり、外側全体は白色でぬられています。

装置の中には気象観測のための道具が入っており、湿度を測る道具として乾湿球温度計が入っています。湿度とは空気のしめり気の度合いを表す量で、空気中にふくまれている水蒸気の量が、その温度の空気がふくむことのできる最大の水蒸気量（飽和水蒸気量）に対して何%であるのかを表したものです。飽和水蒸気量は気温によって変化する値で、空気1 m^3にふくむことのできる最大の水蒸気のグラム数であらわします。乾湿球温度計は二本の温度計が並んでおり、一方は通常の気温を測る温度計（乾球温度計）、もう一方は、液だめ部分が湿ったガーゼで常におおわれている温度計（湿球温度計）です。乾球温度計の示す気温と湿球温度計の示す温度との差から、湿度表を用いて湿度（%）を求めることができます。問題を解く際には、次のページの表1の湿度表および表2の飽和水蒸気量の表の数値を用いることとし、この観察・実験をした日は、無風状態であるとします。

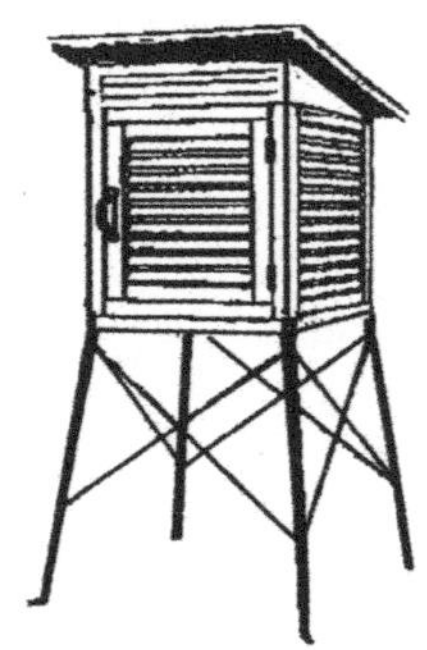

問1　（　①　）に入る言葉を漢字で答えなさい。

問2　（　②　）に入る方角は次のどれですか。（ア）～（エ）から1つ選び記号で答えなさい。

（ア）東　　（イ）西　　（ウ）南　　（エ）北

問3　ある日の午前中、乾球温度計で読み取った気温は31℃、湿球温度計は29.5℃を示していました。このときの空気1 m^3にふくまれる水蒸気量は何gか求めなさい。答えは小数点以下第2位まで求めなさい。

問4　問3を測定した1時間後、気温が2℃上昇しました。このとき湿球温度計は何℃を示すか答えなさい。ただし、空気1 m^3にふくまれる水蒸気量は問3のときと変わらないものとします。

問5　問3の測定とは別の日、乾球温度計は31℃を示し、湿球温度計は21.5℃となりました。常温の飲み物に氷を少しずつ入れながら飲んでいると、コップの表面に水滴が付き始めました。水滴が付き始めたときの飲み物の温度に最も近い温度を整数で答えなさい。なお、飲み物の温度とコップの表面の温度は同じとします。

問６　問５と同じ日、問１の装置の中の乾湿球温度計と同じものを使い、日陰（ひかげ）で扇風機（せんぷうき）の風をあて、温度の変化を見る実験をしました。実験の前、乾球温度計は31℃、湿球温度計は21.5℃を示していました。実験結果として最も適切なものを次の（ア）～（カ）から１つ選び記号で答えなさい。

（ア）乾球温度計も湿球温度計も風で冷やされて温度が下がった。

（イ）乾球温度計は温度が下がったが、湿球温度計の温度は変わらなかった。

（ウ）乾球温度計の温度は下がったが、湿球温度計は気温31℃の影響を受けて上昇した。

（エ）乾球温度計の温度は変わらなかったが、湿球温度計の温度は下がった。

（オ）乾球温度計の温度は変わらなかったが、湿球温度計は気温31℃の影響を受けて上昇した。

（カ）風をあてても空気中の湿度は変わらないため、乾球温度計も湿球温度計も変化しなかった。

表１　湿度表

気温（℃）	乾球温度計と湿球温度計の示度の差（℃）																				
	0	0.5	1	1.5	2	2.5	3	3.5	4	4.5	5	5.5	6	6.5	7	7.5	8	8.5	9	9.5	10
35	100	97	93	90	87	83	80	77	74	71	68	65	63	60	57	55	52	49	47	44	42
34	100	97	93	90	86	83	80	77	74	71	68	65	62	59	56	54	51	48	46	43	41
33	100	96	93	89	86	83	80	76	73	70	67	64	61	58	56	53	50	47	45	42	40
32	100	96	93	89	86	82	79	76	73	70	66	63	61	58	55	52	49	46	44	41	39
31	100	96	93	89	86	82	79	75	72	69	66	63	60	57	54	51	48	45	43	40	37
30	100	96	92	89	85	82	78	75	72	68	65	62	59	56	53	50	47	44	41	39	36
29	100	96	92	89	85	81	78	74	71	68	64	61	58	55	52	49	46	43	40	37	35
28	100	96	92	88	85	81	77	74	70	67	64	60	57	54	51	48	45	42	39	36	33
27	100	96	92	88	84	81	77	73	70	66	63	59	56	53	50	47	43	40	37	35	32
26	100	96	92	88	84	80	76	73	69	65	62	58	55	52	48	45	42	39	36	33	30
25	100	96	92	88	84	80	76	72	68	65	61	57	54	51	47	44	41	38	34	31	28
24	100	96	91	87	83	79	75	71	68	64	60	56	53	49	46	43	39	36	33	30	26
23	100	96	91	87	83	79	75	71	67	63	59	55	52	48	45	41	38	34	31	28	24
22	100	95	91	87	82	78	74	70	66	62	58	54	50	47	43	39	36	32	29	26	22
21	100	95	91	86	82	77	73	69	65	61	57	53	49	45	42	38	34	31	27	24	20
20	100	95	91	86	81	77	73	68	64	60	56	52	48	44	40	36	32	29	25	21	18
19	100	95	90	85	81	76	72	67	63	59	54	50	46	42	38	34	30	26	23	19	15

表２　飽和水蒸気量（空気１m^3にふくむことのできる最大の水蒸気のグラム数）

気温［℃］	5	6	7	8	9	10	11	12	13	14
飽和水蒸気量［g/m^3］	6.8	7.3	7.7	8.3	8.8	9.4	10.0	10.7	11.4	12.1

気温［℃］	15	16	17	18	19	20	21	22	23	24
飽和水蒸気量［g/m^3］	12.8	13.6	14.5	15.4	16.3	17.3	18.3	19.4	20.6	21.8

気温［℃］	25	26	27	28	29	30	31	32	33	34
飽和水蒸気量［g/m^3］	23.0	24.4	25.8	27.2	28.8	30.4	32.0	33.8	35.6	37.6

3. 次の文章を読んで、以下の問いに答えなさい。

家庭で利用されている都市ガスの主成分は、メタンといいます。メタンは、無色、無臭で水に溶けにくく、空気よりも軽い気体です。①メタンを試験管にとって、②マッチの炎を近づけると十分な酸素と反応して青白い炎を出して燃えました。その試験管を観察すると水滴が付いていました。メタンを燃焼させた後の試験管に③石灰水を入れ観察したところ、白くにごることが分かりました。

同じような実験をプロパンでも行いました。プロパンは、縁日などの屋台で火力の燃料としてプロパンガスという名称で知られています。

問１　下線①について、「メタンを試験管にとって」とあります。その捕集方法に最も適した名前は何置かん法か答えなさい。解答欄に合うように漢字２文字で答えなさい。

問２　下線②について、「十分な酸素と反応して」とあります。このような燃焼を何燃焼といいますか。解答欄に合うように漢字２文字で答えなさい。

問３　下線③について、気体を「石灰水に入れると白くにごる」とあります。このことから分かる気体名を答えなさい。解答欄に合うように漢字５文字で答えなさい。

問４　問３の気体は、わずかに水に溶けます。水に溶かした水溶液の液性は何性になるか答えなさい。

問５　プロパンの燃焼は、メタンと同じような反応が起こります。５つの容器（A～E）に、プロパン20cm^{3}ずつ入れ、酸素をそれぞれ10、30、50、80、110cm^{3}ずつ入れて燃やしました。燃やした後、発生した気体をにがさず、水滴（水蒸気）を取り除き、残った気体の体積をはかりました。次に、集めた気体がにげないものとして、石灰水を入れたところ白くにごり気体の体積が減りました。この気体がすべて溶ける量の石灰水を加え、残った気体の体積をはかりました。その結果は次の表の通りです。ただし、プロパンと酸素は水に溶けなかったものとし、温度、気圧は同じ条件で体積をはかっています。以下の問いに答えなさい。

容　器	A	B	C	D	E
入れたプロパンの体積（cm^3）	20				
入れた酸素の体積（cm^3）	10	30	50	80	110
残った気体の体積（cm^3）	24	32	40	X	70
石灰水を入れた後の気体の体積（cm^3）	18	14	10	Y	10

（１）Eの容器で石灰水を入れた後の残った気体は何か。気体名を答えなさい。

（２）表のXは何cm^{3}になるか答えなさい。また、このとき残った気体の中に、発生した気体以外の気体が含まれています。その気体名を答えなさい。

（3）プロパンと燃焼するのに使用された酸素との体積比について、簡単な整数比に表すとどうなるか。解答用紙の「プロパン：酸素　＝　1：●」の●に入る数字を整数で答えなさい。

4. 幅(はば)20cm、高さ3cm、奥行(おくゆ)き8cmの中心に重心のあるレンガを複数使い積み上げました。以下の問いに答えなさい。ただし、１段目のレンガは水平な床(ゆか)に置き、またレンガは真上に重ねてから平行に右へずらしたとします。

問１　図１のように２段目のレンガを１段目の左端(ひだりはし)からずらしてレンガを積んだ。左端から何cmまでずらしてもくずれないですむか、答えなさい。

図１

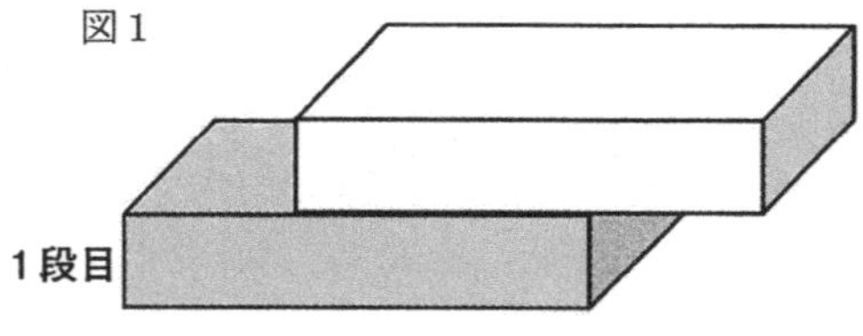

問２　図２のように２段目のレンガを１段目の左端から6cmずらしてレンガを積んだ。次に３段目のレンガを２段目の左端から何cmまでずらしてもくずれないですむか、答えなさい。

図２

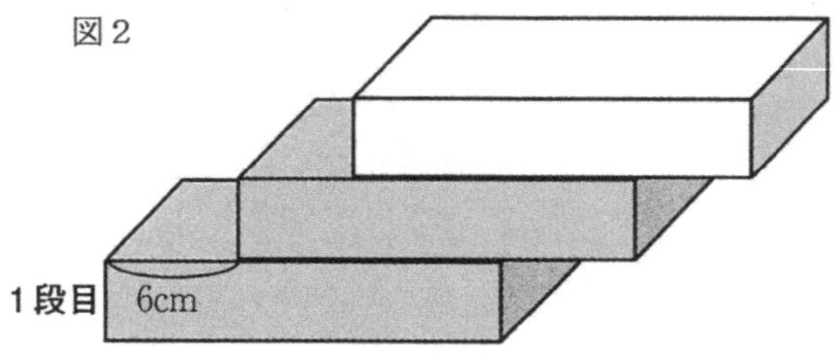

問３　図３のように下の段の左端から4cmずつずらしてレンガを積んでいくと何段目を積んだところでくずれるか、答えなさい。

図３

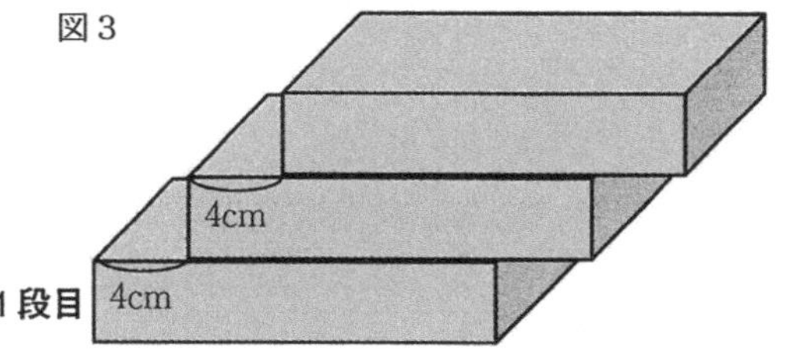

5. 同じ種類の豆電球と電池を用いてア～コの回路をつくり、豆電球と電池の関係について調べました。以下の問いに答えなさい。

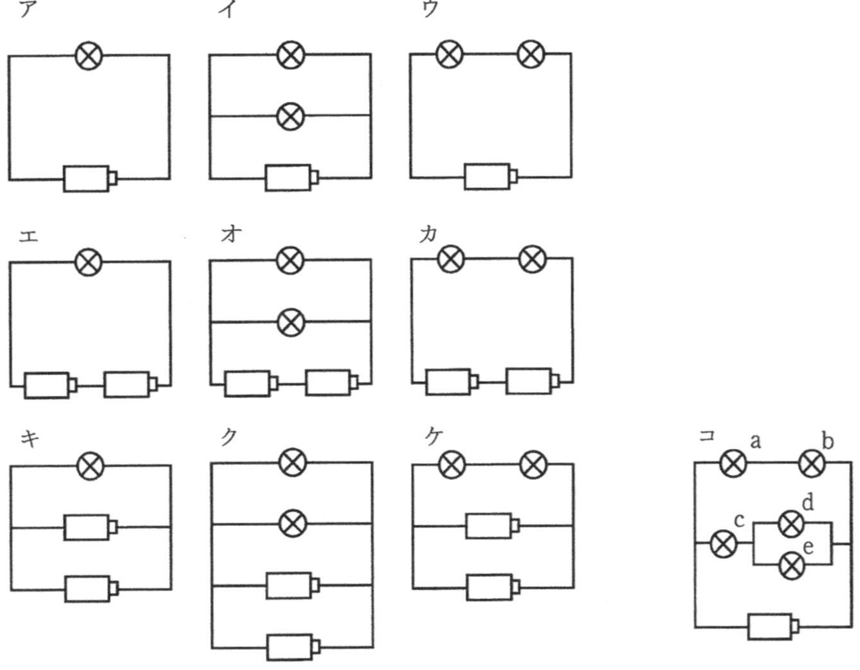

問１　ア～ケの回路のうち最も明るい豆電球が含(ふく)まれている回路をすべて選び、ア～ケの記号で答えなさい。

問２　ア～ケの回路のうち電池が最も長くもつ回路をすべて選び、ア～ケの記号で答えなさい。

問３　コの回路の豆電球ａ～ｅに流れる電流の大きさを最も簡単な整数比で答えなさい。

6. 以下の文章の（　①　）～（　③　）には、最も適する言葉を入れなさい。（　④　）～（　⑥　）には、最も適する言葉を下の選択肢（ア）～（コ）から１つ選び記号で答えなさい。

SDGsは、2015年の国連総会で採択された「我々の世界を変革する（　①　）可能な開発のための2030アジェンダ」という文書の一部です。前文のほかに、17の目標と169のターゲットが定められています。

目標13は「気候変動に具体的な対策を」です。世界では地球温暖化による気温の上昇が続いています。気候変動に関する政府間パネル（IPCC）による第６次評価報告書によると、2011～2020年（10年平均）の平均気温は産業革命前より1.09℃上昇していることが判明しました。2021年には、国連（　②　）変動枠組条約第26回締約国会議（COP26）が開かれました。IPCCの第６次評価報告書を受けて、今世紀中の平均気温の上昇を産業革命前比で1.5℃に抑えるという、今までより一歩踏み込んだ世界共通の目標として合意されたことが成果と言えます。

COP26では、石炭火力発電所の段階的な廃止を盛り込んだ声明が出され、190の国や地域・組織が署名しましたが、日本やアメリカ、インドなどは署名を見送りました。このような消極的な姿勢もあり、日本は国際NGOから（　③　）賞を受けてしまいました。

化石燃料による発電から再生可能エネルギーによる発電に移り変わっているだけでなく、重要な移動手段である自動車もエンジン自動車からモーターを動力とするEVに急速に移り変わろうとしています。EVにとって重要なパーツはバッテリーです。現在は主に（　④　）イオン電池が使われていますが、電池の電解質（電流を発生させるために必要な物質）を（　⑤　）体にする全（　⑤　）体電池の研究が進んでいます。

近年はAIやビッグデータなどを活用した情報技術が発達しています。例えば、ヘルス（健康）とテクノロジー（技術）を掛け合わせたヘルステックは、AIやウェアラブルデバイス、クラウドなどデジタル技術を組み合わせて、医療や創薬にいかされています。また、農業において、ドローンやAI、IoT、ビッグデータなどを活用し、農業を活性化する技術を（　⑥　）テックと言います。これらの新たなテクノロジーは人手不足を緩和したり、省エネルギーにつながると期待されています。

選択肢

（ア）ナトリウム　（イ）リチウム　（ウ）チタン　（エ）気　（オ）固　（カ）液

（キ）アグリ　（ク）フィン　（ケ）ロボ　（コ）ノウ

2023年度　入学試験問題

社　　　会（第一回）

（40分）

注意　1.　受験番号・氏名は、問題用紙・解答用紙ともに記入すること。

2.　解答はすべて解答用紙に記入すること。

3.　携帯電話など音が出るものは事前に電源を切り、試験の妨(さまた)げにならないようにすること。

万一、この注意事項を読んでいる時に電源の切り忘れに気がついたら、必ず監督者に申し出ること。

受験番号　　　　　　　　番

氏　　名

1　次の【図1】と【1】～【5】の文を読み、あとの問いに答えなさい。

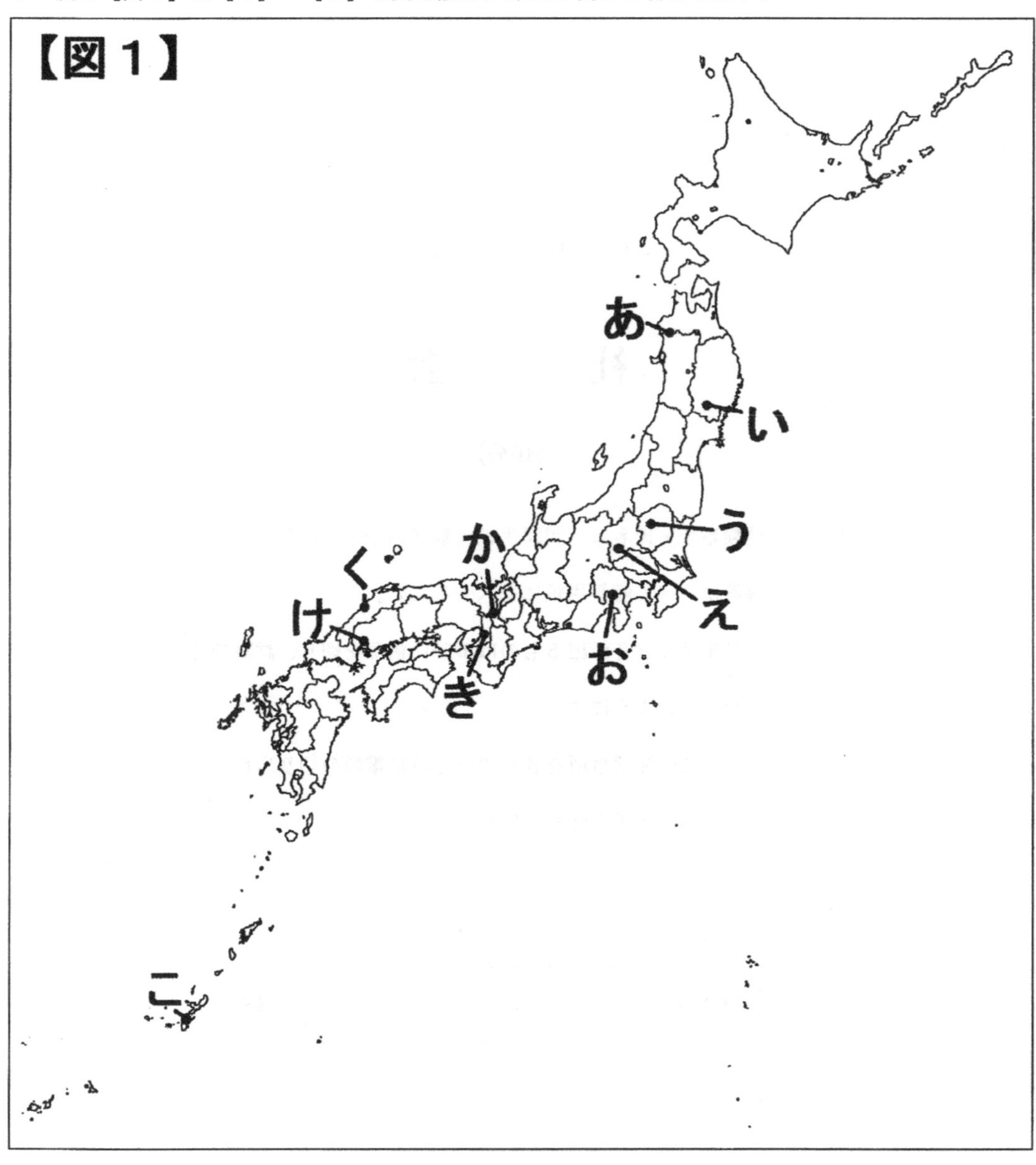

【１】1996年に世界遺産に登録された。世界で最初に実戦使用された原子爆弾の爆心地近くに残された建物で、爆発直後の状態が残っている。それは、人類がこれまでに作り出した最も破壊的な力の象徴であるだけでなく、世界平和とすべての核兵器廃絶への希望にもなっている。

【２】1999年に世界遺産に登録された。これには２つの神社と１つの仏教寺院内にある103の宗教的な建物が含まれる。最初の寺院は仏教の僧侶によって８世紀に、その他の建物の多くは17世紀に建てられ、山の斜面に配置されている。

【３】2000年に世界遺産に登録された。これには５つの城、「玉陵」など２つの石造建築物、さらに「斎場御嶽」と「識名園」を加えた９つの遺跡や文化的景観が含まれる。この地域独自の社会・文化は長期にわたる他地域との経済的・文化的交流によって形成された。

【４】2007年に世界遺産に登録された。これには16～20世紀に採掘が行われた鉱山と関連施設、鉱山集落のほか、鉱物などを輸送するために使われた道や港も含まれる。この鉱山は当時の日本と東南アジアの経済発展に大きく貢献した。

【５】2011年に世界遺産に登録された。これには仏教の寺院や庭園など５つの遺跡が含まれる。11～12世紀に北日本を支配した勢力が京都の文化を取り入れて寺院などを造営したこの場所は、政治・行政上の拠点となった。

問１　【１】～【５】の場所を、【図１】中の**あ～こ**からそれぞれ選び、記号で答えなさい。ただし同じ記号を二回以上つかわないこと。

問２　【１】の世界遺産を、答えなさい。

問３　【４】の世界遺産を、漢字で答えなさい。

問４　【２】の地域の食べ物として有名な、「大豆の加工品で、大豆から豆乳をつくり豆乳をじっくり煮たときにできる薄い膜のこと」を何というか、ひらがなで答えなさい。

問５　【３】について、2019年10月末に正殿等が焼失して、その後、再建の取り組みがおこなわれている城の名前を漢字で答えなさい。

問６　【４】で採掘されていた鉱物について、現在の世界の主要な生産国とその生産量を示した表として正しいものを（あ）～（え）から一つ選び、記号で答えなさい。

（あ）

オーストラリア	569
ブラジル	258
中国	219
インド	148
その他	326

2019年　単位　百万t

（い）

中国	401
オーストラリア	315
ロシア	311
アメリカ合衆国	226
その他	2057

2018年　単位　t

（う）

チリ	5832
ペルー	2437
中国	1591
コンゴ	1226
その他	9314

2018年　単位　千t

（え）

メキシコ	5919
ペルー	3860
中国	3443
ロシア	2000
その他	11378

2019年　単位　t

（『日本国勢図会』2022/23より作成）

問7 【4】がある県の農産物または水産物の説明として正しいものを（あ）～（か）から二つ選び、記号で答えなさい。なお収穫量・漁獲量の全国順位は2020年のものである。

(あ) この県でとれる「らっきょう」は、江戸時代の参勤交代の際にこの地に持ち帰ったことが始まりといわれている。この県の「らっきょう」の収穫量は全国第１位で、例年全国の収穫量の３割程度を占めている。

(い)「ふぐ」は、地域により呼び名が異なるが、この県では「ふく」と呼ばれて親しまれており、この県の「ふぐ」の漁獲量は、全国第３位である。

(う) この県でとれる「日本なし」の収穫量は全国第６位である。この県を代表する品種「二十世紀なし」については、その原木を御神体とする神社がある。

(え)「うるめいわし」は、いわしの中でも一番大きな種類で、体のサイズの割に大きな目がついているのが特徴で、その目がうるんでみえることから名づけられた。この県の「うるめいわし」の漁獲量は、全国第４位である。

(お) この県でとれる「岩国れんこん」は、穴が９つという特徴があり、岩国藩の吉川家の家紋と似ていることから、藩主を喜ばせたといわれている。この県の「れんこん」の収穫量は、全国第５位である。

(か) この県でとれる「しじみ」は全国的に有名で、この県の「しじみ」の漁獲量は全国第１位で、例年全国の漁獲量の４割程度を占めている。

問8 【5】の世界遺産に含まれる建物を（あ）～（え）から一つ選び、記号で答えなさい。

問9　【1】～【4】がある場所の雨温図を（あ）～（え）からそれぞれ選び、記号で答えなさい。ただし同じ記号を二回以上つかわないこと。

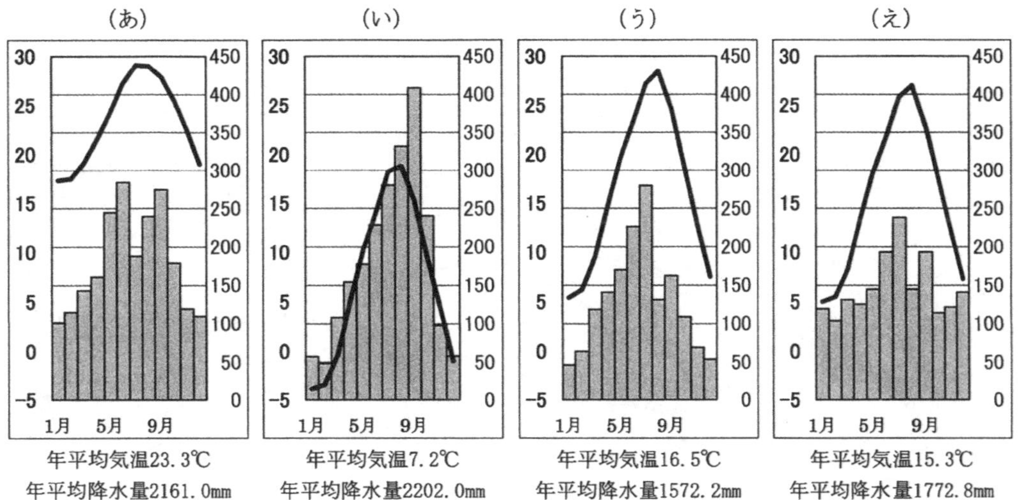

（あ）年平均気温23.3℃　年平均降水量2161.0mm

（い）年平均気温7.2℃　年平均降水量2202.0mm

（う）年平均気温16.5℃　年平均降水量1572.2mm

（え）年平均気温15.3℃　年平均降水量1772.8mm

※左縦軸が平均気温（℃）　右縦軸が平均降水量（mm）

（気象庁過去の気象データ、1991-2020年の平年値より作成）

問10　【５】を流れる河川の、上流の地形図が【図２】である。あとの問いに答えなさい。

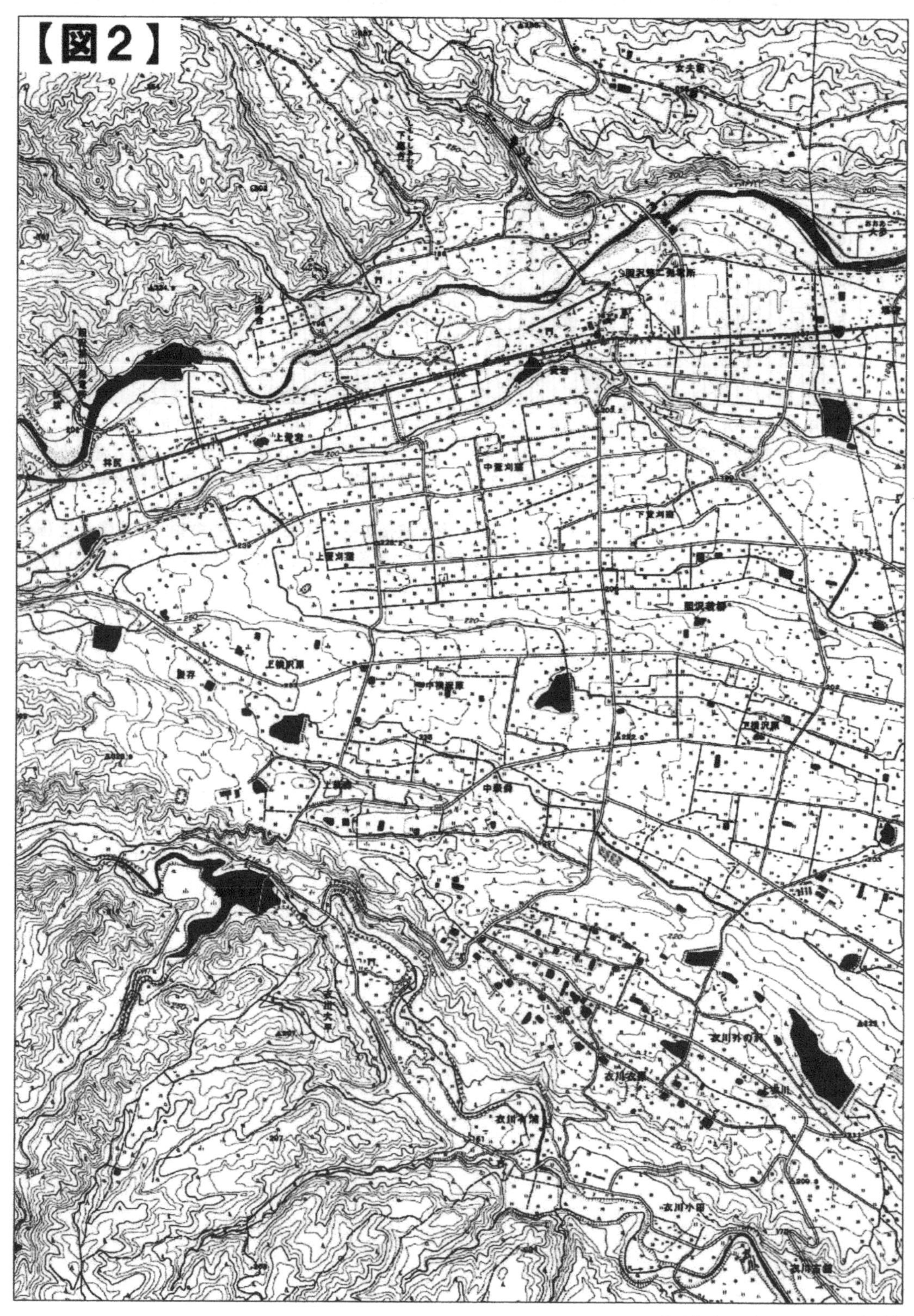

（国土地理院地形図より作成）

①【図２】の地形の説明として正しいものを（あ）～（お）から一つ選び、記号で答えなさい。

（あ）河川の運んだ土や砂が河口に堆積（たいせき）してできた地形。

（い）河川の侵食（しんしょく）作用によってできる横断面がＶ字形をした谷の地形。

（う）平野において、川の両側に自然にできた堤防状の地形。

（え）河川が山地から平野や盆地に出て、運んできた小石や砂が堆積してできた地形。

（お）谷の中を流れる川の侵食作用などによってできた低地の地形。

②【図２】の地域では雨量が少ないため、その南側を中心に、農業の目的で人工的につくられたものが80カ所以上ある。これを何というか、答えなさい。

問11　地形図の縮尺が２万５千分の１の場合、地形図中の３㎝は実際の距離にすると何ｍか答えなさい。

2　次の文を読み、あとの問いに答えなさい。

2023年は、関東大震災から100年にあたる年である。これまでに日本列島ではさまざまな災害が起きており、①弥生時代の竪穴式住居の中には、地震や地割れによる地面のずれが残っているものもある。災害についての記録も数多く残されており、記録が残る最も古い地震については②聖徳太子の伝記に書き残されている。③『日本書紀』には、天武天皇の時代の大地震による被害の状況が詳しく残されていて、当時の人々にとってどれほど地震が恐ろしいものだったのかが分かる。

また、日本列島は地震のみならず、台風による被害も受けてきた。平安時代の暴風で④比叡山の大鐘が転がり落ち、いくつもの建物を壊していったことが⑤『今昔物語集』の中で紹介されていたり、⑥鎌倉時代には日本に攻めこんできた元が台風にあって大損害を受けたこともある。また、1828年に北九州を襲った台風では、九州地方の藩を中心に１万９千人の死者が出た。この台風で⑦ドイツ人学者・シーボルトが乗っていたオランダ船が航行できなくなったため、彼が持ち出し禁止の⑧日本地図を持ち帰ろうとしていたことが発覚した。

災害が起こり、自然環境が変わると、人々はしばしばききんにも苦しめられてきた。1783年の浅間山の噴火は各地に大量の火山灰を積もらせ、⑨天明の大ききんの原因の１つになった。

災害による混乱によって、人々が暴走したり、政府の弾圧が強まることもあった。関東大震災では、家屋の倒壊や火災による被害が大きかったが、⑩根拠のないうわさで特定の出身地の人々や⑪政府にとって都合が悪いとされた人々が殺される事件も起き、軍隊や警察が関わっていることもあった。

また、戦争中だからといって天災が起こらないわけではない。⑫アジア・太平洋戦争末期の1944年と45年には東南海方面で大地震が起きている。これらの大地震の被害は、軍事的な秘密がもれたり、戦いに向けた気持ちが弱くなるのを防ぐ目的で秘密にされた。

現代の私たちも、日々災害に備えていかなければならない。⑬阪神・淡路大震災や東日本大震災などの大地震だけではなく、豪雪・豪雨、台風、猛暑、火山の噴火なども、人々の生活を脅かしている。

問１　下線①について、弥生時代の説明として正しいものを（あ）～（お）から二つ選び、記号で答えなさい。

（あ）高温で焼かれた須恵器という土器が作られ、食べ物を煮たりたくわえたりした。

（い）権力者のために世界最大級の墓が作られた。

（う）むらの中で富を持つものが生まれ、身分の差が生まれた。

（え）中国や朝鮮半島から移り住んだ人々によって、米作りの技術が広まった。

（お）集団で石器を使ってナウマンゾウやオオツノジカなどの狩りをおこなっていた。

問２　下線②について、聖徳太子は進んだ制度や文化を持った近くの国との関係を結ぶために、小野妹子を使者として送ったが、この使者のことを何というか、漢字３字で答えなさい。

二〇二三年度入学試験

国語解答用紙

（第一回）

受験番号

番

氏名

一

問一 ① ② ③ ④ る ⑤ み

問二 ① やす ② らぐ ③ ④

問三 ① ② ③

問四 ① ② ③

問一

問二

問三

問四 はじめ おわり という考え方

問五

問六

問七 ↓ ↓ ↓

2	(3)	人
	(4)	cm^2
	(5)	
	(6)	枚
3	(1)	時　分
	(2)	時　分　秒

		(答)
5	(1)	cm
	(2)	cm^2
6	(1)	cm^2
	(2)	cm^3 より多くの水を入れる
	(3)	cm 下がる

得　点	※100点満点 （配点非公表）

4	問 1	cm	問 2	cm	問 3	段目

5	問 1		問 2	
	問 3	a ： b ： c ： d ： e ＝ ： ： ： ：		

6	①		②		③	
	④		⑤		⑥	

※75点満点
（配点非公表）　点

	問 11		問 12	（1）		（2）		（3）		（4）		問 13	

3									
	問 1	（1）		（2）		問 2			
	問 3		問 4		問 5				
	問 6		問 7						
	問 8		問 9	（1）		（2）		問 10	
	問 11								

4	問 1		問 2		問 3	

※75点満点
（配点非公表） 点

2023年度入学試験

社会解答用紙

（第一回）　受験番号 ＿＿＿＿ 番　氏　名 ＿＿＿＿

1	問1	【1】		【2】		【3】		【4】		【5】		問2	
	問3					問4					問5		
	問6		問7			問8							
	問9	【1】		【2】		【3】		【4】					
	問10	①		②					問11	m			

2	問1			問2				問3		問4	
	問5		問6								
	問7										

【解答

2023年度入学試験

理科解答用紙

（第一回）　受験番号 |　|　|　|　| 番　氏名

1				
問1	（記号）	（名前）	問2	
問3		問4		
問5	（記号）	（名前）	問6	

2					
問1		問2		問3	g
問4	℃	問5	℃	問6	

3						
問1	置かん法	問2	燃焼	問3		
問4	性	問5	(1)			

【解答

2023 年度入学試験問題

算 数 解 答 用 紙

（第一回）　受験番号 | | | | | 番　氏 名 | |

（数字ははっきり書きなさい）

1	(1)	
	(2)	
	(3)	
	(4)	
	(1)	
	(2)	通り

4	(1)	
	(2)	（考え方）

【解答

三

問一	問二	問四	問六
Ⅰ			
Ⅱ	問三 (一)	問五	
	(二)		

80 60

問八

150

100

※100点満点
（配点非公表）点

【解答

問３　下線③について、『日本書紀』がつくられた時代の文化の説明として正しいものを（あ）～（え）から一つ選び、記号で答えなさい。

（あ）中国から影響を受けた仏教文化が花開き、天皇や豪族によって寺院がたくさん作られた。

（い）運慶・快慶による東大寺南大門の金剛力士像に代表される、素朴な力強さが特徴である。

（う）豊作を祈る踊りや祭りの猿楽など、人々の暮らしの中から能や狂言などの文化が生まれた。

（え）ひらがなが普及し、女流作家による随筆や物語が貴族の間で広く読まれた。

問４　下線④について、比叡山延暦寺を建て、天台宗を日本に広めた人物の名前を漢字で答えなさい。

問５　下線⑤について、この物語集の中には、谷に落ちた役人がきのこをつかんで谷から戻り、「［　　］は転んだとしても手ぶらでは戻るな」と語ったという話がある。［　　］に入る役職を（あ）～（え）から一つ選び、記号で答えなさい。

（あ）執権　（い）若年寄　（う）受領　（え）地頭

問６　下線⑥について、鎌倉時代の幕府と武士の主従関係から生まれた、「武士が幕府からもらった自分の土地を命がけで守るようす」を表す言葉を漢字４字で答えなさい。

問７　下線⑦について、ドイツ人のシーボルトがドイツの船ではなくオランダの船に乗っていた理由を、当時の日本の対外政策をふまえて説明しなさい。

問８　下線⑧について、19世紀前半に伊能忠敬が全国を測量して日本地図を完成させたが、その地図には現在の沖縄県が書かれていない。当時、現在の沖縄県は何という名前の国だったか、漢字で答えなさい。

問９　下線⑨について、このようなききんに対して、生活に苦しむ都市の民衆が集団でおこした行動を何というか、５字で答えなさい。

問10　下線⑩について、具体的にどこの出身の人々が殺されたのか答えなさい。

問11　下線⑪について、政治や社会のしくみを変えようとする人々を取り締まるために政府が1925年に作った法律の名前を漢字で答えなさい。

問12　下線⑫について書かれた次の文中の空欄（　1　）〜（　4　）にあてはまることばを、【語群】（あ）〜（ち）からそれぞれ選び、記号で答えなさい。

> 1929年の（　1　）は日本の経済にも大きな影響を与え、ひどい不景気が続いた。中国東北部を手に入れれば日本国内の問題が解決できると考えた日本は、1931年の（　2　）事件をきっかけとして中国東北部への支配を強め、「満州国」を建国した。1937年には日本と中国が全面的に衝突し、日中戦争が始まった。また、1941年に日本軍が真珠湾と（　3　）へ奇襲攻撃をしかけたことによって、アメリカ・イギリスなどとも戦争を始めることとなった。はじめの頃は日本軍の優勢が続いたが、だんだんと太平洋上の島々や東南アジアでの敗戦が続くようになり、1945年３月末にはアメリカ軍が（　4　）に上陸して激しい地上戦が行われた。

【語群】
（あ）沖縄　（い）五・一五　（う）サイパン島　（え）樺太
（お）柳条湖　（か）台湾　（き）第一次世界大戦　（く）張作霖爆殺
（け）世界恐慌　（こ）日露戦争　（さ）ビキニ環礁　（し）硫黄島
（す）盧溝橋　（せ）辛亥革命　（そ）上海　（た）マレー半島
（ち）二・二六

問13　下線⑬について、阪神・淡路大震災よりも後におきたできごとを（あ）〜（え）から一つ選び、記号で答えなさい。

（あ）アメリカとソ連の首脳によって、冷戦の終結が宣言された。
（い）アメリカで同時多発テロが起こり、アフガニスタン戦争が始まった。
（う）アジア初のオリンピック・パラリンピックが東京で開かれた。
（え）田中角栄と周恩来が共同宣言に署名し、日本と中国の国交が正常化した。

3　次の文を読み、あとの問いに答えなさい。

日本国憲法は第三章で「国民の権利」を［ A ］しています。この「国民の権利」は、明治憲法の［ A ］する「臣民の権利」と、性質の面でも量の面でもはっきりと異なっています。基本的人権として、しかも広範囲にわたって［ A ］されているのです。

①基本的人権とは、人間らしい生活をいとなむために人間として当然にもっている侵すことのできない永久の権利であることを特色とします。②立法権、③行政権、④司法権、憲法改正権のいかなる国家権力によっても侵すことができない権利です。憲法第11条は、「国民はすべての基本的人権の享有を妨げられない。この憲法が国民に［ A ］する基本的人権は、侵すことのできない永久の権利として、（　1　）及び（　2　）の国民に与へられる」と明言しています。このような基本的人権の考え方は、⑤明治憲法にはなかったものです。それゆえ、憲法は、第97条で「この憲法が⑥日本国民に［ A ］する基本的人権は、…（　1　）及び（　2　）の国民に対し、侵すことのできない永久の権利として信託されたものである」とふたたび規定して、基本的人権の性質につき国民の注意をうながしています。

人間らしい生活をいとなむために人間として当然にもっている侵すことのできない永久の権利であっても、国民がそれを守る努力をせずにその上に眠っていれば、権力者によって侵されてしまいます。⑦権力者は、つねに権力を濫用(らんよう)しがちです。そこで、憲法は、「この憲法が国民に［ A ］する自由及び権利は、国民の不断の努力によって、これを保持しなければならない」（第12条）としています。⑧国民はけっして安眠をむさぼってはならないのです。

（杉原泰雄『新版憲法読本』）

問１　（　1　）と（　2　）にあてはまることばを漢字で答えなさい。

問２　文中で使われている［ A ］にはすべて同じ文字が入る。［ A ］を漢字２字で答えなさい。

問３　下線①について、2020年末に、厚生労働省は、新型コロナウイルス感染拡大の影響で生活に苦しむ人々に向けて、生活保護を利用するようホームページで呼びかけた。日本国憲法第25条で定められている権利を何というか、漢字で答えなさい。

問４　下線②について、衆議院と参議院に共通の機能はどれか。以下の（あ）～（か）からすべて選び、記号で答えなさい。

（あ）内閣の信任・不信任の決議　（い）国政の調査　（う）法律案の提出

（え）緊急集会を召集する　（お）予算先議権　（か）議員の懲罰

問５　下線③について、行政改革の一つとして、国鉄事業や郵便事業が一般企業に任されるようになった。これを何というか、漢字３字で答えなさい。

問６　下線④について、2021年の衆議院選挙と同時におこなわれたのは何の国民審査か、漢字で答えなさい。

問7　下線⑤について、明治憲法にはなかったものの一つに地方自治がある。自治体の長は議会の議決に反対の場合、議決のやり直しを求めることができる。この権限を何というか、漢字で答えなさい。

問8　下線⑥について、日本国民の中にはかつて同化政策を強制され、言語や伝統的な生活様式を捨てなければならなかった人々がいる。2008年に日本政府が「先住民」と認めたその人々を何というか答えなさい。

問9　下線⑦について、身体の自由について述べた以下の日本国憲法第33条の条文の（　1　）と（　2　）にあてはまることばを漢字で答えなさい。

何人も、（　1　）として逮捕される場合を除いては、権限を有する司法官憲が発し、且つ理由となっている犯罪を明示する（　2　）によらなければ、逮捕されない。

問10　下線⑧について、労働者自身が自分の労働環境をより良いものにするために行動することも大切である。日本国内で働く労働者の権利の説明としてまちがっているものを（あ）～（え）から一つ選び、記号で答えなさい。

（あ）最低賃金が決まっていて、それ以上の賃金をもらうことができる。

（い）公務員を含むすべての労働者はストライキをすることができる。

（う）パート、非常勤、派遣、アルバイト、管理職や外国人労働者でも労働組合をつくることができる。

（え）１日８時間、１週40時間の法定労働時間をこえて働く場合、残業代を請求することができる。

問11　教育に関する「国民の権利」について、明治憲法と日本国憲法でどのような違いがあるか、また日本国憲法が「普通教育を受けさせる義務」を定めているのはなぜか、説明しなさい。

4　次の文は、2022年８月に開かれたNPT再検討会議で和田征子さんが行ったスピーチ要旨の一部である。これを読んで、あとの問いに答えなさい。

（前略）2017年に核兵器禁止条約が採択された時、被爆者は生きていて良かったと心から喜びを分かち合った。①NPT発効から52年。非核兵器国と被爆者は、核兵器国がNPTの条項履行（りこう）を無視していることにいら立ちを感じた。核保有国とその同盟国は、彼らの不誠実さと傲慢（ごうまん）さのために、人類全体が核戦争の瀬戸際にあることを認識すべきだ。（中略）

②再検討会議で2010年に再確認された核廃絶の「明確な約束」の履行を、誠実に議論していただきたい。核兵器は人が造り、人が使った。そうであれば、③なくすことができるのも、人の英知と公共の良心であり、責任だ。ノーモア被爆者！

（『東京新聞』 2022年８月６日）

問１　下線①について、NPTの説明として正しいものを（あ）～（え）から一つ選び、記号で答えなさい。

（あ）アメリカ・ロシア・イギリス・インド・中国の５カ国は、兵器として使用しなければ、そのまま核兵器を保持して良いと定めた条約である。

（い）核兵器禁止条約の発効より前に、核兵器国が自国の核兵器を半分以下の数に減らすことを約束した条約である。

（う）「これ以上核兵器国を増やさない」という考えのもとで、アメリカとソ連が中心となってつくられた条約である。

（え）非核兵器国は核兵器を持つことは許されないため、核以外の化学兵器の開発をすすめる条約である。

問２　下線②について、会議が開かれた国連本部がある都市を（あ）～（え）から一つ選び、記号で答えなさい。

（あ）ハーグ　　（い）ジュネーブ　　（う）ニューヨーク　　（え）ブリュッセル

問３　下線③について、日本国憲法前文では、国際社会について「平和を維持し、専制と隷従、圧迫と偏狭を地上から（　１　）に除去しようと努めている」と述べている。（　１　）にあてはまることばを答えなさい。

二〇二二年度入学試験問題

国語

（第一回）

（50分）

注意

一、受験番号・氏名は、問題用紙・解答用紙ともに記入すること。

二、解答は、すべて解答用紙に記入すること。

三、携帯電話など音が出るものは事前に電源を切り、試験の妨（さまた）げにならないようにすること。
万一、この注意事項を読んでいる時に電源の切り忘れに気付いたら、必ず監督者に申し出ること。

法政大学第二中学校

受験番号　　番

氏名

一　次の各問に答えなさい。

問一　次の①～⑤の傍線部を漢字で正確に答えなさい。

①　絵画をヒヒョウする。　②　競技場にカンシュウが集まる。　③　ショウガイ事件として捜査する。

④　長い時をへる。　⑤　罪人をサバく。

問二　次の①～④の傍線部の漢字の読みをひらがなで正確に答えなさい。

①　恩に報いる。　②　朗らかな歌声。　③　城下町の歴史を探訪する。　④　秘術を会得する。

問三　次の語の組み合わせが類義語になるように、□に入る適切な漢字一字を答えなさい。

①　賛成・□意　②　欠点・□所　③　音信・□息

問四　次の①～③の傍線部と同じ働きをしている言葉を後のア～ウから選び、それぞれ記号で答えなさい。

①　合格して晴れやかな気持ちになる。

ア、まだ昼前なのに空腹だ。　イ、おかしな考え方。　ウ、母は有名な音楽家だ。

②　図書館に本を借りに行った。

ア、先生は静かに語り始めた。　イ、兄は都会へ働きに出た。　ウ、花はとうに散った。

③　冬休みが終わって新学期が始まる。

ア、夕日を見たくて海に行った。　イ、顔を上げてじっと聞き入る。　ウ、彼は明るくて社交的だ。

二　次の文章を読んで、後の各問に答えなさい。

質問をする能力というのは、「私には分かりません」と認識する能力のことを言います。私にはここが分かっていない、理解できていない、という自覚があるから、そこを質問するのです。質問とは、「私には分からないことの自覚」に他ならないのです。

逆に言うと、「質問する能力」が低い人というのは、「私にはここが分かっていない」というところが分かっていない人なのです。これはギリシャの哲学者ソクラテスのいう「無知の知」が欠如していることを意味しています。

「私にはここが分かっていない」ことが分かっていないということは、その人は自分の持っている知識体系「だけ」で勝負していることを意味しています。自分の知っている世界が世界のすべてなのです。その世界の外にどのような世界が広がっているのか、まったく分からないし関心もない。要するに[a]「井の中の蛙（かわず）」ということです。

政治学者の丸山眞男は、このような「自分の知識体系の世界にのみ満足し、その世界の外には関心を持たない状況」を称して、「タコツボ」と呼びました。「無知の知」がない「井の中の蛙」です。

「井の中の蛙」の厄介なところは、自分たちが「井の中の蛙」であるという自覚がないことです。自分たちの知っている世界が世界のすべてなのですから。知識の総量がたとえ小さくても、「自分はこんなに知らない」という自覚があれば、その世界はいくらでも広げることができます。しかし、いくら知識の総量が大きくても、その人の持つ知識の外の世界に無自覚であれば、それは「単なるもの知りなバカ」でしかありません。

医者は長いこと、大学医局制の縦割りのもとで、自分たちの診療の外にある世界についてまったく無自覚、無関心でした。心臓なら心臓、腎臓なら腎臓という、臓器の専門性だけをタコツボの中で維持していればそれでよかったのです。また、タコツボの外の人たちは、タコツボの中の診療に口出しすることはまかり通らないような仕組みになっていました。だから、①医局の中の人はやりたい放題できましたし、その質が低くても、誰も問題にしなかったのです。

しかし近年、医学の専門性が飛躍的に高まり、「タコツボの中」の知的体系だけでは医療を遂行することはできなくなりました。

例えば、感染症です。いくら心臓に詳しくても、いくら腎臓に詳しくても、心臓の病気、腎臓の病気を持っている患者も感染症になります。例えば肺炎になったりするわけですが、「タコツボ」の時代であれば、その肺炎の診断や治療は「やっつけ仕事」でできたのです。適当に、出入りの製薬メーカーが薦める抗生物質を使って、【　X　】ことが可能でした。

しかし、患者の意識も高まり、医療情報が開示されるようになると、閉じた空間で好き勝手やる時代は終わりました。タコツボの世界で医療をやっていく時代は終わり、「感染症のことは感染症のプロに相談して」という「チーム医療」が芽生えました。チーム医療は、医学知識が飛躍的に増加し、患者の意識が高まり、情報公開が進む現代において、必然的な産物だったのです。

厚労省や文科省の官僚たちも、②同じ「無知の知」の欠如を構造的に持っています。

官僚たちは、通常2年程度で部署が変わってしまいます（最近では例外的に、同じ部署に残る人もいるようですが）。部署が変わると、官僚はその領域のスライドなどを渡され、知識を詰め込まれて[b]にわか仕込みの「専門家」を名乗るようになります。

官庁にはさまざまな情報が集まってきます。この情報量が、かつての官僚の武器でした。情報は武器です。周りが知らない情報が集中する官僚たちは、その圧倒的な情報量で、他者に対する優位性を保っていました。

官僚たちに会うと、彼らが口癖のように言うのは、「それについては分かっています」という全能的な答えです。官僚には構造的に情報が集まってきますから、彼らはたくさんの情報を持っています。

［A］、すべての質問について、「それについてはこうなっています」という説明ができます。思い出してください。官僚たちの多くは受験に成功し、（最近廃止されましたが）国家公務員Ⅰ種試験に合格した「質問に答える達人」なのです。

「現在の抗菌薬の適正使用の問題ですが……」

「ああ、それについては分かっています。現在は加算の制度がありまして」

という感じで即答されます。すべての問題について、回答があらかじめ与えられているかのようです。［B］、彼らは「質問に答える」ことにかけては、ずば抜けた才能と訓練を有していますから、すぐに「答え」が出てくるのです。

［C］、それはあくまでも、自分たちの知識の体系下における知識量が他者より多いということに他なりません。［D］自分の知の体系の外には、無知、無関心なのです。要するに③「やたらにでかい井戸の中にいる蛙」に過ぎないのです。

だから、官僚たちはすぐに答えを出してきます。やたらにでかい井戸の中から回答を選択します。しかし、そこからは質問が出てきません。「もし、想定のような死亡率2%じゃないインフルエンザが来るとしたら、どうしたらよいだろう」といった疑問は、彼らの中には出てこないのです。

しかし、現実のリスク・マネージメント[※1]は、まさに「自分の知らない領域の自覚」に他なりません。過去に日本にエボラ出血熱がやってきたことはありません。もし、エボラが日本に入ってきたら、どのような問題が生じるのだろうか。分からない、分からない、と私らは問い続けます。問い続けて、いろいろな可能性を想定するため、質問を重ねていきます。

それを既存の知識で片付けようとするから、失敗します。官僚は現状説明をさせると極めて優秀ですが、将来起こりうる未知なる状況の想定になると、とても下手になります。しかし、リスク・マネージメントはすべからく、未来のリスク、新たに起こった現在のリスクに対して行なわれるので、「過去に起こったこと」の知識だけでは対応が十分にはできないのです。

つまり、構造的に、官僚はリスク・マネージメントが苦手な頭脳の持ち主なんです。

日本の官僚はすぐに、机上の空論で現場のあり方を規定しようとします。

例えば、２００９年の「新型インフルエンザ」のときは、10 mlという十数人分の量のバイアルのインフルエンザ・ワクチンが製造、使用されました。その方が生産効率がよいというワクチン学者、ワクチン製造機関目線の決定だったわけですが、現場は困ります。集団接種することなく、清潔環境を保ったままで十数人分のワクチンを管理、運用するのは大変なのです。

そのくせ官僚は、インフルエンザ・ワクチン接種の優先順位を事細かに規定しました。そこには「公平性を保つため」という大義名分がありましたが、④現実には極めて運用しにくい机上の空論に過ぎませんでした。

私は現場でバカバカしいと思いましたので、「ワクチンを必要とする患者は全員感染症内科外来に送ってください。こちらで専門家としてワクチンを必要とするかどうかを判断します。しかし、基本的にワクチンが『不要』な人はほとんど皆無なので皆打ちますけどね。どんどんさばかないと大きなバイアルの中でワクチンが余ってもったいないです。じゃんじゃん打ちましょう」と宣言しました。

残念ながら、日本にはまだまだ現場の感染症のプロが少ないため、多くの医者たちは「厚生労働省が指示した通り」に面倒くさい運用基準を遵守していました。現場のプロが、アマチュアに現場の運用方法を指南してもらうというのは、なんとも情けない話です。

エボラ出血熱の診療は、１類感染症指定医療機関で行なわれます。そこにはエボラ・ウイルスを外に出さない特殊な病室や、宇宙服のような防護服は備えてあります。

しかし、例えば、孤独な個室に隔離されている患者が鬱(うつ)状態になったとき、診てくれる精神科医がいなかったりします。そういうイマジネーションが足りないのです。「患者の立場になったら、どういうところで困るだろうか」という「 1 」ができないからです。

日本のリスク・マネージメントをよりよくしようと思うのであれば、我々の「無知の知」への自覚を高め、効果的な質問ができるような能力を育成していく必要があります。学校教育の段階から「答えを出す」ことに焦るのではなく、「答えが出ない問題」と取っ組み合うこと、質問すること、「分かったふりをしない」こと、が大事です。

それは効率が悪く、テストや受験の成功率を減らしてしまうかもしれません。しかし、それこそが、リスクと対峙するうえで⑤本当に必要な知性を涵養[※2かんよう]する方法であり、遠回りのように見えて、もっとも近道の方法なのです。

（岩田健太郎『「感染症パニック」を防げ！　リスク・コミュニケーション入門』光文社新書より）

［注］

※１　リスク・マネージメント……予期せず生じる危険や危機を事前に管理し、不利益を最小限に抑えること。

※２　涵養……少しずつ自然に養い育てていくこと。

問一　二重傍線部a「井の中の蛙」と似た意味のことわざとして最も適切なものを次から選び、記号で答えなさい。

ア、風前の灯火（ともしび）　イ、餅は餅屋　ウ、針の穴から天上を覗く　エ、昔取った杵柄（きねづか）

問二　空欄【　X　】に入ることわざとして最も適切なものを次から選び、記号で答えなさい。

ア、お茶を濁す　イ、飛ぶ鳥あとを濁さず　ウ、海老で鯛をつる　エ、損して得取る

問三　二重傍線部b「にわか仕込み」、c「すべからく」の言葉の意味として最も適切なものをそれぞれ次から選び、記号で答えなさい。

b「にわか仕込み」

ア、強制的に覚えさせられること　イ、積極的に習得すること　ウ、簡単に身につけること　エ、急いで準備すること

c「すべからく」

ア、当然ながら　イ、一般的には　ウ、全体として　エ、ほとんどは

問四　空欄［A］～［D］に入る言葉の組み合わせとして最も適切なものを次から選び、記号で答えなさい。

ア、A　要するに　B　やはり　C　もし　D　したがって

イ、A　むしろ　B　そして　C　さらに　D　ところが

ウ、A　なので　B　例えば　C　つまり　D　さて

エ、A　だから　B　なにしろ　C　しかし　D　やはり

問五　傍線部①「医局の中の人はやりたい放題できましたし、その質が低くても、誰も問題にしなかったのです」とあるが、それはなぜか。その理由の説明となっている箇所を、解答欄の「だから」に続く形で本文中より十五字以上二十字以内で抜き出し、そのはじめとおわりの五字をそれぞれ答えなさい。

問六　傍線部②「同じ『無知の知』の欠如を構造的に持っています」とあるが、それはどのような点で「同じ」なのか。その説明として最も適切なものを次から選び、記号で答えなさい。

ア、自分の専門外のことを無自覚の内に片付けてきたことにより、狭く閉じられた「タコツボ」内の知識や情報しか得られずにいる点。
イ、「タコツボ」の中にいるため、自分には何が理解できているのか、理解できていないのかという点がきちんと把握できていない点。
ウ、自分の住む世界以外のことに積極的に関心を持ち、「タコツボ」の外へ出るためにはどうすればいいか、自分なりに考えている点。
エ、ごく狭い範囲の専門的知識の量は豊富だが「タコツボ」外の世界には関心がない事態を改善するために、「チーム」を結成する点。

問七　傍線部③『やたらにでかい井戸の中にいる蛙』に過ぎないのです」とあるが、このように筆者が考えるのはなぜか。その理由の説明として最も適切なものを次から選び、記号で答えなさい。

ア、あらゆる問題の答えが予め決められているために、どんなに質問したとしても、常に適切で明快な答えを導き出すことができるから。
イ、官僚は「質問に答える」という才能と訓練を有してはいるが、それは「問題解決の最善の方法を選択できる力」とは関係がないから。
ウ、官僚は自分の体系下にある問題には的確に対処することができる一方で、体系外にある問題について対処することは得意でないから。
エ、官僚は問題に対する知識量だけは群を抜いて多いが、知識体系の外部にある領域への関心がなく、未知の状況の想定ができないから。

問八　傍線部④「現実には極めて運用しにくい机上の空論に過ぎませんでした」とあるが、ここでの「机上の空論」とはどういうことか。その説明として最も適切なものを次から選び、記号で答えなさい。

ア、感染症について素人である官僚が細かい運用基準を作って、それを現場のプロである医師が遵守するような形式になっていること。
イ、誰もが平等になるよう官僚が事細かに規定したとしても、現場にはその基準を遵守する正義感に満ちた医師は存在していないこと。
ウ、日本には感染症のプロが少ないため、結局のところ官僚や現場で対応している医師の偏った意見が尊重され、運用されていること。
エ、ワクチン接種を希望するかしないかに関わらず、患者全員に用意しなければならないという考え方が官僚の中に根付いていること。

問九　二重空欄 1 に入る最も適切な言葉を、本文中から漢字二字で抜き出して答えなさい。

問十　傍線部⑤「本当に必要な知性」とあるが、筆者の考える「本当に必要な知性」とはどのようなものか。以下の条件に従って説明しなさい。

【条件】

・あなた自身の体験や身近にある内容を具体例として挙げた上で、説明すること（ただし、筆者が本文中に示した例を、単純に他の例に置き換えて述べることは不可とする）。

・字数は八十字以上百二十字以内とし、段落は作らずに一マス目からつめて書くこと。ただし、句読点・記号等も字数に含むものとする。

下書き用（必要に応じて使用すること）

80

120

三　次の文章を読んで、後の各問に答えなさい。

小学五年生のハルは、夏休み初日に一人でコンビニエンスストアへ出かけた時、二か月前から家に帰ってこなくなった父に呼び止められる。父は母（父にとっては妻）に電話で「ユウカイ」宣言をし、二人はそのまま旅に出る。さまざまな経験をともにしながら続けた旅も、資金難から限界を迎え、ハルは母のもとへ返されることになった。

駅についておとうさんは切符を買う。日なたに立ち、太陽の攻撃を受けながら、なんと言うべきか考える。もっと逃げよう、そう言ったらおとうさんはなんと言うだろう。今度は私がユウカイ犯になる。きみにはある程度自由はあるけれど、主導権は私にあるんだからな。でも、主導権を握って私はどうしたらいいんだろう。

切符を買ったおとうさんがこちらを向く。お財布におつりをしまい、買ったばかりの切符を見ながらこちらに歩いてくる。のどの奥がからからにかわいている。心臓がばらばらになって体じゅうに散らばってしまったみたいに、体全部、どこもかしこもどきどきしている。

「一時三十五分だって、あと二十分くらいあるけど、どうする、なんか食うか」

おとうさんがきき、①私はふいと横を向く。

「混んでるみたいだから、ホームでならんでるか」

おとうさんは改札に入っていってしまう。しぶしぶあとについていく。

ホームは人でいっぱいだった。みんな夏休み特有のにおいを発散している。日に焼けた子供たちが走りまわり、おかあさんたちがどなり、おとうさんたちは眠たげに新聞を読んでいる。カップルは真冬のさなかみたいにぺったりとくっつき、グループ連れは大声で話しあう。おとうさんは私を家族連れのうしろにならばせ、ジュースと弁当を買ってくると言う。

「ジュース、何がいい？　炭酸か、果汁か」

おとうさんがきくが私は横を向く。

「てきとうでいいな」

おとうさんは言い残して去っていく。私がおとうさんの段取りの悪さとかかっこ悪さになれたように、おとうさんも私の不機嫌モードになれてしまったらしい。無視なんて、ずっと前、最初に電車に乗ったときにやった方法と同じじゃないか。進歩していない自分がうらめしいが、どうしたらいいのか私にはわからない。おとうさん私はオレンジ、炭酸入ったオレンジじゃないよ、それからビールはやめときなね、トイレいきたくなるからね、なんてにこにこ笑って言う気分になれそうもない。
私の前にならんでいる家族連れの、おとうさんとおかあさんはホームにすわりこんでいる。山歩きをしてきたらしく、二人ともリュックを背負い、登山靴をはいている。子供はおにいちゃんが二年生くらい、妹が幼稚園くらいで、両親のまわりをくるくる走って笑い転げている。私に気づいたおにいちゃんが、両親の陰に隠れて、あかんべをしてきたり、イーだと歯を見せたりするけれど、やりかえす余裕が私にはない。妹もまねをして、あかんべ、イーだをくりかえす。両親はこちらに岩のような背中を向けたきり動かない。ばーか、と私に向かっておにいちゃんは口を動かす。その横で妹は狂ったようにあかんべをしている。
いいなあ。ふと、そんなことを思う。
一分たりとも遅れずに電車はホームについた。人の波にもまれるようにして電車に乗りこむ。ぎゅうぎゅうづめだ。私はおとうさんのおなかに顔を押しつけていなければならない。弁当どころじゃないな、頭の上でおとうさんの声がきこえる。電車が走りはじめる。
すぐ近くで女の人が金切り声に似た笑い声をあげている。きつい香水のにおいもする。かと思うと唐揚げの湿ったにおいもする。赤ん坊の泣く声がどこかからきこえてくる。
「だいじょうぶか、息、できてるか」
おとうさんの声がその合間から降ってくる。
無視なんかじゃだめだ。不機嫌なまま、黙っていたら家まで連れていかれてしまう。何か、何か言わなければだめだ。私はおとうさんのおなかに顔をこすりつけるようにして、上を向く。おとうさんと目があう。
「おとうさん、私、少しなら貯金がある。子供のころからのお年玉、ほとんど使ってなくて、おかあさんがいつも郵便局に預けてくれるんだよ。だから少しじゃないかもしれない。それ、使ってもいいよ、だから、さ、このまま逃げよう」
私のとなりに立っていた、おなかのつきでたどこかのおやじが私を見おろす。かまわず続ける。
「おかあさんには私が電話する。貯金通帳送れって電話する。だめだって言うと思うけど、なんか言っておどして送らせる。だから」
「しいっ」おとうさんはデブおやじの視線に気づいて指を口にあてた。
「逃げよう」私は少しだけ声を落とす。
おとうさんを見あげるが、おとうさんは首をふる。もう逃げる必要はなくなったんだよ、と、かがんで小さな声をだす。
電車が駅にとまり、人がおり、少しだけ体のまわりにスペースができる。おとうさんのおなかから顔を離して息を吸いこむ。背伸びをして車内を見まわすと、あかんべきょうだいとその両親はしっかり席にすわっている。女の子のほうはおかあさんの膝に顔を埋めて眠ろうとしていた。電車はまた、走りだす。

②「つぎの駅できっとまた人がおりるから」

そう言うおとうさんの声をさえぎって、私は言った。

「私きっとろくでもない大人になる」

「え?」おとうさんがかがみこんで私の口に耳を近づける。私はもう一度くりかえした。

③「私はきっとろくでもない大人になる。あんたみたいな、勝手な親に連れまわされて、きちんと面倒みてもらえないで、こんなふうに、いいにおいのするおいしそうなものを鼻先に押しつけられて、ぱっと取りあげられて、はいおわりって言われて、こんなことされてたら私はろくでもない大人になる。自分たちの都合で勝手に私のことを連れまわして。おとうさんのせいだ。おとうさんたちのせいだからね」 A

私は泣かなかった。思いきりかんだわさび漬けの味が思い起こされたけれど、涙はでてこなかった。顔が赤くなるのがわかった。私は B 怒っているのだと、心のどこかで思っていた。

私の訴えについておとうさんは何も答えなかった。じっと私を見おろしていた。おとうさんが目をそらさないので私もそらさなかった。つぎの駅が近づくとおとうさんはふいに私の手をとり、

「おりよう」

低く言って引っぱった。

つぎの駅でもまたたくさんの人がおりた。おりて、おとうさんが私の願いをきき入れて、またどこかへいくのだと思っていたが、おとうさんはホームに突っ立ってじっと私を見ている。人々は笑い声をあげながらずらずらと改札に向かい、 C 私たちだけが取り残される。

「お、おれはろくでもない大人だよ」

片手に飲み物の入ったビニール袋、片手にお菓子とお弁当が入ったビニール袋を持ったおとうさんは、私の前に仁王立ちになってそう言った。何を言われているのかわからなくて、私はおとうさんを見あげた。

「だけどおれがろくでもない大人になったのはだれのせいでもない、だれのせいだとも思わない。だ、だから、あんたがろくでもない大人になったとしても、それはあんたのせいだ。おれやおかあさんのせいじゃない。おれはあんたの言うとおり勝手だけど、い、いくら勝手で無責任でどうしようもなくても、あんたがろくでもなくなるのはそのせいじゃない。④そ、そんな考えかたは、お、お、おれはきらいだ」

おとうさんは興奮しているらしく、最後のほうでども[※1]った。

「きらいだし、かっこ悪い」

私はおとうさんを見ていた。おとうさんが黙るとあちこちでせみの鳴きわめく声がきこえた。

「責任のがれがしたいんじゃない。これからずっと先、思いどおりにいかないことがあるたんびに、な、何かのせいにしてたら、ハルのまわりの全部のことが思いどおりにいかなくてもしょうがなくなっちゃうんだ」

おとうさんはそこで言葉を切った。そしてビニール袋からオレンジジュースをだして、乱暴に私に押しつけた。人のいないホームで向きあったまま、おとうさんはビールを、私はオレンジジュースを飲んだ。ジュースはぬるくなって、よけい甘ったるかった。せみが鳴き、鳴きやみ、また鳴いた。

「おれはこの数日間ものすごく楽しかった。ハルといっしょで楽しかった」

おとうさんは口のはしにビールの泡をつけて言った。小さな子供がえばって宣言しているみたいにきこえた。

「私も楽しかった」

小さな声で、私は言った。

おとうさんがビールを、私がジュースを飲みおわったときつぎの電車がすべりこんできた。たくさん人はおりたけれど、それでも車内は混んでいた。さっきの電車がもう一度きたのではないかと思うほど、さっきとよく似た人たちが乗っている。相変わらず赤ん坊の泣き声がきこえ、香水とサン・オイルと唐揚げのにおいがした。座席にすわった、日に焼けた子供たちは眠りこける両親の合間でちょっかいをだしあい、髪の長い女の人が男の人に寄りかかって口を開けて眠り、おしゃぶりをくわえた小さな子供がおかあさんの胸で眠っていた。混んだ電車の中、おとうさんは私の手を握った。⑤私も握りかえした。

いいにおいのするおいしそうなものを鼻先に押しつけられて、ぱっと取りあげられたんじゃない、私はそれを、心ゆくまで食べたんだ、たらふく食べたんだと、急に思った。電車は右に揺れ左に揺れ、子供たちの歓声と女の人のかん高い笑い声が響き、私とおとうさんはしっかりと手を握りあって立っていた。

駅についた。あたりはもうすっかり暗くなっていて、駅の白い明かりが、ロータリーを照らしている。買い物袋を下げた女の人や、塾のかばんを持った子供たちが、白い明かりの中をいったりきたりしている。うちまでいっしょにいこうと誘ったけれど、おとうさんは、遠慮しておくと答えた。

「またユウカイしにきてね」私は言った。

「おう」おとうさんは大きすぎるサングラスをかけて笑った。

「じゃあ」私は手を顔の位置に持ちあげて、ゆっくりとふった。

「またな」おとうさんは私の肩をぽんと軽くたたいた。

たくさんの人が行き交うロータリーに足をふみだす。私はユウカイ犯から解放されたのだ。まっすぐあごをあげて、日に焼けた足や手を大きくふりまわして、ずんずん歩く。帰ったらお風呂に入ろう。汚くてくさいこの体を、長い時間かけてていねいに磨こう。それからアイスを食べながらテレビを見よう。テレビなんてものすごくひさしぶりだ。ゆうこちゃんに電話をかけてもいい。ゆうこちゃんにだけは、この数日間のことを教えてもいい。⑥足がとまらないように、帰ったらすることをとぎれないように考えながら歩いた。

ロータリーのとぎれ目まで歩いて、角を曲がるとき、ふりかえった。改札から吐きだされたり駅前を行き来する人々の合間に、まだそこに立っているおとうさんが見えた。おとうさんは立ちどまった私に気づいてサングラスを外し、手をふった。

遠くで手をふる小さなおとうさんは、他人みたいだった。まわりにいるそのほかの、赤ん坊を肩車したポロシャツの人や、女の人と腕を組んだ茶色い髪の人や、スーツを着た眼鏡の人と同じように、知らない人となんのかわりもなかった。だけど、人の合間に隠れてはあらわれる、薄汚れたTシャツ姿の、日に焼けた、目尻の下がった男の人は、不思議とぴかりと光って見えた。まるで金色のカプセルにつつまれているように。駅の明かりのせいじゃない、[※2]キヨスクの明かりのせいじゃない。

そして思った。おかあさんがはじめておとうさんを見たとき、きっと、おとうさんはこんなふうに見えたんだろう。たくさん人がいる中で、一人だけ、特別にぴかりと光って。

私は、あそこに立っている、いつまでもばかみたいに手をふり続けている男の人が大好きだと思った。見知らぬ人とかわりなくても。心の中でそのことを確認してから、⑦私は大きく息を吸いこみ、角を曲がった。

（角田光代『[※3]キッドナップ・ツアー』より）

［注］　※1　どもった……「どもる」とは、話し言葉が滑らかに出てこないこと。言い出しの音がすんなり発音できなかったり、同じ音が何度も繰り返されたりする。

※2　キヨスク……JRの駅構内にある売店。

※3　キッドナップ……英語で「誘拐(ゆうかい)」の意。

問一　空欄 A ～ C に入る言葉として最も適切なものをそれぞれ次から選び、記号で答えなさい。ただし、同じ記号を二度以上選ばないこと。

ア、猛烈に　イ、唐突に　ウ、おもむろに　エ、本当に　オ、あっという間に

問二　傍線部①「私はふいと横を向く」とあるが、このときのハルの気持ちはどのようなものか。その説明として最も適切なものを次から選び、記号で答えなさい。

ア、主導権を握って行動しようと自分はのどがかわく程緊張して決意したのに、おとうさんはそれに全く気づかずマイペースで動いてしまうので、無力感とかなしみにおそわれた。

イ、自分がおとうさんと一緒にいるためにユウカイ犯になろうとまで思い詰めているのに、おとうさんはいつも通りののんきな会話をしてくるため、呆れて返事をする気がしない。

ウ、このまま旅を続けたいという思いをどう告げたらいいか自分は必死に考えているのに、おとうさんは帰ることを当然視して日常的な会話をしてくるので、不本意に感じている。

エ、自分がもっと逃げたいと願っていることをおとうさんは承知しているのに、それを受け止めないまま帰る方向でどんどん行動してしまうため、無視によって怒りを表している。

問三　傍線部②「つぎの駅できっとまた人がおりるから」とあるが、このときのおとうさんの気持ちはどのようなものか。その説明として**適切でないもの**を次から一つ選び、記号で答えなさい。

ア、旅はもう続けられないのに聞き分けがないハルに困り、何とかなだめようとしている。

イ、逃げ続けたいというハルの願いの切実さに打たれ、次の駅で話し合おうと思いついた。

ウ、ハルが電車の混雑の中で「逃げよう」などと言ってくるので、人目が気になっている。

エ、旅を続けようというハルの気持ちも分かるだけに、まともに取り合うことができない。

問四　傍線部③「私はきっとろくでもない大人になる」とあるが、このときのハルの気持ちはどのようなものか。その説明として最も適切なものを次から選び、記号で答えなさい。

ア、自己中心的な行動に付き合わされて成長した子どもは親の愛情を知らない被害者であるが、大人になってから同じことを繰り返してしまうと訴えている。

イ、旅に連れ出すのも終わらせるのも親の気分次第で、従う立場である子どもは心身がゆがんでしまうとおどすように言うことで、気づかせようとしている。

ウ、子どもの面倒をろくに見ず、自分たちの身勝手で操るような親にこのまま流され続けていたら、きちんとした大人になれないのではないかと焦っている。

エ、親の都合で振り回しておいて、子どもである自分の気持ちには正面から向き合ってくれない様子に納得できず、一歩もゆずれない位の憤りを覚えている。

問五　傍線部④「そ、そんな考えかたは、お、お、おれはきらいだ」とあるが、

（一）このときのおとうさんの気持ちはどのような体勢となって表れているか。その表現を五字以内で抜き出しなさい。

（二）おとうさんはハルにどのような考えかたをする人になってほしいと望んでいるのか。解答欄の「という考えかた」に続く形で、本文中の表現を用いながら三十字以上四十字以内で答えなさい。ただし、句読点・記号等も字数に含むものとする。

問六　傍線部⑤「私も握りかえした」とあるが、このときのハルの気持ちはどのようなものか。その説明として最も適切なものを次から選び、記号で答えなさい。

ア、わざわざ電車を降りてあるべき考えかたを自分に示してくれた後、この数日間がかけがえのないものだったと二人で確かめ合うことができ、別れ際はせめておとうさんが喜ぶように行動しようと思った。

イ、自分を正そうとして興奮してどもったり、自分との旅の楽しさをえばったように言ったりするおとうさんに接し、不器用で子どもっぽいが悪い人ではなく、親なのだから受け入れていこうと思い始めた。

ウ、電車を乗り換えてまで間違った考えかたを注意してくれたおとうさんは、混みあう車内で他の乗客から自分を気遣うなど、おとうさんなりに自分を愛していると知り、今までの身勝手を許す気になった。

エ、いざというときには本気で叱ってくれたり、自分と過ごした時間を意味のあるものだと捉えているおとうさんの姿を見て、自分は大事にされていないわけではないと分かり、あたたかい気持ちになれた。

問七　傍線部⑥「足がとまらないように、帰ったらすることをとぎれないように考えながら歩いた」とあるが、ハルがこのように行動するのはなぜか。その理由の説明として最も適切なものを次から選び、記号で答えなさい。

ア、おとうさんと別れるのはなごり惜しいけれど、あえてそれを振り切って、もとの生活に意識を持っていこうと努めているから。

イ、おとうさんとの時間は楽しい一方、金銭的な不安があったため、おかあさんとの安定した生活が恋しく思い出されてきたから。

ウ、おとうさんとの旅を満足して終えた今は、もとの日常生活のよさが途端に実感され、やりたいことが次々に浮かんできたから。

エ、おとうさんと過ごした充実感があるからこそ、今度は旅を終えて一人になった解放感を、思いきり味わいたくなっているから。

問八　傍線部⑦「私は大きく息を吸いこみ、角を曲がった」とあるが、このときのハルはおとうさんと一緒に暮らせないにもかかわらず、前向きな気持ちでもとの生活に戻ろうとしている。それはなぜか。おとうさんという存在がハルの中でどのように変化したのかを明らかにしながら、六十字以上八十字以内でわかりやすく説明しなさい。ただし、句読点・記号等も字数に含むものとする。

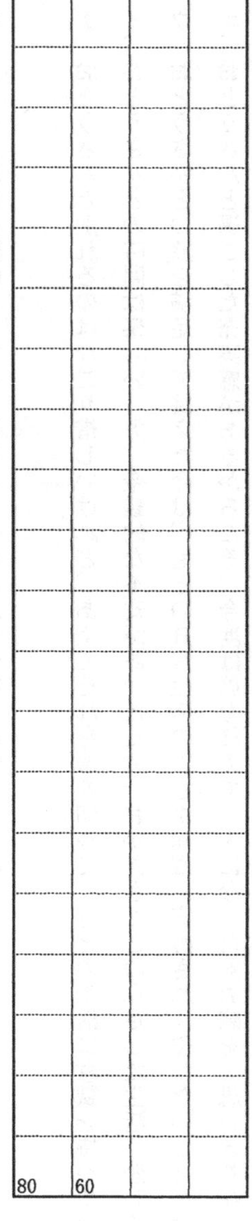

下書き用（必要に応じて使用すること）

2022年度　入学試験問題

算　　　数 （第一回）

（50分）

注意 1. 受験番号・氏名は問題用紙・解答用紙ともに記入すること。

2. 解答はすべて解答用紙に記入すること。

3. 携帯電話など音が出るものは事前に電源を切り，試験の妨(さまた)げにならないようにすること。万一，この注意事項を読んでいる時に電源の切り忘れに気付いたら，必ず監督者に申し出ること。

4. 定規，分度器，コンパスは使用しないこと。

5. 文字や記号・数字ははっきり書くこと。

6. 計算は問題用紙の余白を利用して行うこと。

7. 必要ならば，円周率は3.14を用いること。

8. 図は必ずしも正しいとは限らない。

受験番号 | | | | | 番

氏　　名 | |

1 次の問に答えなさい。(2), (3)は $\square$ にあてはまる数を求めなさい。

(1) $(34.5\times8+103.5\times2-3.45\times30)\div\frac{11}{10}$を計算しなさい。

(2) $\left(3.75-\frac{5}{16}\right)\div\frac{\square}{2}+4\frac{3}{8}=5$

(3) 分数$\frac{22}{7}$を小数で表したとき，小数第2022位の数字は $\square$ です。

考え方も書きなさい。

2 次の問に答えなさい。

(1) 「水」と「3%の食塩水」と「7%の食塩水」の3つの液体を混ぜて，5%の食塩水を作ります。準備した液体の量を比べると「7%の食塩水」は「水」の4.5倍でした。このとき，「3%の食塩水」は「水」の何倍の量でしたか。

(2) A君はB君より250円多くお金を持っています。A君はさらにおこづかいを240円もらい，B君は110円のお菓子を買ったため，A君とB君の持っているお金の比は11 : 5となりました。はじめにA君が持っていたお金は何円ですか。

(3) 面積が60cm²で，ADとBCは平行である台形ABCDがあります。AD : BC＝1 : 2で，点EはBCを2等分する点，点F，Gは辺CDを3等分する点です。このとき，斜線部分の四角形の面積は何cm²ですか。

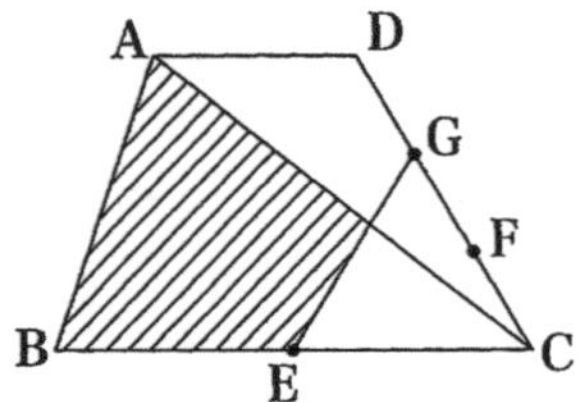

(4) 1から6までの数字が書かれた大小2つのサイコロをふって，大きいサイコロの目を十の位の数，小さいサイコロの目を一の位の数として，2けたの整数を作ります。このとき，作ることができる整数のうち7で割り切れる整数は何通りありますか。

(5) 5円玉と10円玉と50円玉があわせて30枚あり，その合計金額は680円です。10円玉の枚数は5円玉の枚数の4倍であるとき，10円玉は何枚ありますか。

(6) 記号○は，2つの整数の和を2回かけあわせてできる数を表し，記号□は，2つの整数の積を2倍した数を表すものとします。
例えば，1○2＝9，3○5＝64，1□3＝6，2□8＝32です。
このとき，(5○7)□(4□3) を求めなさい。

3 白いタイルと黒いタイルがたくさんあり，図のように1番目，2番目，…と一定の法則で2種類のタイルを並べていきます。例えば，4番目には白いタイルが6枚，黒いタイルが4枚の合計10枚のタイルがあります。次の問に答えなさい。

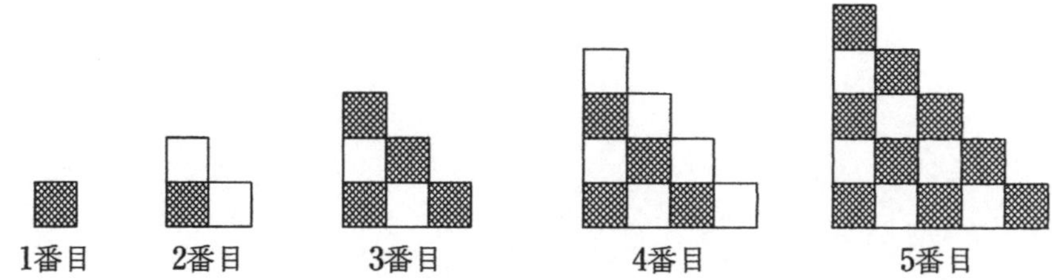

(1) 99番目の白いタイルと黒いタイルの合計の枚数は何枚ですか。

(2) 131番目の白いタイルの枚数は何枚ですか。

(3) 白いタイルと黒いタイルの合計が630枚になるのは何番目ですか。

4 全長87.6kmの道のりをA君とB君が自転車で走ったところ，2人それぞれの状況は以下の通りでした。2人それぞれの自転車で走っている時の速さは一定です。次の問に答えなさい。

①A君，B君は同時に出発しました。
②A君は途中で大きなトラブルもなく，3時間39分で到着しました。
③B君はスタートからずっとA君と同じ速さで並んで走っていましたが，スタート地点から9割進んだ地点で自転車がパンクをしてしまい修理をしました。その後，それまでの速さの1.2倍の速さで走りましたが，A君より1分遅れて到着しました。

(1) A君の自転車の速さは，分速何mですか。

(2) B君が自転車のパンク修理にかかった時間は何秒ですか。

5 図のように，1辺4cmの正方形ABCDと，点Cを中心とし，BCを半径とする扇形があります。正方形ABCDの各辺を2等分する点をE，F，G，Hとし，EG，HFと扇形の交点をそれぞれP，Qとします。次の問に答えなさい。

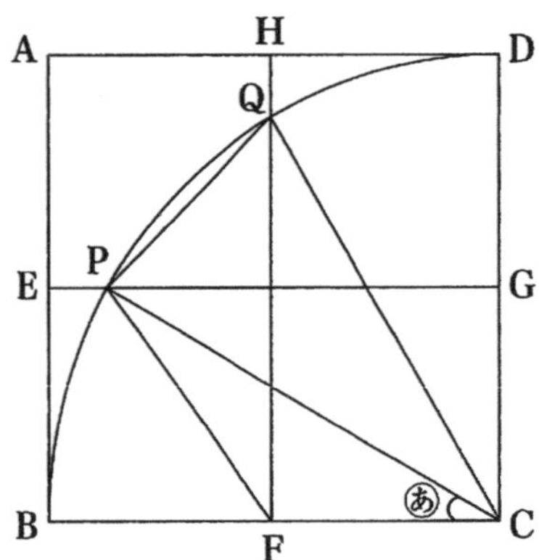

(1) 三角形PFCの面積は何cm^2ですか。

(2) ㋐の角の大きさは何度ですか。

(3) 三角形PCQの面積は何cm^2ですか。

6 底面が1辺6cmの正方形で，高さ18cmの直方体があります。この直方体に対して，図1のようにCDの長さを$\frac{9}{2}$cmとし，頂点をA，底面をBCDとする立体Xを考えます。この立体Xは，図2のように底面，側面が三角形によってできる三角すいとよばれる立体で，その体積は「底面積×高さ÷3」で求めることができます。次の問に答えなさい。

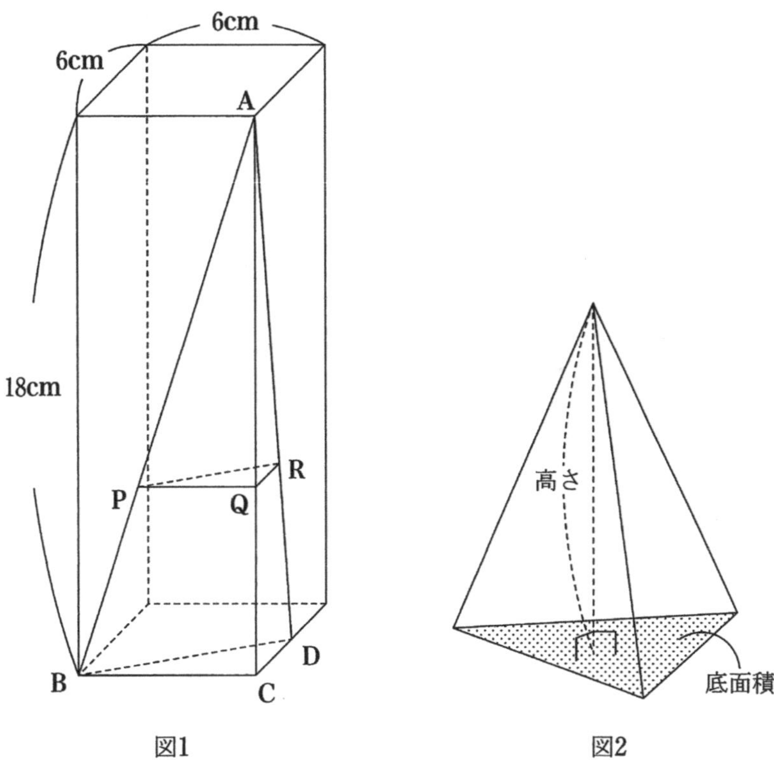

図1　　図2

(1) CQの長さが6cmとなるように底面BCDと平行な面PQRで立体Xを切断しました。切断した面PQRの面積は何cm^2ですか。

(2) (1)のように立体Xを面PQRで切断して2つの立体に分けたとき，Aを含まない方の立体の体積は何cm^3ですか。考え方も書きなさい。

2022年度　入学試験問題

理　　科　（第一回）

(40分)

注意　1．受験番号・氏名は問題用紙・解答用紙ともに記入すること。

2．解答はすべて解答用紙に記入すること。

3．携帯電話など音が出るものは事前に電源を切り、試験の妨げにならないようにすること。万一、この注意事項を読んでいるときに電源の切り忘れに気づいたら、必ず監督者に申し出ること。

4．文字や記号・数字は、はっきりと書くこと。

5．計算は問題用紙の余白を利用すること。

6．選択問題で答えが複数ある場合は、すべて解答用紙に書くこと。

受験番号 | | | | | 番

氏　　名 | |

1. 図１は消化器官を模式的に表したものである。以下の問いに答えなさい。

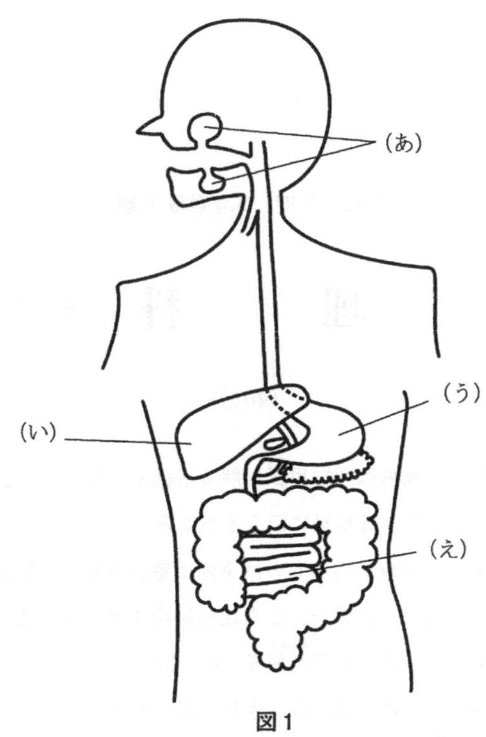

図１

問１　図１の（あ）～（え）の器官から分泌される消化酵素によって分解されるものの組み合わせとして正しいものを、以下の（ア）～（カ）から１つ選び記号で答えなさい。

	(あ)	(い)	(う)	(え)
(ア)	たんぱく質	消化酵素を分泌しない	でんぷん	ペプトン
(イ)	でんぷん	消化酵素を分泌しない	たんぱく質	麦芽糖
(ウ)	たんぱく質	消化酵素を分泌しない	でんぷん	麦芽糖
(エ)	でんぷん	脂肪	たんぱく質	麦芽糖
(オ)	たんぱく質	脂肪	でんぷん	ペプトン
(カ)	でんぷん	脂肪	たんぱく質	ペプトン

問２　２種類の消化酵素を使い、以下のような実験を行った。

酵素実験：

試験管Ａ～Ｆを用意して、それぞれにでんぷんとたんぱく質の混合液を入れ、その状態で、試験管Ａ、Ｄは０℃に、試験管Ｂ、Ｅは40℃に、試験管Ｃ、Ｆは80℃にした。さらに試験管Ａ、Ｂ、Ｃには、(あ)から分泌された消化酵素を、試験管Ｄ、Ｅ、Ｆには（う）から分泌された消化酵素を入れて30分間反応させた。その後、すべての試験管にヨウ素液を加えたところ、色の変化が起きなかった試験管は１本だけであった。

（1）ヨウ素液と反応して色の変化を引き起こした物質は何か。以下の（ア）～（オ）から１つ選び記号で答えなさい。

（ア）でんぷん　　（イ）ペプトン　　（ウ）たんぱく質　　（エ）麦芽糖　　（オ）脂肪

（2）酵素実験で用いた試験管Ａ、Ｃ、Ｄ、Ｆを実験後40℃にしたところ、試験管Ａ、Ｄでは液体の色の変化が見られるものがあったが、試験管Ｃ、Ｆでは液体の色の変化が見られなかった。この結果から、温度変化に対する酵素の特徴(とくちょう)を答えなさい。

問３　海底の熱水噴出孔(ねっすいふんしゅつこう)という場所では、水温が100℃以上になる場合もあるが、その周囲には多くの生物が生息している。このような高温の環境(かんきょう)を好む生物がもつ酵素のうち、図１の(あ)と(う)の器官から分泌される酵素と同じはたらきをもつ酵素を使い、問２の酵素実験と同じように実験を行った。すべての試験管にヨウ素液を加えたところ、色の変化が起きなかった試験管は２本だけであった。色の変化が起きなかった試験管をＡ～Ｆから２つ選び記号で答えなさい。

問４　図１の（え）の器官は、効率よく養分を吸収するために構造に特徴がある。どのような特徴があるのか説明しなさい。

2. 次の文章を読んで、以下の問いに答えなさい。

海や川などの水面、あるいは地面からは、A. 水が蒸発して（　①　）となり、空気中に出ていきます。このため、空気中には目に見えない（　①　）がふくまれています。地表付近にある（　①　）をふくむ空気のかたまりが上しょうすると、上空にいくほど気圧が低くなるため、上しょうした空気のかたまりは体積が（　②　）くなり、温度が下がります。B.（　①　）は、空気の温度が下がるほど空気中にふくまれる限界の量が少なくなるため、空気のかたまりの温度がある温度より下がると、空気中にふくみきれない（　①　）があつまり細かい（　③　）のつぶとなり、目に見えるようになります。さらに上しょうすると、温度はさらに下がり、氷のつぶもふくまれるようになります。このようにしてC.（　③　）や氷のつぶが上空にうかんでいるものが雲です。

雲はその形や見られる高さによっていくつかの種類に分けられています。このうち、大気の状態が不安定なときに発生しやすく、低い空から上空にまで発達するようなものを積乱雲といいます。積乱雲が発生すると、短時間に強い雨がふり、強い風やかみなりをともなうこともあります。またときにはD. 氷のかたまりがふってくることもあります。

問１　（　①　）～（　③　）に適切な語句を入れなさい。

問２　下線部Aと同じ蒸発のしかたをする現象を、以下の（ア）～（エ）からすべて選び記号で答えなさい。

（ア）洗たく物を日かげの物干しざおに干したところ、やがて半日ほどでかわいた。

（イ）道路に水をまいたところ、やがて水はかわいてなくなった。

（ウ）なべに水を入れて火のついたコンロにかけたところ、やがて水の量が減った。

（エ）かんそうした部屋に水を入れたコップをおいたところ、やがて水の量が減った。

問３　下線部Bの性質から説明できる現象を、以下の（ア）～（エ）からすべて選び記号で答えなさい。

（ア）晴れの日であったが、同じ気温のくもりの日より空気がしめっていた。

（イ）冬に暖房（だんぼう）を入れたところ、外に面した窓ガラスの内側がくもった。

（ウ）水を入れたコップに氷を入れたところ、コップの表面がくもった。

（エ）冬であったが、同じ空気のしめりぐあいの夏より洗たく物がかわかなかった。

問４　下線部Cの説明として正しいものを、以下の（ア）～（エ）からすべて選び記号で答えなさい。

（ア）雲をつくるつぶどうしがあつまり大きくなると、落下しはじめるものもある。

（イ）空気の上しょうのいきおいがつよいほど、雲は大きくはったつする。

（ウ）大きい雲のつぶが地上まで落下したものが、雨や雪である。

（エ）雲をつくるつぶには重さがないため、上空にうかんでいることができる。

問５　下線部Dのように、2021年７月11日午後、東京都内の一部地域で氷のかたまりがふりました。この氷のかたまりは直径が5mm以上あり、なかには500円玉と同じくらいの大きさのものがふったところもありました。このような氷のかたまりを何というか答えなさい。

3. ７種類の液体【アルコール水・アンモニア水・塩酸・砂糖水・蒸留水・水酸化ナトリウム水よう液・ホウ酸水】のいずれかが入ったビーカー①～⑦について、以下のような観察・実験をしました。以下の問いに答えなさい。ただし、アルコール水はエタノールを使用しました。

【観察１】液体の色はすべて無色であった。

【観察２】においについて確かめたところ、ビーカー⑦の液体から刺激臭（しげきしゅう）がした。ビーカー①と④の液体からもにおいがした。その他は無臭（むしゅう）であった。

【実験３】リトマス紙で各液体について色の変化を調べたところ、以下のようになった。

・赤色リトマス紙を変色させたもの　ビーカー⑥と⑦

・青色リトマス紙を変色させたもの　ビーカー①と②

【実験４】ビーカー①の液体５mLに、ビーカー⑥の液体を駒込（こまごめ）ピペットにとり、少量ずつ入れたところ、25mL入れたときにその混合液はちょうど中性となった。

【実験５】各液体を少量ずつ蒸発皿にとり、水分がなくなるまで熱した後、蒸発皿を観察したところ、以下のようになった。

・何も残っていなかったもの　ビーカー①、④、⑤、⑦

・白い固体が残ったもの　ビーカー②、⑥

・黒くこげたもの　ビーカー③

問１　ビーカー②、③それぞれに緑色に調整したBTBよう液を加えた。そのときの色をそれぞれ答えなさい。

問２　ビーカー④、⑦に入っている液体の名まえをそれぞれ答えなさい。

問３　ビーカー①の液体にとけている物質の名まえを答えなさい。

問４　ビーカー①の液体５mLに、ビーカー⑤の液体を10mL加えよく混ぜた。そこに、【実験４】と同じ方法でビーカー⑥の液体を駒込ピペットにとり、少量ずつ入れた。このとき、その混合液が中性となるのは、ビーカー⑥の液体を何mL入れたときとなるか答えなさい。

問５　ビーカー⑥の液体と混合させて中性にできる液体を、以下の（ア）～（オ）からすべて選び記号で答えなさい。

（ア）酢（す）　（イ）食塩水　（ウ）炭酸水　（エ）石灰水　（オ）レモン果汁（かじゅう）

問６　重そう水を加熱したところ、気体が発生した。その気体をあるよう液に通じさせるとよう液が白くにごった。あるよう液は次のどれか、以下の（ア）～（オ）から１つ選び記号で答えなさい。

（ア）酢　（イ）食塩水　（ウ）炭酸水　（エ）石灰水　（オ）レモン果汁

2022(R4) 法政大学第二中
K 教英出版

4. 図１のような重さの無視できる金網(かなあみ)があります。各マスの形は正方形です。その金網の中心（E・5）をひもでつり下げたところ、水平になりました。以下の問いに答えなさい。ただし、おもりをつるすことができるのは、金網が交差しているところのみとします。

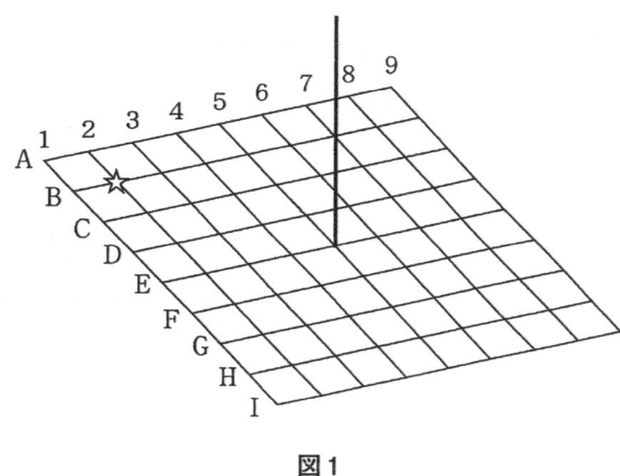

図１

金網上の位置のあらわし方
☆印の位置は（B・2）とあらわします。

問１　（E・2）に40gのおもりをつるしました。金網を水平にたもつためには（E・7）に何gのおもりをつるせばよいか答えなさい。

問２　（A・1）に80gのおもりをつるし、（G・7）に70gのおもりをつるしました。60gのおもりをある位置につるしたところ、金網は水平をたもちました。ある位置とはどこか答えなさい。

問３　60gと90gのおもり２つを（A・1）～（I・9）に別々につり下げたときに金網が水平に保てる組み合わせは何通りあるか答えなさい。

5. 下の図は、直方体のガラスを置き、そのうしろに白色と黒色の鉛筆(えんぴつ)を置いた様子を模式的に表したものです。以下の問いに答えなさい。

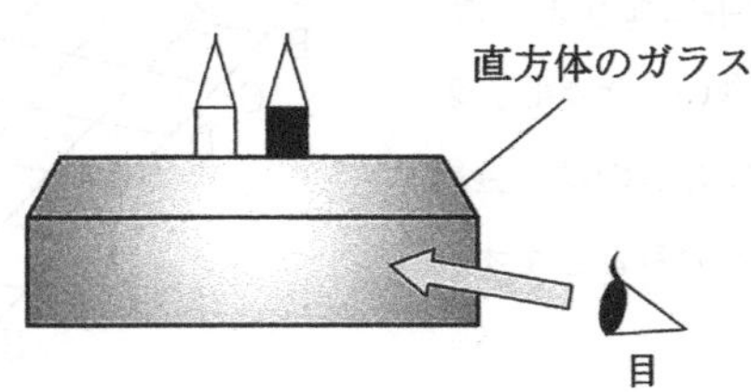

問１　図の矢印の方向からそれぞれの鉛筆を見たとき、２本の鉛筆はどのように見えますか。以下の（ア）～（カ）からもっとも適切なものを１つ選び記号で答えなさい。

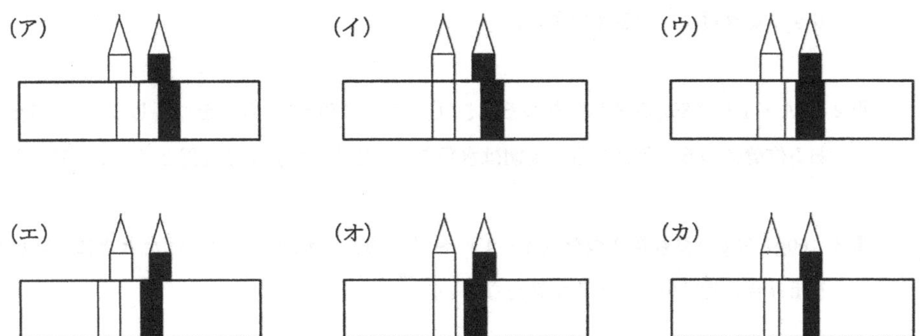

問２　問１の光の現象ともっとも関係が深いものを、以下の（ア）～（エ）から１つ選び記号で答えなさい。

（ア）デパートのショーウィンドウに自分のすがたが映って見えた。

（イ）光ファイバーによって、大量の情報を送ることができるようになった。

（ウ）プールに入ると、見た目以上に深かった。

（エ）夜空に月がかがやいて見えた。

6. 次の文章は、2020年12月におこったある天文現象を説明したものです。これについて、以下の問いに答えなさい。

2020年12月21日から22日にかけて、太陽系の惑星(わくせい)で内側の軌道(きどう)を回る（　①　）と外側の軌道を回る（　②　）が大接近し、日本では日の入り直後の南西の低い空に並んで見えました。この２日間における接近の角度は約（　A　）度となり、約（　B　）年ぶりの近さとなりました。次におなじくらいの角度にまで接近するのは約（　C　）年後となります。

（　①　）は太陽のまわりを約12年で１周し、（　②　）は同じく約30年で１周します。そのため（　①　）は約（　③　）年ごとに（　②　）に追いつくこととなり、このとき２つの惑星は太陽から見て同じ方向に並びます（地球から見た場合、追いつく時期や方向は多少ずれます）。ただし２つの惑星の軌道の傾(かたむ)きがわずかにずれているため、同じ方向に並んでも今回ほど接近して見えるとはかぎりません。今回の大接近はとてもめずらしい現象だったといえるでしょう。

問１　（　①　）、（　②　）に適切な惑星の名称を入れなさい。

問２　（　A　）、（　B　）、（　C　）にあてはまる数値を次の（ア）～（ツ）から1つずつ選び記号で答えなさい。

（ア）0.0001　（イ）0.001　（ウ）0.01　（エ）0.1　（オ）1　（カ）10
（キ）30　（ク）60　（ケ）90　（コ）120　（サ）150　（シ）180
（ス）200　（セ）400　（ソ）600　（タ）800　（チ）1000　（ツ）1200

問３　（　③　）にあてはまる数値を整数で求めなさい。

2022年度　入学試験問題

社　　会　（第一回）

（40分）

注意　1．受験番号・氏名は、問題用紙・解答用紙ともに記入すること。

2．解答はすべて解答用紙に記入すること。

3．携帯電話など音が出るものは事前に電源を切り、試験の妨（さまた）げにならないようにすること。

万一、この注意事項を読んでいる時に電源の切り忘れに気がついたら、必ず監督者に申し出ること。

受験番号					番

氏　　名	

1　次の【A】～【J】の2020年に起きたできごとをみて、あとの問いに答えなさい。

	日付	できごと
【A】	1月23日	新型コロナウイルスの流行により、中国の湖北省武漢市でロックダウンが行われ、その後世界各地でも実施され、経済活動が大きく混乱した。
【B】	1月31日	イギリスがEUから離脱した。EUからの加盟国離脱は初めてで、加盟国は27カ国に減った。
【C】	3月11日	新型コロナの感染拡大で、日本高等学校野球連盟は選抜高校野球大会の中止を発表した。その後、夏の全国高校野球選手権大会も中止された。
【D】	3月11日	世界保健機関は、新型コロナウイルスについて「パンデミックとみなすことができる」と発表した。
【E】	3月24日	新型コロナウイルスの影響により2020年夏に行われる予定だった東京五輪・パラリンピックの１年延期が決まった。
【F】	3月29日	コメディアンの志村けんさんが、新型コロナウイルスによる肺炎で死去した。
【G】	4月７日	新型コロナの感染者急増を受け、政府は東京など７都府県を対象に緊急事態宣言を発出し、４月16日には対象を全国に拡大した。
【H】	7月４日	梅雨前線が停滞した影響で、九州を中心に記録的な豪雨となり、球磨川などがはんらんした。
【I】	7月16日	将棋の藤井聡太七段が17歳11カ月で「棋聖」を奪取し、タイトル獲得の史上最年少記録を約30年ぶりに更新した。
【J】	12月６日	日本の小惑星探査機「はやぶさ２」から分離されたカプセルが、豪州の砂漠に着陸した。

（日本国勢図会2021/22から作成）

問１　【A】に関連して、日本国内の第３次産業について次のグラフ【図１】と【図２】の①～③の業種の正しい組み合わせを（あ）～（え）から一つ選び、記号で答えなさい。

【図１】第３次産業における業種ごとの従業者数の割合（2016年）

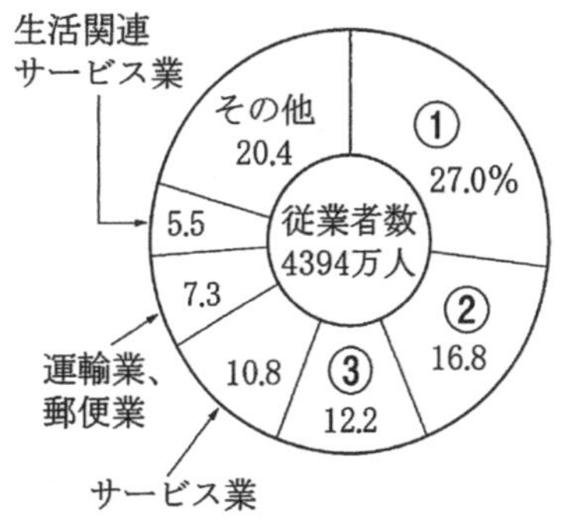

【図２】2020年の第３次産業活動指数（2015年平均を100）

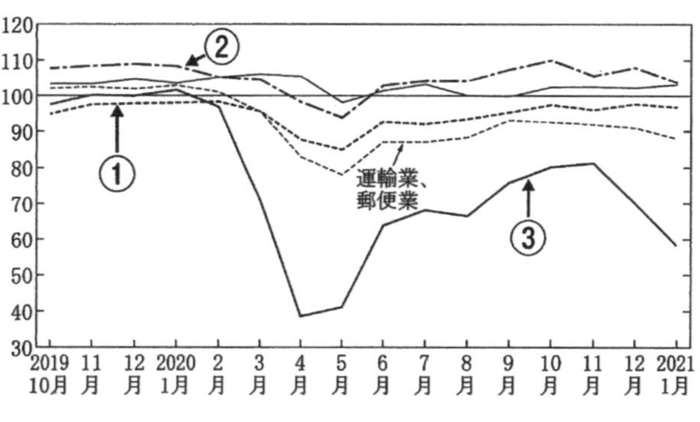

（日本国勢図会2021/22から作成）

（あ）①宿泊業・飲食サービス業　②卸売業・小売業　③情報通信業

（い）①情報通信業　②卸売業・小売業　③宿泊業・飲食サービス業

（う）①卸売業・小売業　②医療・福祉　③宿泊業・飲食サービス業

（え）①医療・福祉　②宿泊業・飲食サービス業　③卸売業・小売業

問２　【Ｂ】に関連して、次のグラフは、日本と「EU」・「アメリカ」・「中国」・「ロシア」との2020年の貿易における、それぞれからの日本の輸入総額に対する各商品の比率（%）をあらわしたものである。日本とEUとの貿易を表すグラフを（あ）～（え）から一つ選び、記号で答えなさい。ただし、イギリスは2020年の１月分のみの計上となっている。

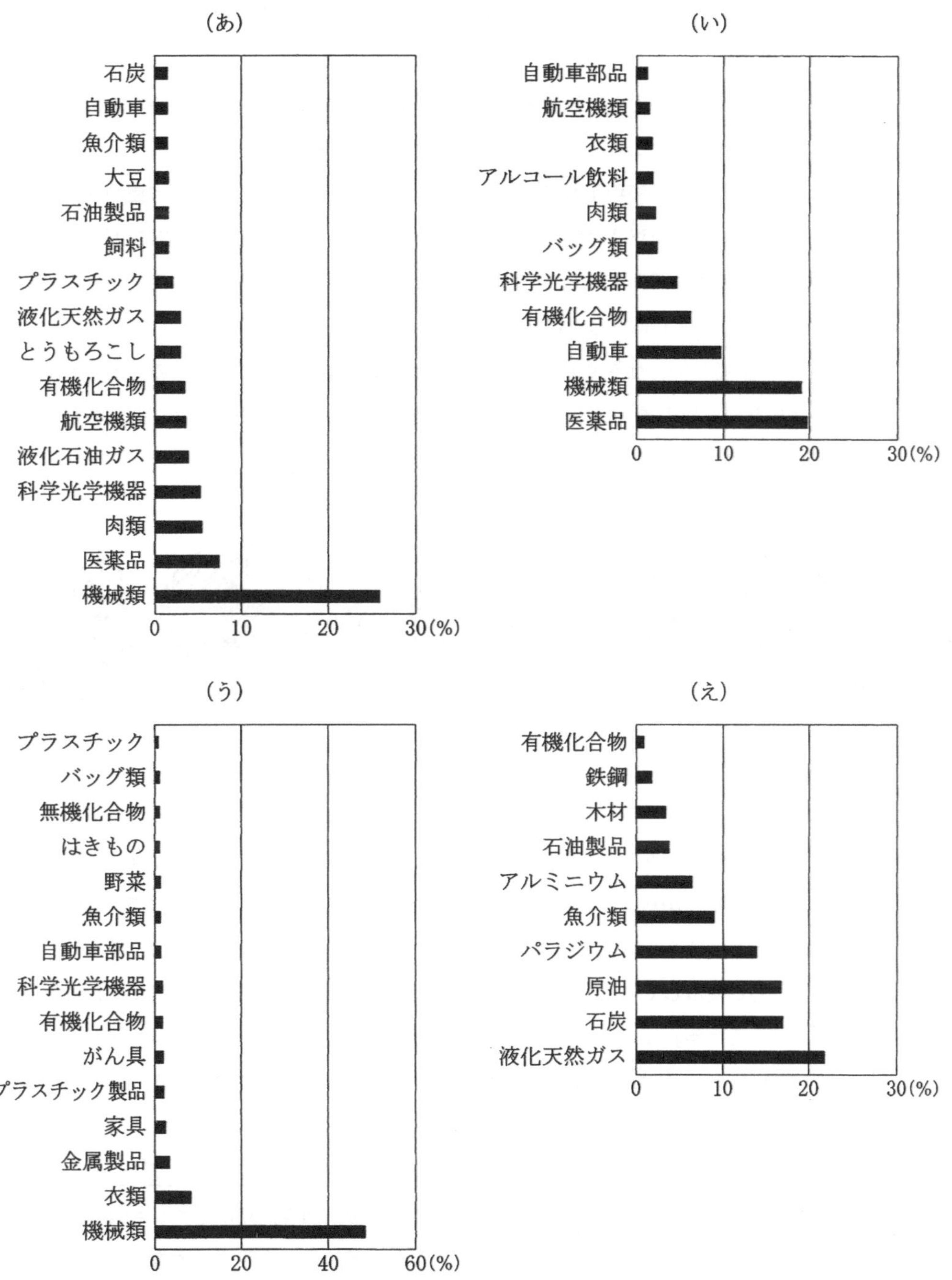

（日本国勢図会2021/22から作成）

問3 【C】に関連して、この野球大会が開催される球場がある県に関わる内容としてまちがっているものを（あ）～（お）から一つ選び、記号で答えなさい。

（あ）瀬戸大橋は1998年に開通した世界最長のつり橋で、本州四国連絡橋の３つのルートのうち最も交通量が多い。

（い）西日本を代表する貿易港があり、ポートアイランドや六甲アイランドといった人工島がつくられた。

（う）新幹線の駅弁として販売された「ひっぱりだこ飯」は、明石海峡の真だこが食材として使われ、たこつぼを模した容器が使用されている。

（え）野島断層は1995年１月17日未明、県南部を震源として発生した地震の震源地となった活断層で、淡路島北部の北淡町から一宮町にかけて断続的に地表に現れる。

（お）清酒の生産が日本一で、「灘（なだ）」とよばれる産地がよく知られ、六甲山地から流れる地下水の「宮水」は酒造りに適している。

問4 【D】に関連して、世界保健機関は1948年４月７日に、すべての人々の健康を増進し保護するため互いに他の国々と協力する目的で設立された。世界保健機関の正しいロゴマークを（あ）～（お）から一つ選び、記号で答えなさい。

（あ）　（い）　（う）　（え）　（お）

問5 【E】に関連して、次の文を読み、あとの（１）と（２）に答えなさい。

「４年に１回のうるう年に夏季オリンピックが開催される」と考える人が多いが、厳密には４年周期で必ずうるう年があるわけではない。太陽の公転周期、例えば「太陽が夏至の日に南中する地点から、次の夏至の日に南中する地点まで戻ってくるまでの周期」は365.2422日であるが、１年を365日で計算した場合、0.2422の誤差が生じる。したがって、現在、わたしたちが使用している①グレゴリオ暦では、まず、西暦年数が４で割り切れる年は原則として「うるう年」にする。例外として、西暦年数が100で割り切れる年は「平年（うるう年ではない年）」とする。さらにその例外として、西暦年数が400で割り切れる年は「うるう年」にすると決めている。

また、②地球は公転とともに自転しているため、自転により経度15度につき約１時間の時差が生じる。ただし、自転も時代により誤差があり、自転周期は必ずしも24時間ちょうどではない。そのため、その誤差が大きくなると「うるう秒」を設定し調整している。

（1）下線①について、「うるう年」ではない年を（あ）～（え）からすべて選び、記号で答えなさい。

（あ）2000年　　（い）2021年　　（う）2100年　　（え）2200年

（2）下線②について、サンフランシスコ国際空港１月25日午後11時50分（サンフランシスコ現地時間）発、香港国際空港１月27日午前７時40分（香港現地時間）着の飛行機のフライト時間を答えなさい。サンフランシスコ国際空港は西経105度、香港国際空港は東経120度で計算すること。ただし、１日は24時間として計算し、サマータイムは考えないものとする。

問６　【Ｆ】に関連して、志村けんさんの銅像（「志村けん像」）がたてられた東村山市の地図【図３】の説明文として正しいものを（あ）～（え）からすべて選び、記号で答えなさい。

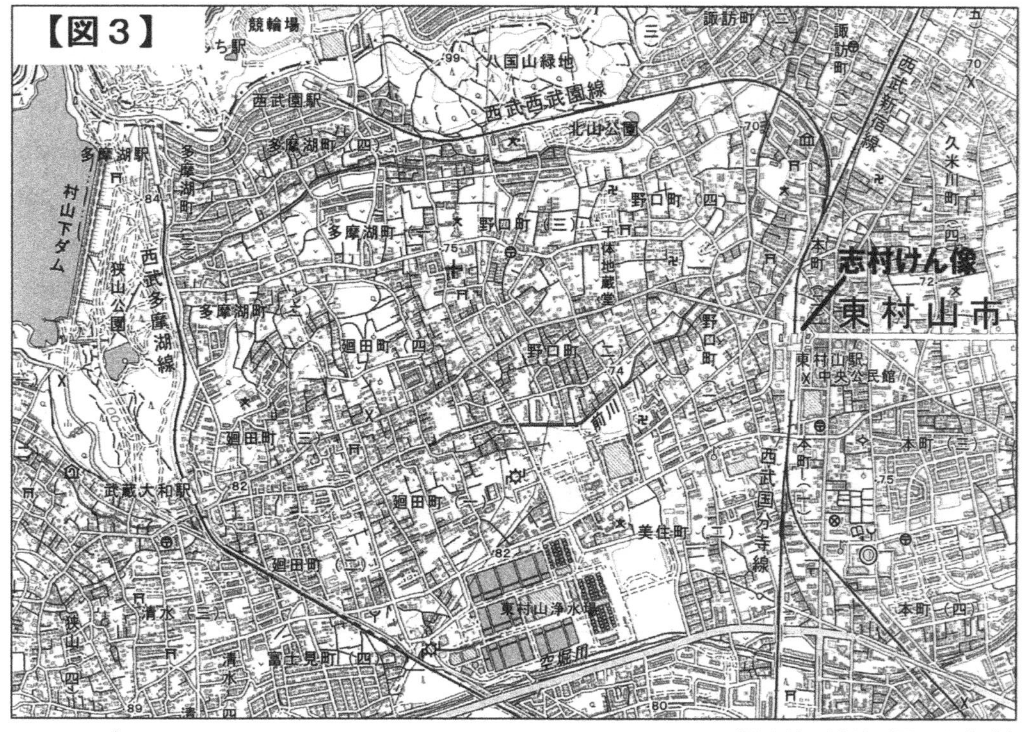

（国土地理院地形図から作成）

（あ）「志村けん像」から南の方角に進むと図書館があり、「志村けん像」から西武新宿線の線路を越えて北の方角に進むと博物館がある。

（い）東村山駅の西を流れる前川は村山下ダムに流れ込んでいる。

（う）東村山浄水場の北側と西側に発電所が１カ所ずつあり、武蔵大和駅の西側に老人ホームが１カ所ある。

（え）「志村けん像」から東村山市役所まで直線距離で750mあるが、縮尺（しゅくしゃく）が25000分の１の地図の場合には地図上では3.5cmとして表現される。

問７　【Ｇ】に関連して、次の文を読み、あとの（１）と（２）に答えなさい。

宣言の対象となったのは東京都、神奈川県、千葉県、埼玉県、大阪府、兵庫県、福岡県の７都府県であるが、その中で2020年の段階でJRの「新幹線」が通っていない都府県は（　①　）県のみ、他は各路線間の重複部分はあるものの、東海道線は東京駅から新大阪駅、山陽線は新大阪駅から博多駅、九州線は博多駅から（　②　）駅、北陸線は東京駅から（　③　）駅、上越線は東京駅から新潟駅、東北線は東京駅から新青森駅となっており、これら新幹線の路線上は（　①　）県を除く６都府県が含まれ、Ａ 日本の旅客輸送の大動脈であるといえる。

（１）（　①　）～（　③　）にあてはまることばの正しい組み合わせを次の（あ）～（か）から一つ選び、記号で答えなさい。

（あ）①千葉　②鹿児島中央　③金沢　　（い）①埼玉　②熊本　③七尾
（う）①兵庫　②新八代　③富山　　（え）①千葉　②鹿児島中央　③七尾
（お）①埼玉　②新八代　③金沢　　（か）①兵庫　②熊本　③富山

（２）下線Ａに関連して、次の「新幹線の路線別（旅客）輸送量（2019）」の表中①～④にあてはまる新幹線の路線名の正しい組み合わせを以下の（あ）～（え）から一つ選び、記号で答えなさい。

「新幹線の路線別（旅客）輸送量（2019）」　※単位：百万人キロ（乗車人数×移動距離）

路線	2000年	2005年	2010年	2015年	2018年	2019年
東海道線	39670	43777	43741	52167	56277	54027
①	13805	14849	15547	18960	19923	19325
②	12297	13484	12594	15536	16225	15490
③	4575	4590	4303	4913	5125	4825
北陸線	806	800	753	3888	3808	3495
④	―	409	493	1919	2016	1917
北海道線	―	―	―	14	266	253

（日本国勢図会2021/22から作成）

（あ）①山陽線　②上越線　③九州線　④東北線
（い）①上越線　②山陽線　③東北線　④九州線
（う）①山陽線　②東北線　③上越線　④九州線
（え）①東北線　②山陽線　③上越線　④九州線

問８　【H】に関連して、球磨川流域の【図４】をみて、あとの（１）～（３）に答えなさい。

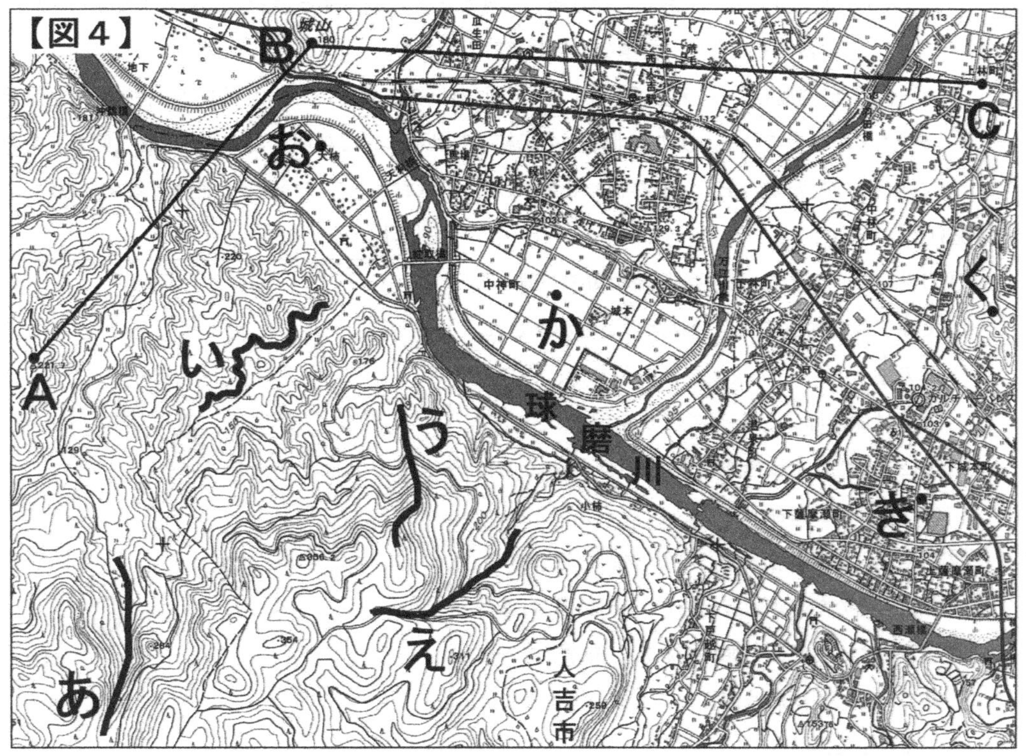

（国土地理院地形図から作成）

（１）地図中の線A－B－Cの断面図として正しい図を（あ）～（え）から一つ選び、記号で答えなさい。ただし、断面図は高さの表示を実際の10倍で表している。

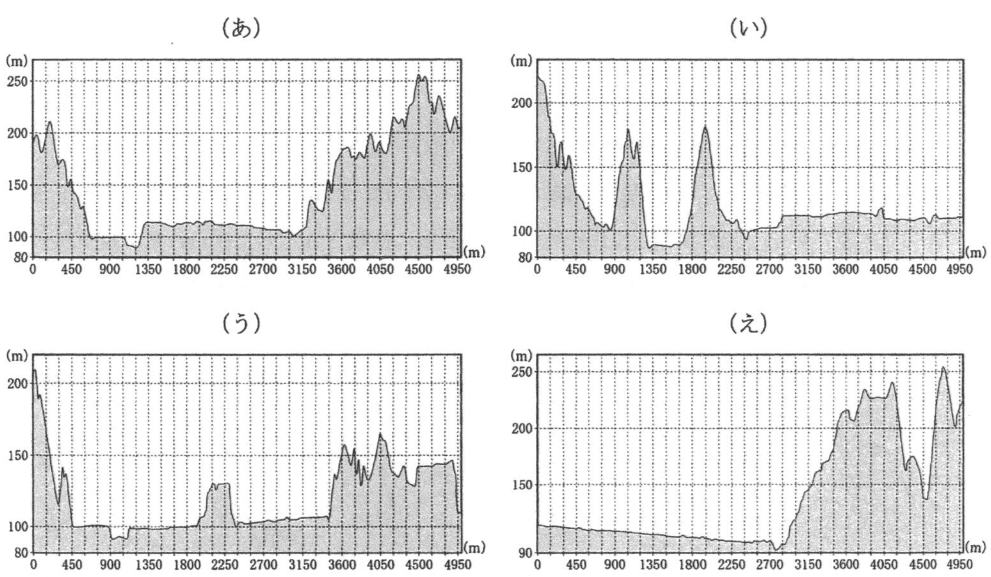

（2）地図中の線**あ**～**え**から「尾根線」をすべて選び、記号で答えなさい。

（3）球磨川でもっとも大きな水害が起きたときに浸水する場所（想定最大規模）を地図中の**お**～**く**からすべて選び、記号で答えなさい。

問9　【Ｉ】に関連して、「天童将棋駒」といわれる伝統工芸品がある山形県は、将棋駒の生産量日本一になっている。次の東北地方の伝統工芸品について説明した文①～③と【図５】中のＡ～Ｅの生産地の正しい組み合わせを、(あ)～(お)から一つ選び、記号で答えなさい。

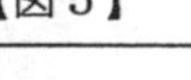
【図５】

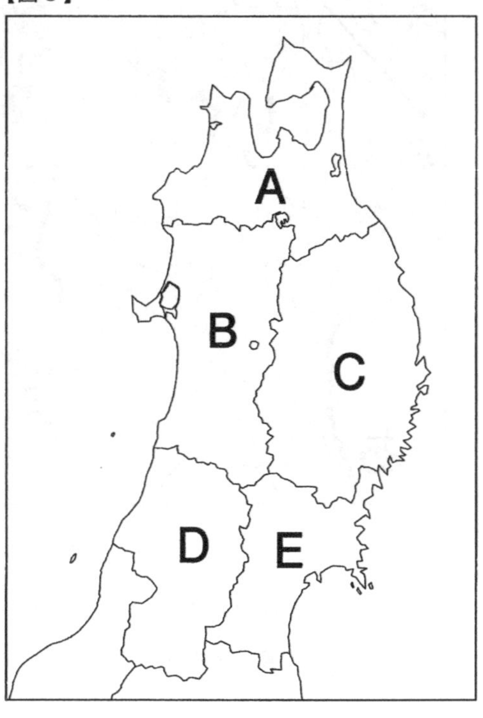

【説明文】

①17世紀の終わり頃、藩主が経済政策の一環として漆(うるし)工芸の生産に力をいれたのが起源とされ、漆の塗(ぬ)り方により様々な技法があり、中でも唐塗(からぬり)は漆に卵白を混ぜて粘りを出し、ヘラで凹凸(おうとつ)をつけた上に色漆を重ねてつくられる特徴的な模様の工芸品である。

②11世紀、藤原清衡が近江の鋳物師(いものし)を呼び寄せ、生産を始めたのが起源とされ、16世紀には藩の政策によって生産が開始された。重厚で丈夫な鉄で作られた鉄瓶(てつびん)は何世代にも渡って使うことができる工芸品として人気がある。

③17世紀後半にこの地の城主佐竹西家のすすめにより、下級武士の副業として発展した。弾力性に富み美しい木目を特徴とする杉を薄くはいで、熱湯につけて柔らかくして曲げ加工をほどこし、山桜の皮でぬい止めをする。

(あ) ①B　②C　③E　　(い) ①A　②E　③D　　(う) ①B　②D　③A

(え) ①A　②C　③B　　(お) ①D　②C　③B

問10　【Ｊ】に関連して、小惑星探査機「はやぶさ２」は、2014年12月３日に種子島宇宙センター大型ロケット発射場からH-IIAロケット26号機に搭載され打ち上げられた。種子島の白地図を(あ)～(お)から一つ選び、記号で答えなさい。ただし、白地図の縮尺はそれぞれ編集されている。

(あ)

(い)

(う)

(え)

(お)
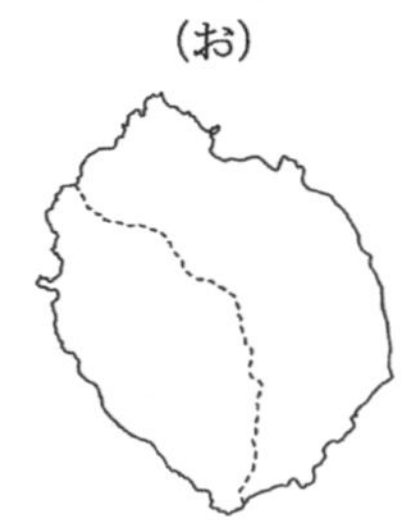

二〇二二年度入学試験

国語解答用紙

（第一回）

受験番号　　番

氏名

一

問一 ① ② ③ ④ る ⑤ く

問二 ① いる ② らかな ③ ④

問三 ① ② ③

問四 ① ② ③

二

問一

問二

問三 b c

問四

問五 はじめ おわり だから

問六

問七

問八

問九

		（答）
2	(1)	倍
	(2)	円
	(3)	cm^2
	(4)	通り
	(5)	枚
	(6)	

6	(1)	cm^2
	(2)	（答） cm^3

※100点満点
（配点非公表）

得　点	

4	問1	g	問2	（　・　）	問3	通り

5	問1		問2	

6	問1	①		②		
	問2	A	B	C	問3	

※75点満点
（配点非公表）

点

K 教英出版

	問 3											
5	問 1		問 2		問 3		問 4		問 5			

6	問 1	(1)		(2)		(3)			
	問 2		問 3						
	問 4	(1)		(2)		(3)			
	問 5								
7	問 1		問 2						
	問 3	(1)		(2)					
		(3)							

※75点満点
（配点非公表）

点

2022年度入学試験

社会解答用紙

（第一回）　受験番号 |　|　|　|　| 番　氏名 |　|

1	問1		問2		問3	
	問4		問5	（1）		（2）	時間　分
	問6		問7	（1）		（2）	
	問8	（1）		（2）		（3）	
	問9		問10				

2	問1		問2					
	問3							

3	問1	（1）		（2）	
	問2		問3		

2022年度入学試験

理科解答用紙

（第一回）　受験番号 |　|　|　|　| 番　氏名

1	問1		問2	(1)
	問2	(2)		
	問3			
	問4			

2	問1	①	②	③	問2		
	問3		問4		問5		

		（答）
2	(1)	倍
	(2)	円
	(3)	cm^2
	(4)	通り
	(5)	枚
	(6)	

6	(1)	cm^2
	(2)	（答） cm^3

※100点満点
（配点非公表）

得　点	

4	問1	g	問2	(　　・　　)	問3	通り

5	問1		問2	

6	問1	①		②		
	問2	A	B	C	問3	

※75点満点
（配点非公表）

点

	問3								
5	問1		問2		問3		問4		問5

6	問1	(1)	(2)	(3)	
	問2		問3		
	問4	(1)	(2)	(3)	
	問5				
7	問1		問2		
	問3	(1)	(2)		
		(3)			

※75点満点
（配点非公表）

点

2022年度入学試験問題

算数解答用紙

（第一回）　受験番号 ＿＿＿＿ 番　　氏名 ＿＿＿＿

（数字ははっきり書きなさい）

1	(1)	
	(2)	
	(3)	

3	(1)	枚
	(2)	枚
	(3)	番目
4	(1)	分速　　m
	(2)	秒
5	(1)	cm²
	(2)	度

三

問一 A B C

問二

問三

問四

問五 (一) (二) 40 という考えかた 30

問六

問七

問八 80 60

120

※100点満点
（配点非公表）

点

2　次の文を読み、あとの問いに答えなさい。

中国の歴史書である（　A　）によれば、紀元前1世紀頃、倭は多くの国に分かれていたことが記されている。（　B　）では、1世紀中頃、倭の①奴国が中国に使いを送ったことが記されている。（　C　）には、3世紀前半、邪馬台国を中心に、小国の連合体が成立したことが記されている。『宋書』では、5世紀に②倭の五王が、中国に使いを送ったことが記されている。（　D　）によれば、7世紀前半、倭は中国と対等な外交関係を求めたことが記されている。

問1　（　A　）～（　D　）にあてはまる歴史書の組み合わせとして正しいものを（あ）～（え）から一つ選び、記号で答えなさい。

（あ）（A）『漢書』（B）『隋書』　（C）『魏志』（D）『後漢書』

（い）（A）『魏志』（B）『後漢書』（C）『漢書』（D）『隋書』

（う）（A）『魏志』（B）『隋書』　（C）『漢書』（D）『後漢書』

（え）（A）『漢書』（B）『後漢書』（C）『魏志』（D）『隋書』

問2　下線①のとき、中国の皇帝から与えられた印に刻まれた文字を漢字5文字で答えなさい。

問3　下線①・②について、使いを送った共通する目的を説明しなさい。

3　次の文を読み、あとの問いに答えなさい。

【図6】

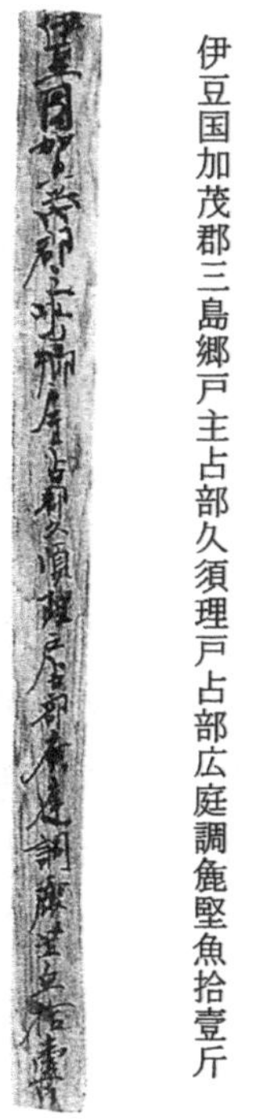

伊豆国加茂郡三島郷戸主占部久須理戸占部広庭調麁堅魚拾壹斤

7世紀後半、朝鮮半島では、新羅によって百済が滅ぼされた。朝廷は百済を助けるために大軍を送ったが、朝鮮半島南西部の（　1　）で唐・新羅の連合軍に敗れた。朝廷は、中央集権体制の整備を進め、①中国の都にならった都の造営もはじめた。701年には中国の律令にならった大宝律令が制定され、律令国家の新しい都として平城京がつくられた。平城京には②諸国から税が運ばれ、東西に置かれた市では、和同開珎などの貨幣が使われた。都と地方を結ぶ道路も整備され、北九州に置かれた（　2　）は、外交や防衛の拠点とされた。

問1　（　1　）・（　2　）にあてはまることばを漢字で答えなさい。

問2　下線①について、平城京の前に計画都市としてつくられ、694年に移された都を漢字3文字で答えなさい。

問3　下線②について、【図6】の木簡（もっかん）は荷札として付けられたものであるが、律令制におけるどのような税の負担があったことを示しているか、答えなさい。

（「新しい社会6」東京書籍、2020年）

4　次の文を読み、あとの問いに答えなさい。

日本は清と対等な日清修好条規を結ぶ一方、A 江華島事件をきっかけに、朝鮮と不平等条約である日朝修好条規を結んだ。朝鮮をめぐって日本と清は対立を深め、日清戦争が起こった。講和会議で①下関条約が調印されたが、日本の勢力拡大を警戒したロシアは、ドイツ・フランスとともに、B 遼東半島の返還を日本に要求した。日本は満州をめぐってロシアと対立し、日露戦争が起こった。講和会議が開かれ、②ポーツマス条約が調印されたが、多くの国民は条約の内容に不満を持った。

【図7】

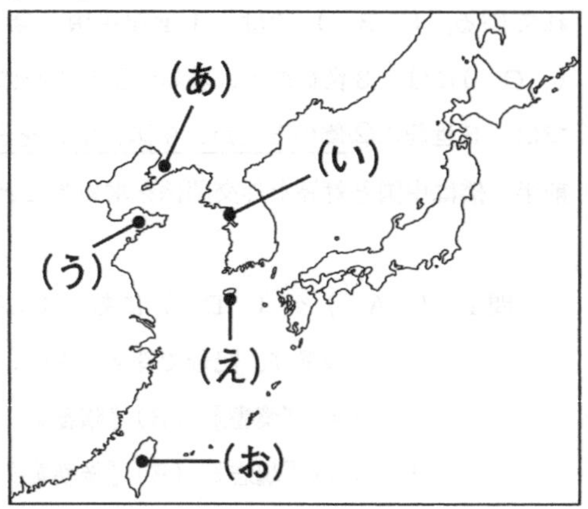

問1　下線AとBの場所を【図7】の（あ）～（お）からそれぞれ選び、記号で答えなさい。

問2　下線①によって、朝鮮はどのような状況におかれることになったか、中国との関係から説明しなさい。

問3　下線②の内容としてまちがっているものを（あ）～（お）からすべて選び、記号で答えなさい。

（あ）日本に対して、韓国における優越権を認める。

（い）日本に対して、旅順・大連を借りる権利をゆずる。

（う）日本に対して、賠償金を支払う。

（え）日本に対して、樺太の南半分をゆずる。

（お）日本に対して、台湾をゆずる。

5　次の文を読み、あとの問いに答えなさい。

第二次世界大戦後、日本の占領政策の方針は、非軍事化と民主化に置かれ、①経済、労働、教育などの領域において改革が行われた。

1950年、②朝鮮戦争がおこると、アメリカは日本との講和を急いだ。1951年に開かれた講和会議で、吉田茂首相は③サンフランシスコ平和条約に調印し、平和条約調印と同時に日米安全保障条約にも調印した。1956年には、鳩山一郎首相が（　A　）との国交を回復した。佐藤栄作首相は、1965年に（　B　）と国交を樹立した。1972年、田中角栄首相は、（　C　）との国交正常化をはかった。

一方国内では、池田勇人首相が所得倍増計画を打ち出し、経済成長を目指す政策を推し進めた結果、④高度経済成長といわれる経済の急成長を遂げるが、同時に様々なひずみを生み出していった。

問１　（　Ａ　）～（　Ｃ　）にあてはまる国の正しい組み合わせを（あ）～（え）から一つ選び、記号で答えなさい。

（あ）（Ａ）韓国　（Ｂ）中国　（Ｃ）ソ連

（い）（Ａ）ソ連　（Ｂ）韓国　（Ｃ）中国

（う）（Ａ）中国　（Ｂ）ソ連　（Ｃ）韓国

（え）（Ａ）ソ連　（Ｂ）中国　（Ｃ）韓国

問２　下線①について説明したものとしてまちがっているものを（あ）～（え）から一つ選び、記号で答えなさい。

（あ）教育基本法が制定され、教育勅語は廃止された。

（い）農地改革が行われ、小作農の割合が増加した。

（う）財閥解体が行われ、独占禁止法が制定された。

（え）労働組合法によって労働者の権利が保障された。

問３　下線②に関わるできごとの説明として正しいものを（あ）～（え）から一つ選び、記号で答えなさい。

（あ）ＧＨＱの指令により自衛隊がつくられた。

（い）ソ連が支援するもとで大韓民国が独立した。

（う）日本は軍需物資の生産によって特需景気となった。

（え）アメリカが支援するもとで朝鮮民主主義人民共和国が独立した。

問４　下線③の内容としてまちがっているものを（あ）～（え）から一つ選び、記号で答えなさい。

（あ）日本の台湾や千島列島に対する領有権を認める。

（い）日本の主権の回復を認める。

（う）沖縄をアメリカの統治下に置くことを認める。

（え）日本は極東国際軍事裁判所の判決を受け入れる。

問５　下線④について、この時期の社会の説明としてまちがっているものを（あ）～（お）からすべて選び、記号で答えなさい。

（あ）サッカーの日韓共催ワールドカップが開催された。

（い）東海道新幹線が開業した。

（う）政府の住宅政策として、団地が郊外などに建てられた。

（え）カラーテレビ・洗濯機・冷蔵庫は３Ｃとよばれた。

（お）日本万国博覧会が大阪府で開催された。

6　次の文を読み、あとの問いに答えなさい。

私たちみんなが人間らしく、自分らしく暮らしていくには、ルールを作ることが必要です。さまざまな公共サービスも必要です。これらを誰かにやってもらわないといけません。強い力（権力）で私たちを取り仕切って政治をする（　１　）が必要です。（　１　）を作って、政治を任せましょう。権力というものは、「みんなのため」に使われれば、みんなを幸せにする道具となります。

しかし、人間だれしも我が身がかわいいもの。権力を自分の手に握った人は、ついつい①「自分のため」「お友だちのため」に権力を使ってしまいがちです。友だち思いなのは結構なことですが、権力を自分の友だちのために使ってはいけません。

そこで、ちゃんと私たちの権利を守るように政治をする、と（　１　）に約束してもらいます。この約束を社会契約といいます。ただ、口約束では心配なので、約束事を紙に書いて契約書を作ります。（　１　）がしてはいけないこと、（　１　）がしてもいいこと、（　１　）がしなければいけないこと、これらを書いた契約書です。この契約書が、憲法です。（　１　）は、②憲法という約束事を守って、政治をしなければなりません。

このように、憲法というルールの枠の中で権力を使ってもらうことを「（　２　）主義」といいます。「法の支配」も同じような意味で、権力を法で拘束する、権力者といえども法の下にある、という意味です。わかりやすく言うと、「ライオン（国家権力）は檻の中」に入れておくというイメージです。

（　２　）主義は、「権力は濫用（らんよう）されがちなもの」「権力者も人間だから間違えることがある」「民主的手続きで選ばれた権力者でも、いつも正しいとは限らない」という考え方が前提です。だからこそ、権力者が守るべき法が必要なのです。そして、国民が自分の権利を守るには、憲法第12条にもあるように「国民の（　３　）の努力」が必要です。私たち一人ひとりが主役であり、この国のあり方を決める力、③憲法を作ったり変えたりする力を持っています。ということは、私たち一人ひとりが、憲法や政治に関心を持ち、自分の頭で考え、自分の意見を主張したり、意見の異なる人たちと議論したり、選挙の時には必ず投票に行くなど、しっかりしていなければいけません。

（楾大樹『檻を壊すライオン』一部改変）

問１　（　１　）～（　３　）にあてはまることばを答えなさい。

問２　下線①について、ここ数年、日本では元首相との関係が疑われていることが複数あるが、いわゆる「森友問題」とはどのような問題か、以下の（あ）～（え）の中から正しいものを一つ選び、記号で答えなさい。

（あ）2016年、ある学校法人に国有地が「約８億円引き」で払い下げられた。この件に関連して、上司から公文書の改ざんを指示された財務省の近畿財務局職員が自死した。

（い）2020年、前東京高検検事長の定年延長が閣議決定され、その後政府の判断で延長できるようにする国家公務員法改正案が国会に提出された。

（う）それまで「桜を見る会」の参加者数は１万人前後だったが、元首相の在任中に１万8000人に膨んだうえ、2013年以降、元首相の地元後援会との夕食会を毎年開き、会の当日も関係者を招いていたことがわかった。

（え）2017年、ある学校法人が、長い間どこの大学にも認められていなかった獣医学部を新設する「国家戦略特区」の事業者に選定された。

問３　下線②について、昨年国会閉会中に、野党側が新型コロナウイルスへの対応のために憲法第53条にもとづき開会を要求していた国会の種類を答えなさい。

問４　下線③について、次の問いに答えなさい。

（１）憲法第96条第１項の憲法改正では、憲法改正の発議の条件をどのように定めているか、条文中のことばで答えなさい。

（２）国民投票法では、憲法改正に必要な票数をどのように定めているか、（あ）～（え）から一つ選び、記号で答えなさい。

（あ）衆議院議員の過半数　　　（い）有効投票数の過半数

（う）国会議員の過半数　　　（え）有権者の過半数

（３）昨年成立した改正国民投票法で、施行から３年をめどに検討されることが決まっていることを（あ）～（え）から一つ選び、記号で答えなさい。

（あ）駅や商業施設でも投票できる「共通投票所」を設置する。

（い）期日前投票をやりやすくする。

（う）政党によるＣＭやインターネット広告を規制する。

（え）投票所に親と一緒に行ける子どもの対象年齢をひろげる。

問５　日本国憲法の平和主義に関わって、2015年に平和安全法制（いわゆる安保法案）が成立したが、この中にある集団的自衛権とはどのようなものか、以下の【　】内のことばをすべて使って説明しなさい。

【　　敵の国　　　攻撃　　　自分の国　　】

7　次の文を読み、あとの問いに答えなさい。

昨年は、新型コロナウイルスによる感染者がくりかえし増えたり減ったりしたうえ、緊急事態宣言もたびたび出された。それにともなって、飲食店への休業の要請や酒類の販売の制限、医療体制のひっ迫など、数多くの問題が発生した。とくに、感染者の増加や医療のひっ迫が懸念される中で開かれた①東京五輪・パラリンピックでは、多くの競技が無観客で行われた。日々、アスリートたちが活躍する一方で、新型コロナで亡くなる方が後を絶たず、また東京の新宿などでは、新型コロナの影響で仕事を失ったりして、今日食べるものがないといった人々が、ボランティアによる食料品の配布に長い列を作っていた。

さらには、今回の東京五輪・パラリンピックが開かれる直前に、五輪関係者によるトラブルや辞任、大会にかかる費用のあいまいさなどの問題点が次々とあきらかになった。この大会を通して、②国際的にも日本人の人権意識や感覚、民主主義や政治のあり方がするどく問われた一年でもあった。

今回の日本政府による新型コロナ対策や東京五輪・パラリンピックをめぐって、とくに目立ったのは、多様性の尊重や対話・討論（話し合いや合意）の欠如、ジェンダーギャップ、物事を決めるルールのあいまいさや、責任者がはっきりしないなどという点であり、これらの問題はこれからを生きる私たち自身が解決しなければならない重要な課題とも言える。

このような多様性やジェンダーといった社会的テーマに関連して、法政大学では大学の基本理念として「ダイバーシティ（多様性を認め合う）宣言」を発表し、社会にアピールしてきた。その内容の一部を見ると、「ダイバーシティの実現とは、社会の価値観が多様であることを理解し、自由な市民がもつそれぞれの価値観を個性として認め・理解することです。人権の尊重はその第一歩です。③性別、年齢、国籍、人種、民族、文化、宗教、障がい、性的少数者であることなどを理由とする差別がないことはもとより、これらのちがいを個性として認め・理解することです。そして、これらのちがいを多様性として受け入れ、互いの立場や生き方、感じ方、考え方に耳をかたむけ、理解を深め合うことです。少数者であるという理由だけで仲間はずれや差別されることなく、個性ある市民がそれぞれの望む幸せを求める機会が守られ、誰もがいきいきと生活できる社会を実現することです。社会とともにある大学は、（略）多様な価値観をもつ市民が助け合い、互いの望む幸せを実現できる社会づくりに向けて、貢献する役割を担っています」とし、法政大学がダイバーシティの実現に向けて積極的に取り組んでいくことを宣言している。

問１　下線①について、「全ての国民が、障害の有無によって分け隔（へだ）てられることなく、相互に人格と個性を尊重し合いながら共生する社会の実現」をめざし、2016年に施行された法律を一般に何というか、答えなさい。

問２　下線②について、昨年名古屋出入国在留管理局で、収用中のスリランカ人女性ウィシュマ・サンダマリさんが、職員にくりかえし体調不良を訴えたものの適切な対応がされないまま死亡するという重大な事件が起こった。この名古屋出入国在留管理局を監督する省庁を、(あ)～(お)から一つ選び、記号で答えなさい。

(あ) 外務省　　(い) 内閣府　　(う) 総務省　　(え) 文部科学省　　(お) 法務省

問３　下線③について、次の問いに答えなさい。

(１) これまで日本では、民法の規定を理由に、結婚すると夫の姓にあらためる女性がほとんどであったが、最近では「結婚後も夫婦それぞれが自分の姓を選べる制度」を求める声が増えてきている。この制度を一般に何というか、答えなさい。

(２)「特定の国の出身者であること又はその子孫であることのみを理由に、日本社会から追い出そうとしたり危害を加えようとしたりするなどの一方的な内容の言動」のことを一般に何というか、答えなさい。

(３)「性的少数者」のうち、「こころとからだの性が一致していない人」を一般に何というか。カタカナで答えなさい。

法政大学第二中学校

二〇二一年度入学試験問題

国語 （第一回） （50分）

注意

一、受験番号・氏名は、問題用紙・解答用紙ともに記入すること。

二、解答は、すべて解答用紙に記入すること。

三、携帯電話など音が出るものは事前に電源を切り、試験の妨(さまた)げにならないようにすること。
万一、この注意事項を読んでいる時に電源の切り忘れに気付いたら、必ず監督者に申し出ること。

受験番号

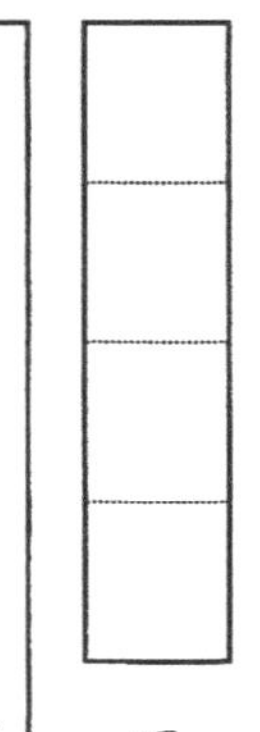

番

氏名

一　次の各問に答えなさい。

問一　次の①～⑤の傍線部を漢字で正確に答えなさい。

①　立候補者のトウロン会に参加する。　②　社会に流布するメイシンに振り回される。

③　その案は議会でショウニンされた。　④　手アツい看護を受ける。　⑤　学級委員長をツトめる。

問二　次の①～④の傍線部の漢字の読みをひらがなで正確に答えなさい。

①　食文化の本を著す。　②　小さな食料品店を営む。　③　書類を無造作に置く。　④　怒りで形相が変わる。

問三　次の①～③のことわざの空欄に入る漢字一字を答えなさい。

①　雨だれ【　　】をうがつ　…　わずかなことでも、それがたび重なると大事になる。

②　【　　】は藍より出でて藍より【　　】し　…　弟子が師よりもすぐれている。

③　魚心あれば【　　】心　…　相手が好意を示せば、自分も好意をもって応対する気になる。

問四　次の①～③の空欄に入る最も適切な語を〈選択肢〉より選び、記号で答えなさい。ただし、同じ記号を二度以上選ばないこと。

①　【　　】出かけたとしても、もう出発に間に合わないだろう。

②　姉はやっと顔を上げ、【　　】語り始めた。

③　両国の関係が悪化したため、領土問題の解決は【　　】難しくなった。

〈選択肢〉

ア、決して　　イ、おもむろに　　ウ、たとえ　　エ、つねに　　オ、きわめて

二　次の文章を読んで、後の各問に答えなさい。（なお、出題の都合上、本文を省略した所がある）

私は商店街で育ったまったくふつうの子どもでした。小学生の頃から店を手伝っていたので、自分の家にどのぐらいお金があって、両親が世間からどんな風に見られているかということも、何となくわかっていたような気がします。

私が子ども時代を過ごした昭和三〇年代は、何よりも暮らしが一番でした。一に暮らし、二に暮らし、三に暮らし、暮らしがいちばん偉(えら)い時代でした。子どもであっても勉強より遊びより暮らし優先で、暮らしのために店を手伝うのは当たり前のことでした。それは一人私だけでなく、商店街の子どもは皆そうだったのです。家業という言葉があるように、①家の中にそれぞれ自分の役割がありました。

こんなふうに書くと、私はいい子の代表に見えるかもしれませんが、決していい子ではありませんでした。家業が乾物(かんぶつ)屋という地味なくすんだ商売だったので、その反動で学校では受けたい、笑わせたい思いが人一倍強かったような気がします。

当時大人気だった※1脱線(だっせん)トリオの由利徹(ゆりとおる)の、腰をカクカク落とした歩き方を真似(まね)したり、雷門助六(かみなりもんすけろく)のあやつり人形を真似して見せたり、その合間にはダジャレばかり言っていました。シャレ帳というノートを作って、そのノートに「井(い)の頭(かしら)公園にいっていいーのかしら」とか、「ゴジラくんゴジラへどうぞ」とか、毎日欠かさずダジャレを書き込(こ)みました。思えば、②私が生まれて初めて言葉と自覚的に向き合ったのが、このダジャレだったのです。

（中略）

さて、中学に入るとさすがにダジャレではクラスの笑いが取れなくなり、私の【　Ⅰ　】はいつの間にか机の抽出(ひきだし)にしまわれっぱなしになっていきます。その代わりに始まったのが詩です。今でも詩を書くきっかけとなった出来事をはっきり覚えています。中学二年のときでした。

新しく担任になられた志村嘉伸先生が私に、「ねじめは将来詩人になれるぞ」とおっしゃったのです。私はプロ野球選手になるのが夢でしたから、先生に「詩人になれるぞ」と言われてもちんぷんかんぷんです。それどころか詩人が一瞬死人に聞こえて、先生に「将来死人になれるぞ」と言われた気がして、この先生、いったい何を考えているのだろうと薄気味悪くなったほどです。

私に「将来詩人になれる」とおっしゃった志村先生は、私が班ノートに書きつけた詩が面白かったのです。ねじめは成績は悪いし、野球は大好きでまあ上手いがプロになれるというほどでもないし、まあ詩人にならなれるかもしれないと思われたのでしょう。私に詩人というものの実体がわかってきたのは、父親から詩人とはいかなる者かを教えてもらってからです。

志村先生が褒(ほ)めてくれた詩のタイトルは「店番」です。当時、私の家である乾物屋には住み込みの店員さんが二人いました。中学を出て地方からうちに就職した二〇歳(さい)前後の若い人たちです。その二人に混じって中学生の私も店番をしていました。店番するときはグレーの店服を着ました。私も店番するときは店服を着なければなりませんでした。乾物屋は服にニオイが付くうえに意外に汚れる仕事なので店服を着た方が便利ですし、両親の気持ちとして③住み込み店員さんに対して私を特別扱いしないという意味もあったのだと思います。私はグレーのその店服を着るのがイヤでイヤで仕方がなかったのです。④店がくすんでいる上に店服までくすんだグレーなのですから、気持ちはどんどん沈んでいきます。そんな気持ちを、私は四行の詩に書きました。

店服を着ると
子どもでもない
大人でもない
宙ぶらりんの自分

「子どもでもない」というのは、中学生（中学生は世間的にはまだ［A］ですよね）なのに［B］並みに店服を着せられるということです。「［C］でもない」というのは、店服を着ているのに中身は中学生だということです。私は店服を着ると［D］ではなくなり、かといって［E］でもなくなって、宙づりにされたような中途半端な気持ちになって自分の居所がつかみかねてしまうのです。

今思えばぜんぜん大した四行ではありませんが、中学生だった私はこの四行を書いたとき、店番がイヤでイライラした気持ちがスッと落ち着く感じがしました。店番に対するイヤな思いが減ったような気分でした。［F］と書いたことで、逆に［G］でなくなった気がしました。「詩人になれるぞ」のあとで、志村先生は「正確だ」と言ってこの四行を褒めてくれました。ねじめの気持ちが正確に書けている、というのです。先生のその言葉を聞いて、わたしは「あ、そうか」と思いました。当時の私は「あ、そうか」と納得しただけで、⑤それを説明することはできませんでした。

でも今なら説明できます。私は自分の気持ちを表す正確な言葉を見つけたので、イライラした気持ちがスッと落ち着いたのです。イヤな思いが減ったのです。［H］でなくなったのです。詩を書くことは正確な言葉を見つけることなのです。

ここで言葉の正確さについてもう少し考えてみましょう。「店番」の詩で、私が「店番がイヤだ」と書いたらどうだったでしょうか。「店服を着たくない」と書いたらどうだったでしょうか。そういう感情はたしかに私の中にありましたが、しかし、店番はイヤでありながら一方で暮らしでした。一番大切な暮らしでした。店服は着たくなかったけれど、しかし、着ることによって私の暮らしは成り立っていました。だから「店番がイヤだ」と書いても、「店服を着たくない」と書いても、私の気持ちの片方しか表せていないことになります。それではダメなのです。正確ではないのです。

正確であるということは、本質のまわりをぐるぐる回ることではなく、本質をぎゅっと鷲摑(わしづか)みにするということです。「店番がイヤだ」や「店服を着たくない」は自分が思ったこと感じたことを正直に書いてはいるけれど、⑥それはただ正直なだけであって、正確ではないのです。

言葉による表現を始めたばかりの人は、正直な言葉と正確な言葉を混同しがちです。たかぶった気持ちをたかぶった言葉で書いたり、悲しい気持ちを悲しい言葉で書くことが正確だと思ってしまうのです。でも、本当にそうでしょうか。⑦人間ってそんなに単純でしょうか。

（ねじめ正一「ぼくらの言葉塾」岩波新書より）

［注］　※1　脱線トリオ……昭和三十年代に活躍したお笑いユニット。

問一　傍線部①「家の中にそれぞれ自分の役割がありました」とあるが、それはどういうことか。その説明として最も適切なものを次から選び、記号で答えなさい。

ア、商店街の子どもは貧しさから抜け出すため、仕事を手伝わないと生活ができなかったということ。
イ、子どもであっても、暮らし優先であり、家族の一員として手伝うことは自然であったということ。
ウ、うちにどれほどお金があるかがわかっているので、子どもであっても、手伝いはしたということ。
エ、世間がどんなふうに自分たち家族を見ているかということが、何となくわかっていたということ。

問二　傍線部②「言葉と自覚的に向き合った」とあるが、それはどういうことか。その説明として最も適切なものを次から選び、記号で答えなさい。

ア、自分にはすばらしい言葉のセンスがあるのだと意識するようになること。
イ、自分の言葉づかいについて、日々、反省と改善を重ねるようになること。
ウ、自分の言葉をノートなどに書いてみて、考えを整理するようになること。
エ、どんな言葉をつかって表現するかを、自分でよく考えるようになること。

問三　空欄【　Ⅰ　】に入る語として適切なものを、本文中から抜き出して答えなさい。

問四　傍線部③「住み込み店員さんに対して私を特別扱いしないという意味」とあるが、それはどういうことか。その説明として最も適切なものを次から選び、記号で答えなさい。

ア、店主の息子だから店服を着ないでよいとすることで、店員が不公平に感じるのを、避けようとしたということ。
イ、店員であれ店主の息子であれ、お客さんから見たときに公平に見られるよう、十分に配慮したということ。
ウ、店員と同じように公平に扱うことで、息子がしっかりと意識を持って働くように気をつかったということ。
エ、店員と店主の息子では立場が違うということを店員がきちんと意識できるよう、外見は同じにしたということ。

問五　傍線部④「店がくすんでいる」とはどういうことか。その説明として最も適切なものを次から選び、記号で答えなさい。

ア、人目を引く華(はな)やかさがない。　　イ、建物が古びていて汚らしい。
ウ、お客さんが来なくて陰気(いんき)だ。　　エ、若者とは無縁で活気がない。

問六　空欄 A ～ H に入れるのに最も適切な語をそれぞれ次から選び、記号で答えなさい。ただし同じものを何度選んでもよいこととする。

ア、店番　　イ、店服　　ウ、子ども　　エ、大人　　オ、宙ぶらりん

問七　傍線部⑤「それ」とは何を指しているのか。その説明として最も適切なものを次から選び、記号で答えなさい。

ア、当時中学生だった私が店番をイヤだと思っていた本当の理由。
イ、詩を書いたら店番に対するイヤな思いが減ったことの理由。
ウ、「気持ちが正確に書けている」と先生が褒めたことの意味。
エ、先生が「将来詩人になれるぞ」と言ってくれたことの意味。

問八　傍線部⑥「ただ正直なだけであって、正確ではない」とあるが、これと同じことを表している部分を、この傍線部より前の本文中から十五字以内で抜き出して答えなさい。

問九　傍線部⑦「人間ってそんなに単純でしょうか」とあることから、筆者が人間の気持ちはもっと複雑なものであると考えていることがわかる。その複雑さについて、中学時代の筆者の「店番」についての気持ちを例にして、四十字以上五十字以内（句読点等も字数にふくむ）で説明しなさい。ただし、「役割」という語を必ず入れて説明することとする。

三　次の文章を読んで、後の各問に答えなさい。

戦後間もない昭和二十年代半ば。ミツヱが住んでいる東京の郊外では町村合併があり、それに伴って校区が変更されて、ミツヱたち元「町の小学校」（＝モト町の小学校）の児童の一部は、元「村の小学校」（＝モト村の小学校）の児童と一緒に、新設された小学校に通うことになった。春から始まった新しい学校での、小学三年生、一学期の終わりのできごとである。

体操の時間は斉木先生が六年生の教室に行き、六年担任の橋本先生が三年生の体操の授業をする。君塚照子や大山澄子たち四人は、いつも早く着がえて、橋本先生を迎えに行くのだ。橋本先生は、モト村の小学校の先生だった。

体操の時間なんてなければいいのに、と思いながらミツヱは、のろのろとブルマー※1に着がえ、関のぼるたちと校庭に出た。

「あの子たちが、何であんなに早く着がえられるのか、わかった。体操のある日は、スカートの下にブルマーをはいてくるんだ」

「頭いい！　おれもそうしようかな」

「橋本先生、遅えなあ」

女子たちは、おしゃべりしたり笑ったりしながら先生を待っているが、ミツヱは、①一番苦手な体操の時間が橋本先生だなんて、と【　Ⅰ　】ような気持で黙り込んでいた。

校舎の大きい方の玄関から、白い野球帽をかぶって白い体操ズボンをはいた橋本先生が、君塚照子たち四人と一緒に出てくるのが見えた。照子は先生の腕に自分の腕をからませている。うしろから、背の高い二谷カヨ子と、なんだかいつも風邪をひいているような根本千代と、ミツヱの隣りの席の大山澄子がついてくる。照子が先生に甘えるような仕草をして、先生は腕を力瘤自慢の形にした。照子の足が地面から離れ、照子は先生の腕にぶらさがった。すぐに先生は腕を下げ、照子の足は地面に着いたが、照子はそのまま腕をからませている。みんなが見ているのに、なぜ先生は腕を振りほどかないのだろう。ミツヱは見ているのが1恥ずかしいような気がして、校舎の方に眼をそらした。

「集合ーっ」

と大きな声で言った先生の方にミツヱが眼を戻したとき、腕をからませたままの照子はもう一度ぶらさがるように、ぴょんと跳び上がった。先生の肩が傾いて、照子の膝が変なふうに曲り、一瞬、先生の脚を照子の脚が挟むような形になった。ミツヱは【　Ⅱ　】ような気がした。君塚照子はみんなに見せるためにしてるんだ、「橋本先生は［　A　］の先生だった、［　B　］は、［　C　］よりずーっと前から先生と［　D　］だった」と言ってるみたいだ、とミツヱは思った。

「今日は鉄棒をやる」
と橋本先生が言ったので、やっぱり E 、とミツヱは思った。
準備体操のあと、ブランコより校舎寄りにある鉄棒のところへ行った。鉄棒は、中高低二本ずつ一続きのものと、六年生でも跳び上がらなければつかめない高さの独立したものが一本あった。男子のあとに女子で、背の順に一人ずつ鉄棒をする脇で、橋本先生が補助をした。尻上がりや足かけ上がりは、ミツヱにもできた。
「つぎは逆上がり」
ミツヱは死にたくなった。列からすこし横に出て、先に逆上がりをしている男子から何か参考になることを見つけようと、一人一人の逆上がりをよく見た。逆上がりができる子は、なぜあんなに何でもないことのように、鉄棒に巻きついてしまえるのだろう、腕の力が強いのだろうか、蹴り上げ方が上手なのだろうか、と見ながら考えた。男子で一番痩せている高岡君は、巻きつけずに途中でほぐれてしまった。自分もああなるのだ、とミツヱは思った。
男子が終わり、女子で一番背の低いミツヱの番になった。見たことも、考えたことも、もう何の役にも立たなかった。②わかるのはただ、みんなが見ていることと、すぐ横に橋本先生がいることだけだった。ミツヱは【 Ⅲ 】ような気持で鉄棒をつかみ、足を振り上げた。先生が手でお尻を支えてくれたが、足はストンと落ちてしまった。
「もう一息だ」
と先生は言ってくれたが、やっぱりだめだった、と恥ずかしさ[2]を感じながら、男子たちの横にしゃがんだ。でも、とミツヱは、今感じたものを、もう一度思い出してみた。鉄棒をしながら感じた感じは、する前に思っていたのと、すこし違っていた。前に逆上がりをしたときは、鉄棒が遠い感じで、腕に力が入らず、体がばらばらになってしまうような感じだった。でも今回は、そのときよりも、すこし鉄棒が自分の中心に近い感じで、体も前ほどばらばらではなかったような気がする。
女子も一とおり逆上がりを終えると、先生は時計を見て言った。
「今日は始業が遅れて、あまり時間がないが、あとの時間は逆上がりができない者のトックンをする。できた者はこっちに並んで、やはり逆上がりをする。できなかった者、こっちに並べ」
男子で逆上がりができなかったのは高岡君一人、女子はミツヱと、松原里美と、一番背の高い二谷カヨ子の三人だった。四人ではすぐに順番がまわってくる。先生は「つぎ」と言う以外、何も言わずに一人一人のお尻に手を添えた。何度目かに、思いがけず里美がくるりと鉄棒のまわりに巻きついた。

「できたじゃないか！」と先生が言った。

「できたー」

と里美が、眼をまん丸くし、口も大きくあけて、【　Ⅳ　】ように言った。むこうの列から仲良しの木崎富子が飛んできて、二人で手を取り合って「できた、できた」とピョンピョンはねた。

高岡君は途中で照れ臭そうに笑って、あきらめた顔になる。二谷カヨ子は鉛筆か割り箸のようにまっすぐな感じで、なかなか鉄棒に巻きつけない。ミツヱは自分がどうなのかはわからなかった。三人とも逆上がりができないままに、終業の鐘が鳴った。

授業がぜんぶ終ると、ミツヱは掃除当番の関のぼるに「鉄棒のところで待ってる」と言って校庭へ走っていった。そしてランドセルを地面に置き、鉄棒をにぎった。さっきの体操の時間、③もうすこし鉄棒をやっていたいような気がしたのだ。そんなことは初めてだった。

ミツヱが逆上がりの練習をしていると、大山澄子と根本千代がブランコのところに来てしゃがんだ。掃除当番の君塚照子と二谷カヨ子を待つらしい。

何度目かに足を蹴り上げたとき、ミツヱは今までとまったく違う感じがして、頭の中が真白になった。何が起こったのかわからなかったが、眼帯をはずしたときのように、自分のまわりが破裂したような感じがした。自分のまわりの空気にヒビが入って、空気が割れたような感じがしたのだった。その真ん中に自分がいる。空がぐらぐら揺れて、大きな笑い声を出しているような気がした。

自分が笑っているのだ。自分は今、笑っている、と強く感じながら、ミツヱは自分の中からこみ上げてくる笑いを声に出した。④今まで笑ったことはなかった、という不思議な感じがした。

ミツヱはもう一度、逆上がりをしてみた。やっぱりできた。そのことを、誰かに言いたかった。ブランコのところから、根本千代と大山澄子がこっちを見ていた。千代は口をぽかんとあけ、澄子は真剣な顔をしていた。ミツヱは二人にむかって大声で、

「できたー」

と言った。すると、千代は澄子の方を見て、澄子は眼を伏せてしまった。

掃除当番が終った子たちが出てくるのが見えたので、ミツヱは関のぼるに早く言おうと、校庭をスキップしながらそっちへ行った。君塚照子と二谷カヨ子が並んで歩いてきた。ミツヱは二人をやり過ごそうとした。すると、すれ違う一メートルほど手前のところで、君塚照子が突然、【　Ⅴ　】ように何かを言った。

⑤「おき！」

とミツヱの耳には聞こえた。ミツヱはびっくりして足を止めた。照子が何か話しかけてくるなんて思ってもいなかったが、照子は立ち止ま

り、眼に力をこめるようにしてこっちを見ていた。それを見てミツヱは、たしかに照子は自分に「おき」と言ったのだとわかった。

「え、何(あに)?」

とミツヱは聞き返した。「おき」という言葉の意味がわからないので、聞き違いかもしれないと思ったのだ。光るような眼でこっちを見たまま、君塚照子は黙っていた。あざ笑うような、突き刺すような眼だった。ミツヱがもう一度聞き返そうとしたとき、照子は急に視線をそらして歩き出した。ミツヱはわけがわからないまま、振り返って二人を見送った。

関のぼるやコッペがこっちにやって来た。ミツヱは「おき」の意味を、今すぐ関のぼるたちに聞くことはできないような気がした。あざ笑うような眼から、「おき」というのがいい意味ではないらしいことは感じられた。

「逆上がり、できた」とミツヱは言った。

「本当(ふんと)!? よかったなあ」

「見せてみな」

ミツヱは鉄棒のところでやって見せた。関のぼるたちは拍手をしたが、⑥ミツヱはもう、［F］と［G］のようにピョンピョン跳ぶような気にはなれなかった。「おき」って何だろうと考えながら、関のぼるたちと一緒に帰った。

「おきって何(あん)だ?」

とミツヱは、兄の良治に聞いてみた。

「知らねえ」と良治は言った。

向いのパーマ屋の久代にも聞いてみたが、久代も「知らねえ」と言った。

斉木先生は言葉の違いのことを言ったが、やっぱり「むこう」の子たちの言葉はすごく違うのかもしれない、それで「むこう」の子たちは「こっち」の子とあまり口をきかないのかもしれない、とミツヱは思った。

(千刈あがた「野菊とバイエル」より)

［注］　※1　ブルマー……女子が下半身に着用する運動着のこと。

問一　空欄【　Ⅰ　】〜【　Ⅴ　】に入る言葉として最も適切なものをそれぞれ次から選び、記号で答えなさい。ただし同じ記号を二度以上選ばないこと。

ア、自分の顔が赤くなった　　イ、眼をつむる　　ウ、空に叫ぶ
エ、するどく切りつける　　オ、重い息を吐きたい

問二　空欄 A 〜 D に入る語の組み合わせとして最も適切なものを次から選び、記号で答えなさい。

ア、A　お前たち　B　お前たち　C　おれたち　D　知り合い
イ、A　おれたち　B　お前たち　C　おれたち　D　仲良し
ウ、A　お前たち　B　おれたち　C　お前たち　D　知り合い
エ、A　おれたち　B　おれたち　C　お前たち　D　仲良し

問三　空欄 E に入るのに適切な内容を、本文中から十五字以上十八字以内で抜き出して答えなさい。

問四　傍線部①「一番苦手な体操の時間が橋本先生だなんて」、②「わかるのはただ、みんなが見ていることと、すぐ横に橋本先生がいることだけだった」からは、ミツヱの橋本先生に対するどのような気持ちがわかるか。その説明として最も適切なものを次から選び、記号で答えなさい。

ア、厳しい橋本先生に叱られるのがこわく、失敗を見せたくない気持ち。
イ、橋本先生に自分の格好の悪いところを見られたくないと思う気持ち。
ウ、橋本先生に自分の苦手科目を熱心に教えられても困るという気持ち。
エ、優しい橋本先生に自分もみんなのように甘えてみたいという気持ち。

問五　二重傍線部１「恥ずかしい」と、２「恥ずかしさ」との違いを説明したものとして最も適切なものを次から選び、記号で答えなさい。

ア、１は他の人に対する自分の本心に気づいてうろたえてしまう気持ちで、２は自分の失敗に対する他の人の目を気にして感じている気持ちである。

イ、１は他の人の行いに対して恥ずべきだと思い、強くなじる気持ちで、２は自分の努力を人前で見せることでプライドが傷ついている気持ちである。

ウ、１は自分に関係のある人の行いに気後れして感じる気持ちで、２は自分の努力を人前で見せることでプライドが傷ついてしまう気持ちである。

エ、１は自分に関係のある人の行いがその場にふさわしくないと感じる気持ちで、２は自分の失敗を他の人に見られることについての気持ちである。

問六　傍線部③「もうすこし鉄棒をやっていたいような気がしたのだ」とあるが、それはなぜか。その説明として最も適切なものを次から選び、記号で答えなさい。

ア、努力していることを橋本先生に知ってほしいから。

イ、「モト村」の女の子たちには負けたくなかったから。

ウ、みんなの前で恥をかくのは、もうこりごりだから。

エ、逆上がりのコツをつかみかけた気がしていたから。

問七　傍線部④「今まで笑ったことはなかった、という不思議な感じがした」とあるが、それはどういうことか。その説明として最も適切なものを次から選び、記号で答えなさい。

ア、このように喜びを全身で感じて自然に笑ってしまう体験は初めてだということ。
イ、このように周りの友だちに喜びを伝えたいと強く思うのは初めてだということ。
ウ、今まで鉄棒が不得意なことで知らず知らず暗くなってしまっていたということ。
エ、今まで「モト村」の子とのぎくしゃくした関係の中で緊張（きんちょう）していたということ。

問八　傍線部⑤の「おき」という言葉には「えこひいき」という意味が込められている。その場合、「おき」という言葉の由来と考えられるものとして最も適切な語を次から選び、記号で答えなさい。

ア、お気楽　　イ、お気軽　　ウ、お気の毒　　エ、お気に入り

問九　傍線部⑥「ミツエはもう、［F］と［G］のようにピョンピョン跳ぶような気にはなれなかった」について、以下の（1）と（2）の問いに答えなさい。

（1）空欄［F］・［G］に入れるのに最も適切な登場人物二人の名前を次から選び、記号で答えなさい。ただし、順番は問わないこととする。

ア、二谷カヨ子　　イ、君塚照子　　ウ、松原里美　　エ、根本千代　　オ、関のぼる　　カ、木崎富子　　キ、大山澄子

（2）このような気持ちになった理由を説明した次の文の空欄［　］に入れるのに適切な漢字一字を答えなさい。

「逆上がりができるようになった喜びに、照子が言った言葉が［　］を差したから。」

2021年度　入学試験問題

算　　数 （第一回）

（50分）

注意

1. 受験番号・氏名は問題用紙・解答用紙ともに記入すること。
2. 解答はすべて解答用紙に記入すること。
3. 携帯電話など音が出るものは事前に電源を切り，試験の妨(さまた)げにならないようにすること。万一，この注意事項を読んでいる時に電源の切り忘れに気付いたら，必ず監督者に申し出ること。
4. 定規，分度器，コンパスは使用しないこと。
5. 文字や記号・数字ははっきり書くこと。
6. 計算は問題用紙の余白を利用して行うこと。
7. 必要ならば，円周率は3.14を用いること。
8. 図は必ずしも正しいとは限らない。

受験番号 ［　　　　］ 番

氏　　名 ［　　　　］

1 次の問に答えなさい。(2)，(3)は $\square$ にあてはまる数を求めなさい。

(1) $\left(363\times2-\dfrac{363}{10}-3.63\right)\div189$ を途中の計算式も書いて，答えを出しなさい。

(2) $\left(3\dfrac{4}{5}-\square\times\dfrac{4}{3}\right)\times15=17$

(3) 1.5時間＋2時間50分＋1200秒＝ $\square$ 時間

2 次の問に答えなさい。

(1) A君は毎分75mの速さで歩きます。A君が歩き始めてから2分経ったとき，B君がA君を追いかけはじめました。そして，追いかけはじめてから5分後にA君に追いつきました。B君の速さは毎分何mですか。

(2) 2種類のケーキAとBがあります。Aが5個とBが4個の代金の合計は2580円，Aが6個とBが8個の代金の合計は3680円でした。ケーキA1個の値段は何円ですか。ただし消費税は，考えないものとします。

(3) 面積が108cm^{2}である三角形ABCの辺ABを3等分，辺ACを4等分，辺BCを2等分したとき，斜線部分の四角形の面積は何cm^{2}ですか。

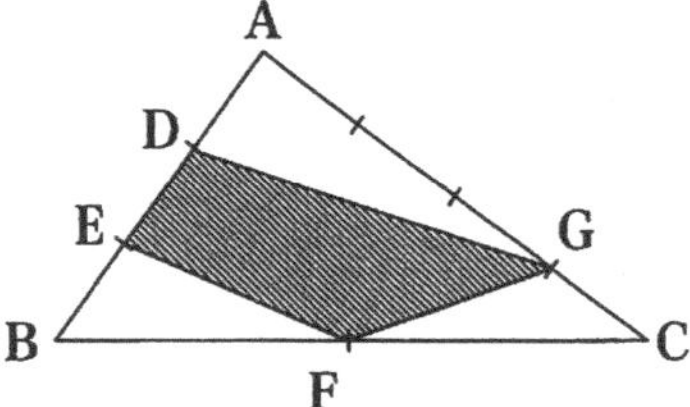

(4) ある山の山頂へ向かう異なる登山道が4つあります。この山に登っておりてくるには何通りの方法がありますか。ただし同じ登山道を往復してもよいこととします。

(5) 1円玉と5円玉があわせて36枚あり，その合計金額は112円であるとき，1円玉は何枚ありますか。

(6) 記号▲は，2つの整数の大きい方から小さい方を引いた数を表し，記号●は，2つの整数の小さい方を大きい方で割った数を表すものとします。

例えば，5▲9＝4，2●1＝$\frac{1}{2}$です。

このとき，{(9▲6)－(26●9)}÷{(11●13)＋(4▲8)} を求めなさい。

3 1辺の長さが1cmの立方体がたくさんあります。図のように1段，2段，…と一定の法則で立方体を積み上げるとき，次の問に答えなさい。

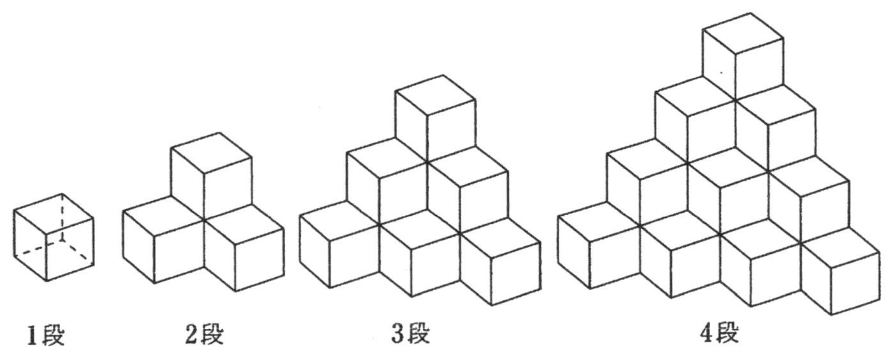

(1) 6段まで積み上げたときの立体の体積は何cm^3ですか。

(2) 10段まで積み上げたときの立体の表面積は何cm^2ですか。

4 A，B，C，Dの4つの容器には<表1>に示された食塩水や水が入っています。これらの食塩水や水を利用して，<表2>に示す手順で作業を行いました。手順3が終了したときに容器Dの中身は食塩水となり，その濃度が2%でした。次の問に答えなさい。

<表1>

容器	液体の種類	量（g）	濃度（%）
A	食塩水	250	12
B	食塩水	300	8
C	食塩水	150	㋐
D	水	200	

<表2>　手順1から手順4は順番通り、続けて行うこととする。

手順1：Aの容器から食塩水を100g取り出し，Bの容器に入れ，よくかき混ぜる。
手順2：Bの容器から食塩水を100g取り出し，Cの容器に入れ，よくかき混ぜる。
手順3：Cの容器から食塩水を100g取り出し，Dの容器に入れ，よくかき混ぜる。
手順4：Dの容器から食塩水を100g取り出し，Aの容器に入れ，よくかき混ぜる。

(1)　<表2>の手順4が終了したとき，容器Aの食塩水の濃度は何%ですか。

(2)　<表1>の㋐の値を答えなさい。

(3)　<表2>の手順4が終了したとき，容器Bの食塩水と容器Cの食塩水をすべて混ぜ合わせてできる食塩水に含まれる食塩は何gですか。

5 <図1>のように，半径4cmの円Oの円周上に円周を4等分した点A，B，C，Dをとりました。最初，点Pと点Qは，点Aの位置にあり，点Pは円周を12等分した点を1秒で1つずつ，時計回りに進み，点Qは円周を8等分した点を1秒で1つずつ，反時計回りに進んでいきます。このとき，次の問に答えなさい。

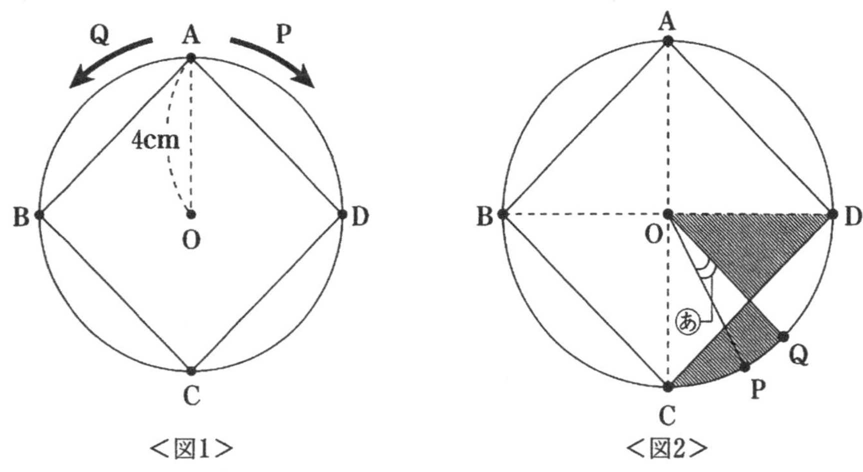

(1) <図２>は，点Pと点Qが点Aを出発してから５秒後の図です。㋐の大きさは何度ですか。

(2) <図２>のとき，斜線部分の面積の和は何cm^2ですか。

(3) 点Pと点Qが，点Aを出発してから再び点Aで重なり合うまでに辺OPと辺OQが垂直に交わるのは，点Aを出発してから何秒後と何秒後ですか。ただし整数で答えなさい。

3. 以下の問いに答えなさい。

食塩、ホウ酸が水100gにどれだけとけるのかを、温度を変えて調べ、次の表にまとめました。

表. 100gの水にとける固体の重さ［g］

温度［℃］	0	20	40	60	80	100
食塩［g］	37.5	37.8	38.3	39.0	40.0	41.1
ホウ酸［g］	2.8	4.9	8.9	14.9	23.5	38.0

問1　次の（　①　）（　②　）にあてはまることばをそれぞれうめなさい。

食塩やホウ酸は、水温が（　①　）ほど、とける量は多くなる。物質をとかすことのできる限度までとかした水よう液を（　②　）という。

問2　80℃の水200gにホウ酸56.4gを入れてよくかき混ぜると、とけ残りが見られました。とけ残ったホウ酸をすべてとかすために、80℃の水を少しずつ加えました。ホウ酸が完全にとけ切った時点で、加えた水は何gですか。

問3　食塩を40℃の水にこれ以上とけなくなるまでとかしました。この水よう液300gを0℃まで冷やしたときに出てくる固体は何gですか。小数第2位を四捨五入し、小数第1位まで答えなさい。

問4　ビーカーに水50gを用意し、食塩とホウ酸を14.9gずつ入れました。これを加熱して100℃にしたのち、60℃まで冷やしました。ビーカー内のようすを表したものを次の（ア）～（ク）よりすべて選び記号で答えなさい。ただし、ビーカー内のとけ残りや結しょうは、食塩、ホウ酸の判別ができたものとします。また、食塩とホウ酸を同じ水にとかしても、それぞれのとける重さは変化しないものとする。

（ア）100℃のとき、食塩もホウ酸もすべてとけていた。

（イ）100℃のとき、食塩はとけ残りが見られ、ホウ酸はすべてとけていた。

（ウ）100℃のとき、食塩はすべてとけ、ホウ酸はとけ残りが見られた。

（エ）100℃のとき、食塩もホウ酸もとけ残りが見られた。

（オ）60℃のとき、食塩もホウ酸もすべてとけていた。

（カ）60℃のとき、食塩は結しょうが見られ、ホウ酸はすべてとけていた。

（キ）60℃のとき、食塩はすべてとけ、ホウ酸は結しょうが見られた。

（ク）60℃のとき、食塩もホウ酸も結しょうが見られた。

4. 次の文章を読み、以下の問いに答えなさい。

リカさんはお母さんとカフェに行き、リカさんは冷たい紅茶を、お母さんは温かい紅茶を注文しました。２人ともあまい味が好きなので、リカさんは冷たい紅茶にシロップ（砂糖水）を、お母さんは温かい紅茶に角砂糖をとかしました。このとき、紅茶の中を観察すると、シロップや角砂糖からもやもやとしたようすが見られ、しばらくするとそれは見られなくなりました。

問１　温かい紅茶に入れた角砂糖はすぐにはとけませんでした。この角砂糖を早くとかす方法を「温める」、「かき混ぜる」以外で１つ、10字以内で答えなさい。

問２　下線部の「もやもやとしたようす」は、シュリーレン現象と呼ばれるものです。この現象は、光のくっ折による現象の１つです。この現象ではないものを次の（ア）～（エ）より１つ選び記号で答えなさい。

（ア）アルコールランプのほのおの周りの空気がゆらいでいるようす。

（イ）冬の早朝に川の水面付近に霧（きり）が発生する現象。

（ウ）晴れた日に、熱くなった車の上に見られる陽炎（かげろう）という現象。

（エ）おかしのグミを水中に入れたとき、グミの周囲のようす。

問３　シロップの特ちょうとしてまちがっているものを次の（ア）～（エ）より１つ選び記号で答えなさい。

（ア）紅茶の温度に関係なくとかすことができる。

（イ）スプーンにとって加熱すると、水が蒸発し白い固体が残る。

（ウ）BTBよう液で緑色を示す。

（エ）密度は水よりも大きい。

5. 下の回路図は、同じ豆電球と同じかん電池を使っています。点線で囲った部分①には、(あ)～(い)のいずれかを接続することができます。また、点線で囲った部分②には、(う)～(お)のいずれかを接続することができます。以下の問いに答えなさい。

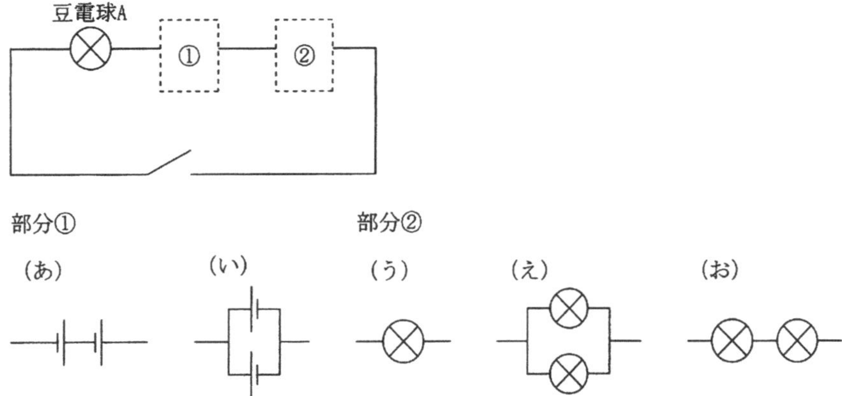

問1　スイッチを閉じた時、豆電球Aが最も明るくなるのはどの組み合わせですか。(あ)～(お)の記号で選び答えなさい。

問2　スイッチを閉じた時、豆電球Aが最も暗くなるのはどの組み合わせですか。(あ)～(お)の記号で選び答えなさい。

問3　スイッチを閉じ、豆電球Aが光らなくなるまで観察したとします。最も長く豆電球Aが光りつづけるのはどの組み合わせですか。(あ)～(お)の記号で選び答えなさい。

問4　部分①に(あ)を接続し、部分②に(え)を接続し、しばらくそのままにしていたところ、豆電球Aが暗くなりました。このとき、(え)の2つの豆電球の変化について考えられるものを次の(ア)～(オ)よりすべて選び記号で答えなさい。

(ア) 2つとも明るさに変化はない。

(イ) 2つとも明るくなった。

(ウ) 2つとも暗くなった。

(エ) 2つの豆電球が点めつするようになった。

(オ) 片方の明かりが消えた。

問５　以下の文章の（　①　）と（　②　）にあてはまる言葉の組み合わせで正しいものを、次の（ア）～（エ）より１つ選び記号で答えなさい。

写真Aのような電源タップにパソコンとテレビを接続する。このとき、回路の中でパソコンとテレビは（　①　）つなぎになっています。写真Bはエアコンのリモコンの電池を入れるところです。このリモコンは電池１本では動きませんでした。２本の電池は（　②　）つなぎになっています。

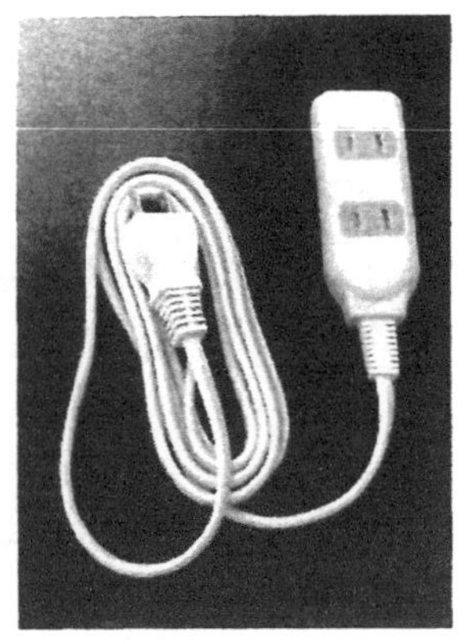

写真 A

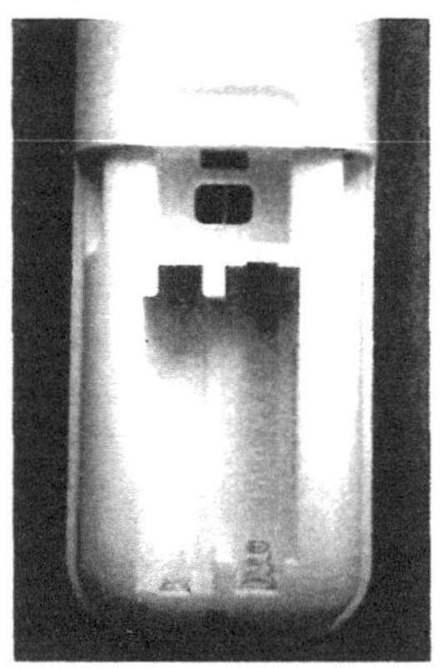

写真 B

	①	②
（ア）	直列	直列
（イ）	直列	並列
（ウ）	並列	直列
（エ）	並列	並列

6. 以下の文中の（　①　）～（　⑤　）にあてはまる適切な語を、下の語群から選び答えなさい。

彗星は、太陽のまわりをだ円軌道をえがいて公転している天体です。2019年12月に発見された（　①　）彗星は、2020年５月ごろに肉眼で観察できることを期待されていましたが、彗星の核がいくつにも分裂したため、期待されたような観測はできませんでした。一方で、2020年３月に発見された（　②　）彗星は、2020年７月に観察することができました。彗星の尾は、太陽の（　③　）にのびます。よく観察すると２色の尾が観察できますが、（　④　）色のイオンの尾と、白色の（　⑤　）でできた尾です。

【語群】

アダムス　アトラス　ニューオリンズ　ネオワイズ　ハレー　マーキュリー
真上　真下　反対側　向き　赤　青　オレンジ　緑　熱　ちり　酸素
ちっ素

2021(R3) 法政大学第二中
K 教英出版

2021年度　入学試験問題

社　　　会 （第一回）

（40分）

注意　1．受験番号・氏名は、問題用紙・解答用紙ともに記入すること。

2．解答はすべて解答用紙に記入すること。

3．携帯電話など音が出るものは事前に電源を切り、試験の妨(さまた)げにならないようにすること。

万一、この注意事項を読んでいる時に電源の切り忘れに気がついたら、必ず監督者に申し出ること。

受験番号 | | | | | 番

氏　　名 | |

1　次の問いに答えなさい。

問１　ロサンゼルス国際空港８月18日14時（ロサンゼルス現地時間）発、羽田空港８月19日23時（日本時間）着の飛行機のフライト時間は何時間か、答えなさい。ロサンゼルス国際空港は西経105度、羽田空港は東経135度で計算することとする。サマータイムは考えないこととする。

問２　地球を球体であると仮定したとき、地球上の特定の場所は緯度と経度であらわすことができる。メルボルンは南緯37度、東経144度であるが、メルボルンの真裏の位置を緯度と経度で答えなさい。

問３　【図１】の世界地図で赤道にあたる線を（あ）～（え）から一つ選び、記号で答えなさい。

【図１】

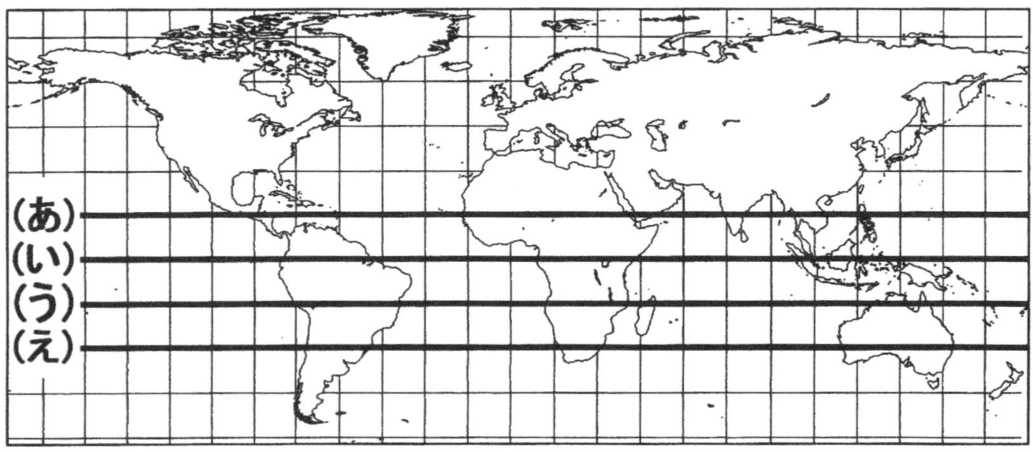

2　次の【図2】をみて、あとの問いに答えなさい。

【図2】

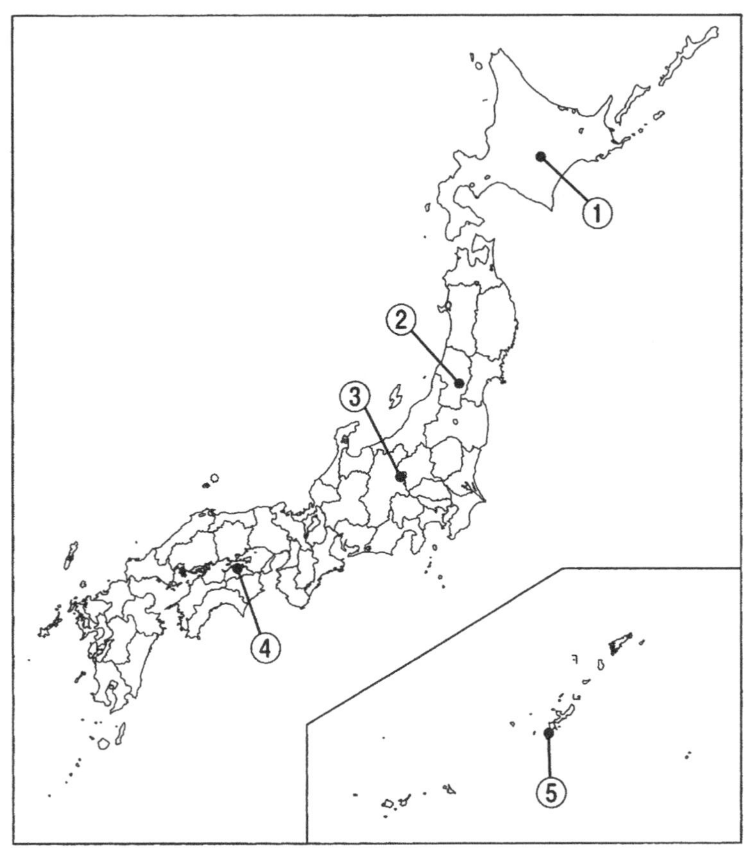

問1　【図2】の④と⑤の都市にあてはまる平均気温と降水量を、以下の【表1】の（あ）～（お）からそれぞれ選び、記号で答えなさい。ただし、同じ記号を二回つかわないこと。

【表1】1981～2010年の平均気温（℃、上段）と降水量（mm、下段）（日本国勢図会2020/21から作成）

	1月	2月	3月	4月	5月	6月	7月	8月	9月	10月	11月	12月	年平均 全年
（あ）	17.0	17.1	18.9	21.4	24.0	26.8	28.9	28.7	27.6	25.2	22.1	18.7	23.1
	107.0	119.7	161.4	165.7	231.6	247.2	141.4	240.5	260.5	152.9	110.2	102.8	2040.8
（い）	4.5	5.2	8.7	14.4	18.9	22.7	26.4	27.8	24.1	18.1	12.2	7.0	15.8
	48.4	65.6	121.8	124.8	156.5	201.0	203.6	126.3	234.4	128.3	79.7	45.0	1535.3
（う）	23.0	23.0	23.7	24.6	25.5	26.9	27.4	27.9	27.6	26.8	25.4	23.8	25.5
	49.6	52.3	49.9	14.9	16.9	6.2	11.3	12.8	17.9	42.6	62.2	74.3	410.9
（え）	5.5	5.9	8.9	14.4	19.1	23.0	27.0	28.1	24.3	18.4	12.8	7.9	16.3
	38.2	47.7	82.5	76.4	107.7	150.6	144.1	85.8	147.6	104.2	60.3	37.3	1082.3
（お）	2.4	2.4	5.4	11.5	16.6	20.6	24.6	26.3	22.0	16.0	10.2	5.3	13.6
	419.1	262.0	194.2	96.1	95.7	145.3	210.6	150.4	206.2	210.8	342.0	423.1	2755.3

問２　【図２】の①の都市がある都道府県には、他の地域ではあまり見られない読み方の地名が多くあり、この地名の多くは、先住民族であるアイヌの人々が使う言葉が由来となったとされている。次の（１）と（２）の地名の読み方をひらがなで答えなさい。

（１）「苫小牧」（一説には、アイヌ語で「ぬまの奥にある川」の意味）

（２）「比布」（一説には、アイヌ語で「石の多いところ」の意味）

問３　【図２】の①の都市がある都道府県には、「さんま」の水あげ量が全国的に多い根室港がある。根室港では他にも「たら」、「さけ」、「ます」などの水産物が多く水あげされるが、それぞれの水産物の漁獲量についての説明として正しいものを（あ）～（え）から一つ選び、記号で答えなさい。

（あ）「たら」は10月中旬から２月にかけて多くとれ、「さんま」は４月・５月に多くとれる。

（い）「さんま」は７月から10月中旬にかけて多くとれ、「さけ」や「ます」は４月から６月に多くとれる。

（う）「さけ」や「ます」は11月から１月に多くとれ、「たら」は７月から９月に多くとれる。

（え）「さんま」は12月中旬から２月に多くとれ、「たら」は８月・９月に多くとれる。

問４　次の【資料１】と【資料２】は、【図２】の①の都市がある都道府県の「主な農産物の作付面積」と「農産物生産の全国比較」のグラフである。資料中Ａ～Ｃは「小麦」・「じゃがいも」・「てんさい」のどれかにあてはまる。それぞれの組み合わせとして正しいものを（あ）～（え）から一つ選び、記号で答えなさい。

【資料１】①の都市がある都道府県の主な農産物の作付面積

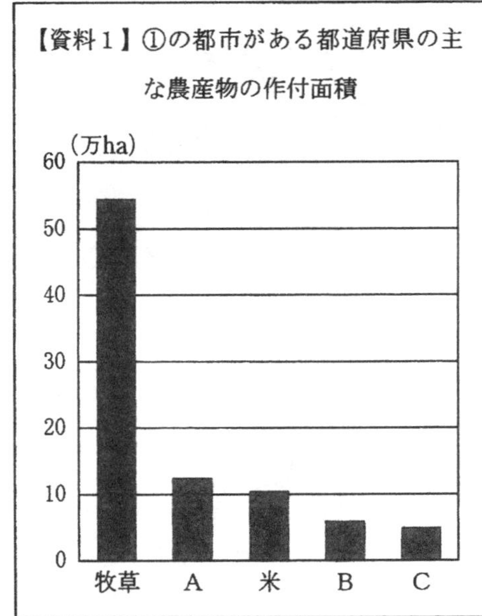

【資料２】全国の生産量を100としたときの①の都市がある都道府県の品目別生産量の割合

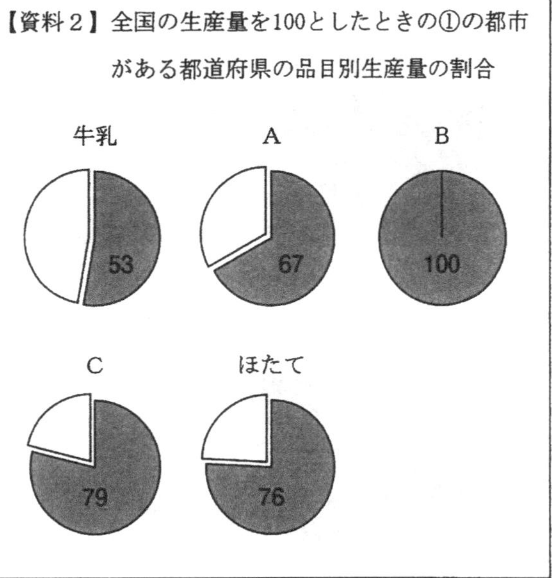

（『小学社会５』教育出版、2020から作成）

（あ）Ａ：小麦　　Ｂ：てんさい　　Ｃ：じゃがいも

（い）Ａ：じゃがいも　　Ｂ：小麦　　Ｃ：てんさい

（う）Ａ：小麦　　Ｂ：じゃがいも　　Ｃ：てんさい

（え）Ａ：じゃがいも　　Ｂ：てんさい　　Ｃ：小麦

問５　【図２】の②の都市がある都道府県では、米づくりが昔から盛んだが、60年前はほとんどが手作業でおこなってきた農作業も今では機械化が進んでいる。次の（A）～（C）の写真は昔（左）と今（右）の農作業の様子である。（A）～（C）の写真を、農作業をおこなう順に並べた場合、正しいものを（あ）～（え）から一つ選び、記号で答えなさい。

（あ）A→B→C　　（い）B→C→A　　（う）C→A→B　　（え）B→A→C

問６　【図２】の②の都市がある都道府県では、2010年に「つや姫」、2017年に「雪若丸」という新しい品種の米を開発し、販売している。次の【図３】のＡ～Ｄの都道府県において、最も多く生産されている米の品種として正しい組み合わせを（あ）～（え）から一つ選び、記号で答えなさい。

【図３】最も多く生産されている米の生産量（単位：万t）
［　］の中は、最も多く生産されている米の品種

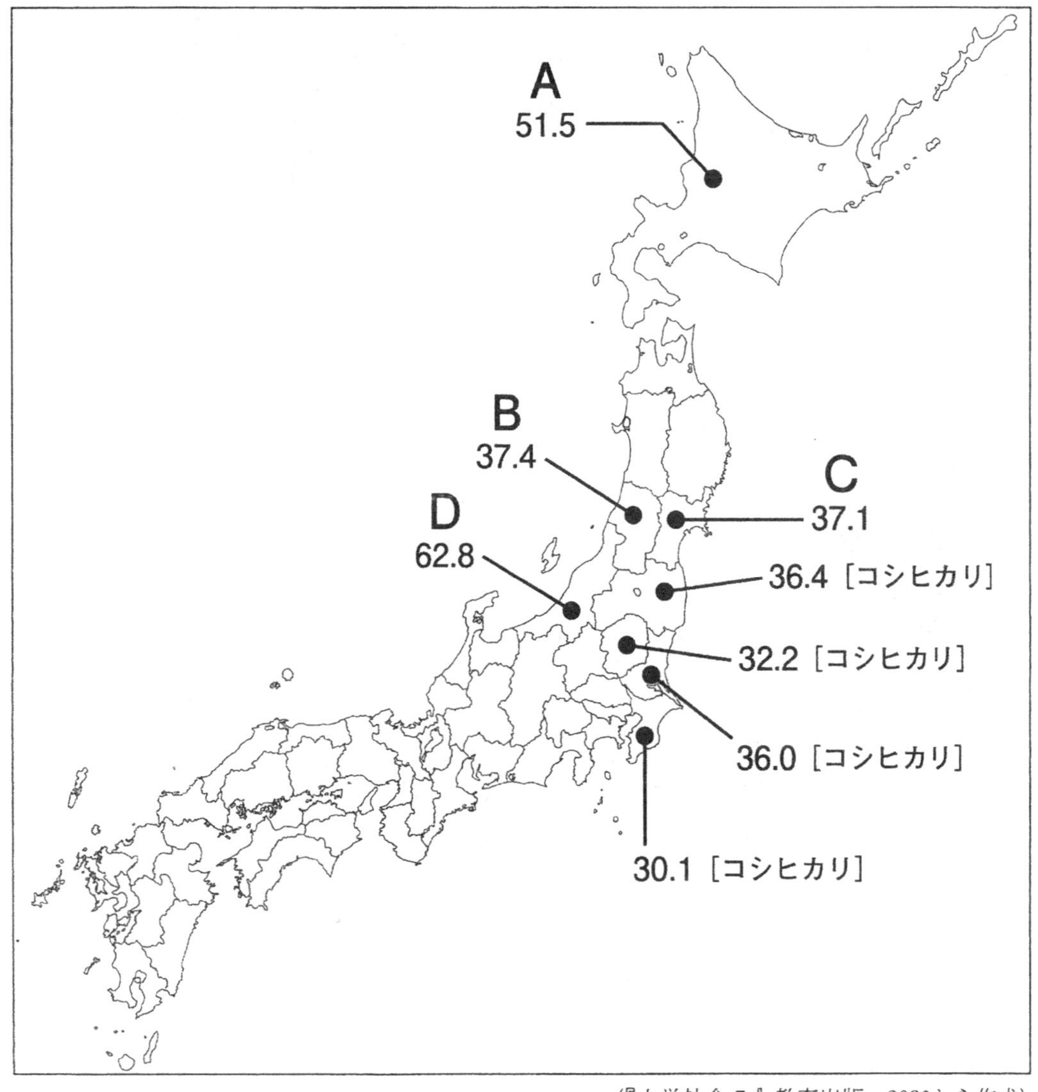

（『小学社会５』教育出版、2020から作成）

（あ）Ａ：ななつぼし　　Ｂ：はえぬき　　Ｃ：ひとめぼれ　　Ｄ：コシヒカリ
（い）Ａ：ひとめぼれ　　Ｂ：あきたこまち　　Ｃ：コシヒカリ　　Ｄ：はえぬき
（う）Ａ：ななつぼし　　Ｂ：コシヒカリ　　Ｃ：はえぬき　　Ｄ：ひとめぼれ
（え）Ａ：はえぬき　　Ｂ：ひとめぼれ　　Ｃ：コシヒカリ　　Ｄ：ななつぼし

問７　【図２】の③周辺の以下の地形図【図４】をみて、あとの問いに答えなさい。

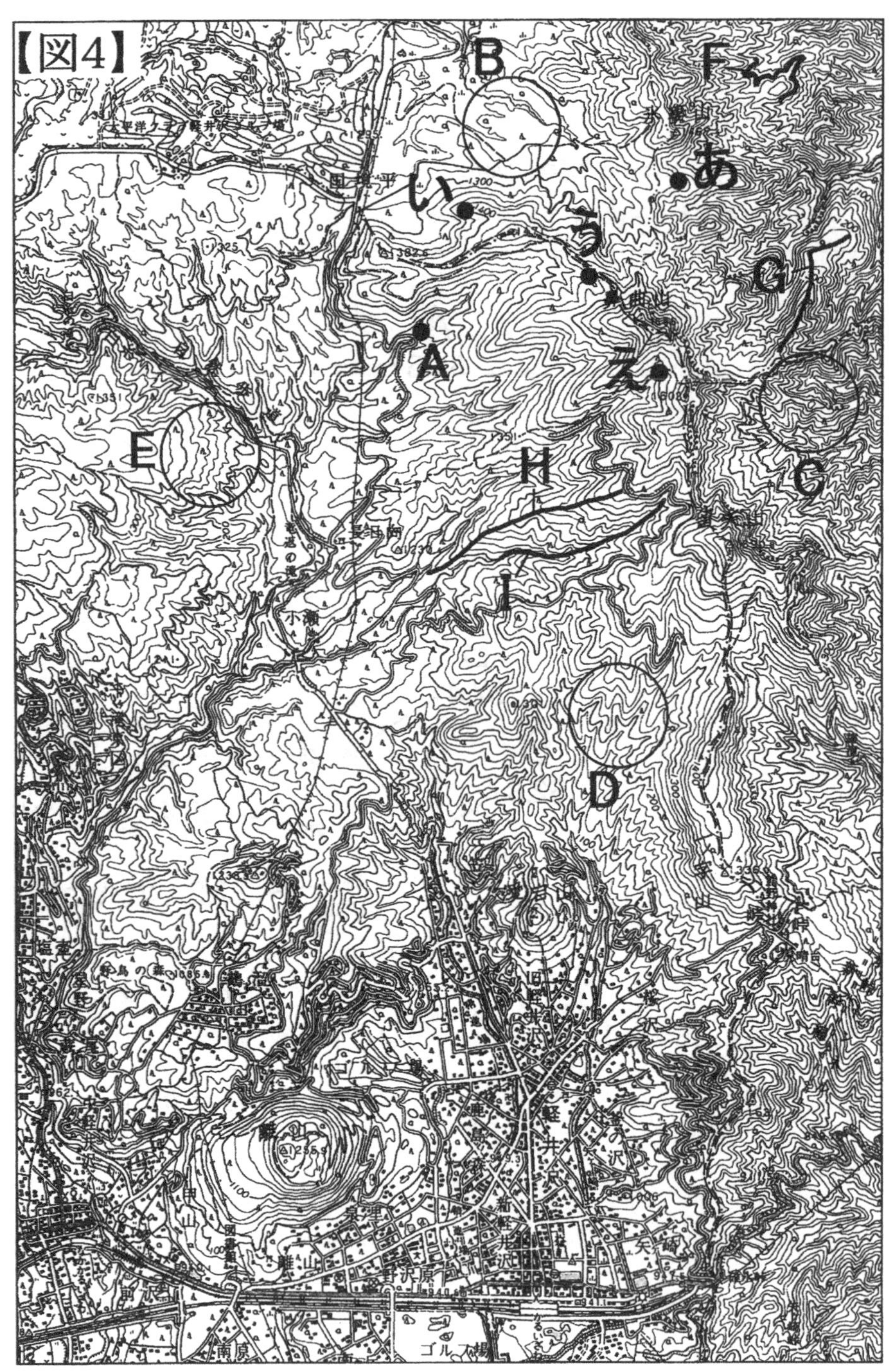

（国土地理院地形図から作成）

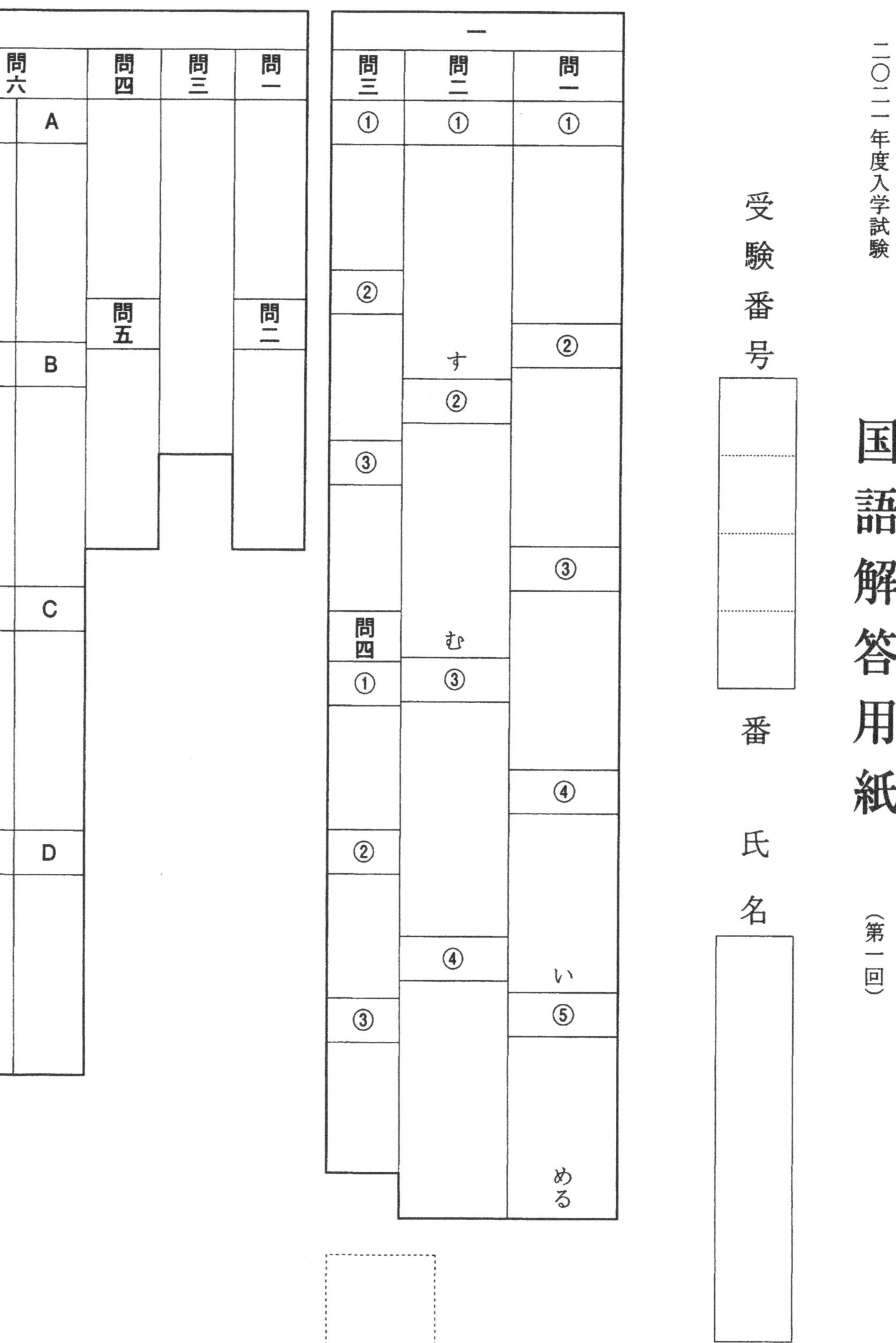

二〇二一年度入学試験

国語解答用紙（第一回）

受験番号

番　氏名

一

問一　①　②　③　④　い　⑤　める

問二　①　す　②　む　③　④

問三　①　②　③

問四　①　②　③

問一　問二

問三

問四　問五

問六　A　B　C　D

	(1)	毎分　　　　m
2	(2)	円
	(3)	cm^2
	(4)	通り
	(5)	枚
	(6)	
3	(1)	cm^3
	(2)	cm^2

6	(2)	

得　　点	※100点満点 (配点非公表)

5	問1	部分①	部分②	問2	部分①	部分②	問3	部分①	部分②
	問4			問5					

6	①	②	③
	④	⑤	

※75点満点
（配点非公表）　点

	問３							問４				
6	問１	（１）		（２）		問２			問３		問４	

7	問１	（１）		（２）		（３）		（４）		（５）		（６）
		（７）		（８）		（９）		問２				
	問３	（イ）				（ロ）						
	問４					条項						
8	問１	（１）				（２）				（３）		
	問２											
	問３											

※75点満点
（配点非公表）　点

2021年度入学試験

社会解答用紙

（第一回）　受験番号 | | | | | 番　氏名

1	問1	時間	問2		問3	

2								
	問1	④		⑤				
	問2	（1）			（2）			
	問3		問4		問5		問6	
	問7	（1）		（2）		（3）		問8	

3				
	問1			
	問2		問3	
	問4			

4	問1		問2	→　→　→

【解答

2021年度入学試験

理科解答用紙

（第一回）　受験番号　　　　番　氏　名

1	問1	性	問2	(1)	(2)
	問3	(1)	(ア)	(イ)	(ウ)	(エ)
		(2)			

2	問1		問2		問3	
	問4		問5	(1)	(2)	

3	問1	①	②			
	問2	g	問3	g	問4	

【解答

2021年度入学試験問題

算数解答用紙

（第一回）　受験番号 [　|　|　|　] 番　氏名 [　　　　]

（数字ははっきり書きなさい）

1	(1)	$\left(363\times2-\frac{363}{10}-3.63\right)\div189$ = （答）
	(2)	

4	(1)	%
	(2)	
	(3)	g
5	(1)	度
	(2)	cm^2
	(3)	秒後と　　秒後
	(1)	cm

【解答】

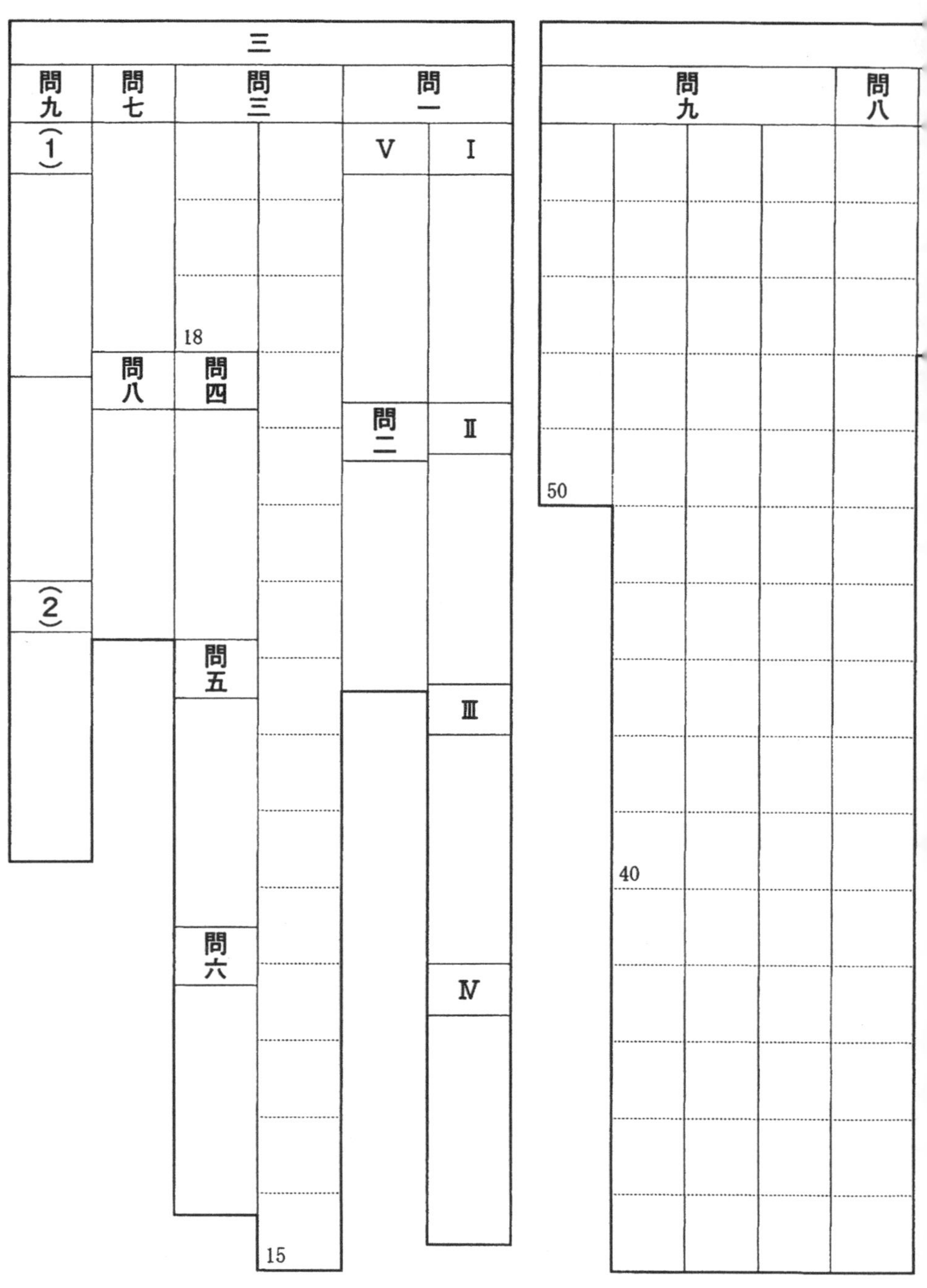

※100点満点
(配点非公表)　点

（1）あ～えの地点に雨が降った場合、A地点に流れつくものを一つ選び、記号で答えなさい。

（2）B～Eの地形の中で傾斜が最もなだらかなものと、傾斜が最も急なものの組み合わせとして正しいものを（あ）～（え）から一つ選び、記号で答えなさい。

（あ）なだらか：B　急：C　　（い）なだらか：C　急：B

（う）なだらか：D　急：E　　（え）なだらか：E　急：D

（3）地形図から読み取れる内容として、正しいものを（あ）～（え）から一つ選び、記号で答えなさい。

（あ）軽井沢駅からは郵便局よりも小学校の方が近くにある。

（い）地図上Gの線とHの線は尾根線である。

（う）地図上Fの線は尾根線、Iの線は谷線である。

（え）「離山」、「一ノ字山」、「氷妻山」では「離山」の標高が最も高い。

問８　次の【資料３・４・５】は、【図２】の⑤の都市がある都道府県のものである。（あ）～（え）から正しい説明を一つ選び、記号で答えなさい。

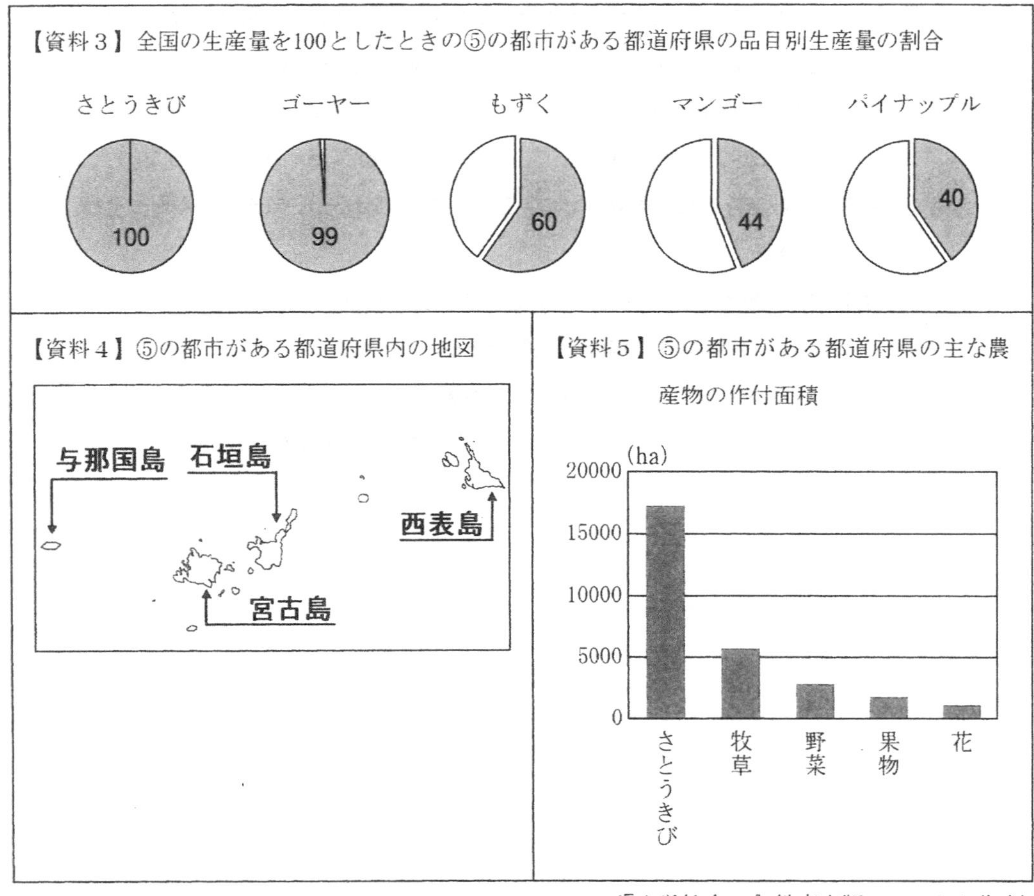

（『小学社会５』教育出版、2020から作成）

（あ）【資料３】は正しい資料だが、【資料４】は石垣島と西表島の位置がまちがっている。

（い）【資料４】は正しい資料だが、【資料３】中のパイナップルの数値は99である。

（う）【資料５】は正しい資料だが、【資料４】は宮古島と西表島の位置がまちがっている。

（え）【資料３】は正しい資料だが、【資料５】中の牧草と果物はまちがっている。

3　次の文を読み、あとの問いに答えなさい。

藤原氏と外戚(がいせき)関係になかった後三条天皇のあと、その子である白河天皇は①院政を行った。その後、政治の実権をめぐる対立が激しくなり、内乱が起こった。

内乱を平定して東国・関東の支配を確立させた源頼朝は、1192年には（　1　）に任命され、諸国の武士を統率する地位を得た。②頼朝と武士との主従関係によって鎌倉幕府の支配は成立した。

鎌倉幕府の滅亡後、南北朝の合体を実現した足利義満は、室町幕府による全国的な支配を確立させた。しかし、ききんとたびたび起こる一揆のなかで、③幕府の実権をめぐる対立が生じた。対立は地方におよび、幕府の影響力が弱まるなか、地方の武士や農民は力を強めていった。

問1　下線①について、院政はどのような政治か、説明しなさい。

問2　（　1　）にあてはまることばを漢字で答えなさい。

問3　下線②について、将軍と御家人の間には「御恩」と「奉公」による主従関係が結ばれていたが、この主従関係は何を仲立ちとして結ばれていたか、答えなさい。

問4　下線③について、将軍足利義政の跡継ぎ問題などから、有力な武家を二分して、京都を中心に10年あまりも続いた争いを何というか、4文字で答えなさい。

4　【A】～【D】の文を読み、あとの問いに答えなさい。

【A】老中田沼意次は商人の経済力を利用して幕府財政の再建をはかった。

【B】老中水野忠邦は農村の復興と幕府政治の立て直しをはかった。

【C】将軍①徳川吉宗は幕府政治の改革と財政の再建をはかった。

【D】老中松平定信は江戸の都市政策と農村の復興をはかった。

問1　下線①について、諸大名に石高1万石あたり米100石を納めさせる制度を何というか、答えなさい。

問2　【A】～【D】を古いものから新しいものへ順に並べかえ、記号で答えなさい。

5　次の文を読み、あとの問いに答えなさい。

①第一次世界大戦前後、民主的な政治を求める風潮が高まった。ロシア革命によるソビエト政権の成立は社会運動の拡大を促し、労働運動や農民運動が高まりをみせた。婦人運動も盛んになるなか、平塚らいてう達は（　1　）社を結成して女性の解放を目指した。被差別部落の人々は団結を強め、自己の力で人間としての平等を獲得するために、全国（　2　）社を設立して運動を進めた。

1924年には第二次護憲運動が起こり、②加藤高明内閣が成立した。以後、衆議院の多数党が政権を担当する③政党内閣が続くようになり、「憲政の常道」と呼ばれた。

問1　下線①について、これに関係する人物の説明としてまちがっているものを（あ）～（え）から一つ選び、記号で答えなさい。

（あ）吉野作造は民本主義をとなえ、普通選挙と政党政治の必要性を主張した。

（い）尾崎行雄は立憲政治を守ろうとする護憲運動をおこした。

（う）石橋湛山は小日本主義にもとづく植民地放棄論などを主張した。

（え）美濃部達吉は天皇主権説をとなえ、天皇の権力は絶対であると主張した。

問2　（　1　）と（　2　）にあてはまることばを（あ）～（え）からそれぞれ選び、記号で答えなさい。

（あ）自由　（い）青鞜　（う）白樺　（え）水平

問3　下線②について、この内閣は1925年に普通選挙法を成立させたが、選挙権を与える年齢が満25歳以上であった他に現在の普通選挙制との違いは何か、答えなさい。

問4　下線③について、政党内閣は1932年の海軍将校による首相官邸の襲撃で終わりを告げる。この出来事を何というか、答えなさい。

6　次の文を読み、あとの問いに答えなさい。

戦後、ＧＨＱの占領政策は①日本の民主化と非軍事化の徹底であったが、冷戦の拡大を受けて、日本をアジアの共産主義に対抗する勢力に育てる方向へと政策の転換がなされた。

冷戦の激化にともない各地で緊張が高まり、1950年には（　1　）戦争が勃発した。日本では、ＧＨＱの指令に基づいて②警察予備隊が設立され、日本の再軍備が開始された。アメリカは東アジアでの日本の役割を重視して日本との講和を急いだ。日本は1951年に48か国とサンフランシスコ講和条約を締結し、翌年に主権を回復した。同時にアメリカと日米安全保障条約を締結し、アメリカ軍の駐留を引き続き認めた。その後、国際連合への加盟を認められ国際社会に復帰した日本は、③1960年にはアメリカとの結びつきをさらに強めた。

日本の主権回復後もアメリカの統治下に置かれた沖縄では、米軍基地に対する闘争が広がり、復帰運動へと発展していった。1965年に開始されたアメリカによる北爆と南への地上軍投入によって本格化した（　2　）戦争では、沖縄の米軍基地が使用されたことから、復帰運動は反戦運動とも結びつき高まりをみせた。復帰運動の高まりを背景に、佐藤栄作首相は1971年にニクソン大統領と返還協定を締結し、翌年に沖縄の本土復帰が実現した。

問１　（　1　）と（　2　）にあてはまることばを（あ）～（え）からそれぞれ選び、記号で答えなさい。

（あ）ベトナム　　（い）湾岸　　（う）イラク　　（え）朝鮮

問２　下線①について、寄生地主制から農民を解放し、自作農の創設を目的として実施されたものを何というか、漢字で答えなさい。

問３　下線②について、1954年に改められた名称を（あ）～（え）から一つ選び、記号で答えなさい。

（あ）保安隊　　（い）海上警備隊　　（う）自衛隊　　（え）警備隊

問４　下線③について、1960年に新安保条約を締結した首相を（あ）～（え）から一つ選び、記号で答えなさい。

（あ）鳩山一郎　　（い）岸信介　　（う）吉田茂　　（え）池田勇人

7　次の文を読み、あとの問いに答えなさい。

私たちは、みんな、人間らしく生きていきたい。これが、憲法のお話を始める出発点です。私たちには、人間らしく生きていく権利（人権）があります。この権利はだれからもらったのでしょうか？

国からもらったもの？いいえ、国からもらったものなら、国の都合で制限されかねません。

そこで、次のように考えることにしましょう。

「私たちが人間らしく生きていく権利は、人間として生まれた以上、生まれながらにして（　1　）に備わっている。生まれながらにして、（　2　）から与えられている。（略）」

この考え方は、イギリスのロック、フランスのルソーが唱えたもので、（略）日本国憲法も、この考え方に基づいています。

> 日本国憲法第11条
>
> 国民は、すべての①基本的人権の享有を妨げられない。この憲法が国民に保障する基本的人権は、侵すことのできない（　イ　）の権利として、現在及び（　ロ　）の国民に与へられる。

私たちが人間らしく生きるために、私たちを取り仕切って政治をする人が必要です。だから、（　3　）を作って政治を任せましょう。でも、単に一任するのでは、（　3　）が本当に私たちの権利を守ってくれるか心配です。

そこで、ちゃんと私たちの権利を守るように政治をする、と（　3　）に約束してもらいます。もし、約束に反して私たちの権利を侵したら、私たちは（　3　）に抵抗する権利があります。このような考え方を社会契約説といいます。

（　3　）に政治を任せるうえで、「（　3　）がしてはいけないこと」、「（　3　）がしてもいいこと」、「（　3　）がしなければならないこと」といった約束を交わしておけば、私たちは安心です。この約束が憲法です。（　3　）は、約束＝憲法という「檻（オリ）」にしばられて、政治をしなければなりません。

このように憲法にもとづいて政治を行うことで、私たちの権利を守る、という考え方を（　4　）主義といいます。

「権力を法でしばる」という（　4　）主義の考え方は、1215年に、イギリスの貴族が王様の勝手な支配をやめさせるために王様に署名させた「マグナ・カルタ」にまでさかのぼるといわれています。

（　4　）主義と似ていますが、権力を法で拘束し、権力者といえども法の下にある、という考え方を法の支配といいます。「法の支配」の反対は、「（　5　）の支配」です。

法律は、国会で出席議員の（　6　）が賛成すれば改正できます。しかし、②憲法の改正には、衆参両議院の総議員の（　7　）以上の賛成で（　8　）し、国民投票で（　6　）の賛成が必要です。なぜ、憲法はこのように改正しにくくなっているのでしょうか。

そもそも、（　9　）法規である憲法に違反する法律には効力がありません。しかし、憲法のほうを法律に合わせて自由に変えてしまえるのでは、憲法の意味がありません。単に「（　9　）法規です」

と宣言するだけでは、憲法は（　９　）法規としての役割を果たせません。法律より変えにくいからこそ、憲法は（　９　）法規なのです。（略）

（　４　）主義を守る立場から、世界各国のほとんどの憲法が、法律より変えにくい「硬性憲法」なのです。

（楾大樹『憲法がわかる46のおはなし　檻の中のライオン』一部改編）

問１　（　１　）～（　９　）にあてはまることばを（あ）～（つ）からそれぞれ選び、記号で答えなさい。ただし、同じ記号は二回以上つかわないこと。

（あ）天　（い）中立　（う）発議　（え）最高　（お）天然
（か）市民　（き）３分の２　（く）２分の１　（け）立法　（こ）政府
（さ）自然　（し）公布　（す）主権　（せ）国民　（そ）人
（た）自動的　（ち）過半数　（つ）立憲

問２　下線①について、「社会権」と呼ばれる基本的人権のうち、「生存権」以外の「社会権」を一つ答えなさい。

問３　文中の枠内の憲法第11条の条文で、（　イ　）と（　ロ　）にあてはまることばをそれぞれ答えなさい。

問４　下線②について、現在検討されている、「戦争などが起こったときに、国家の存立を維持するため、行政に権力を集中させるなど、日本国憲法で保障されている国民の基本的人権などの権利を一時停止する条項」を一般に何と言うか、漢字４字で答えなさい。

8　次の文を読み、あとの問いに答えなさい。

いまも世界のどこかで紛争が起き、多くの人々が大切な家族や親せき、家や財産を失って悲しみにくれています。①紛争地域の人々は、その日一日の生活を何とか暮らしているという現実があります。その中には、みなさんと同じかそれより小さな子どもたちが大勢いるのです。

そのような国際情勢の中、日本人女性初の国連事務次長となった中満泉（なかみついずみ）さんは、その著書『危機の現場に立つ』(2017）で、国際連合の役割について以下のように語っています。

「国際連合とは、そもそも世界の平和と安全を保つために作られた国際組織です。第一次世界大戦後の1920年１月に発足した国際連盟は、結局（　１　）が参加せず、また1930年代以降の日本、ドイツ、イタリアなどの脱退もあり、第二次世界大戦を防ぐことができませんでした。

その教訓も踏まえ、国連では15か国からなる安全保障理事会が『国際の平和と安全』を維持する責任を担っています。15か国のうち、10か国は２年の任期で選挙で選ばれる非常任理事国、（　１　)、イギリス、フランス、ロシア、中国の５か国は常任理事国です。常任理事国は手続き事項をのぞくすべての実質事項について（　２　）権を持っています。国際の平和と安全は、『(　３　）の原則』にもとづいて守られる、という考え方なのです。(略)

②紛争の解決や平和への脅威に対応するために国連がとるさまざまな方策は、国連憲章の第６章と第７章に記載されています。仲介や調停、仲裁裁判や司法的解決など平和的な手段もありますし、さらに進んで加盟国全体に履行を義務づける経済制裁や、武器禁輸、外交断絶などの非軍事的強制措置を決定することもあります。」

問１　（　１　）～（　３　）にあてはまる国名やことばを答えなさい。

問２　下線①について、紛争地域の人々の中で、「人種、宗教、国籍、政治的意見やまたは特定の社会集団に属するなどの理由で、自国にいると迫害を受けるかあるいは迫害を受けるおそれがあるために他国に逃れた」人々を一般に何と言うか、(あ）～（え）から一つ選び、記号で答えなさい。

(あ）流民　　(い）棄民　　(う）移民　　(え）難民

問３　下線②について、2017年に国連で採択された「核兵器禁止条約」の内容と、現在（2020年10月時点）までの被爆国である日本政府の条約に対する姿勢を説明しなさい。

２０２１年度　入学試験問題

理　　　科　（第一回）

（40分）

注意　1. 受験番号・氏名は問題用紙・解答用紙ともに記入すること。

2. 解答はすべて解答用紙に記入すること。

3. 携帯(けいたい)電話など音が出るものは事前に電源を切り、試験の妨(さまた)げにならないようにすること。万一、この注意事項(じこう)を読んでいるときに電源の切り忘れに気づいたら、必ず監督(かんとく)者に申し出ること。

4. 文字や記号・数字は、はっきりと書くこと。

5. 計算は問題用紙の余白を利用すること。

6. 選択(せんたく)問題で答えが複数ある場合は、すべて解答用紙に書くこと。

受験番号					番

氏　　名	

1. 次の会話文を読んで、以下の問いに答えなさい。

政二「昨日、水族館に行ったときに見た、たくさんの水草と熱帯魚が一緒に展示してあるアクアリウムは特に綺麗だったよ。」

法子「水族館にあるアクアリウムは、大きくて迫力があるわよね。家でも見られたらいいのに。」

政二「調べてみたら、小さな水槽でボトルアクアリウムを作ることができるみたいだよ。」

法子「そうなのね！何が必要なのかしら？」

政二「ボトル型の水槽、水草や魚の他には、大まかに、ソイルという粒状の土、水槽を照らすライトなどが必要になるみたいだよ。」

法子「初めて聞くようなものもあるわね。ソイルって、普通の土と何が違うの？」

政二「いくつか種類や特ちょうがあるようだけど、水草に必要な肥料を含んでいたり、①水中の酸性・中性・アルカリ性の調整を行ったりするものがあるようだよ。」

法子「便利な土なのね。じゃあどんどん使った方が良いのね。」

政二「そうでもないよ。②水槽内の肥料が多すぎると、コケなどが繁殖してしまうから良くないみたい。」

法子「そうなのね。あと、気になっていたのだけれど、エアーポンプは必要ないのかしら？」

政二「③水槽に入れる水草のはたらきによって、小さなボトルならエアーポンプは要らないみたい。ただその分、水草のために④ライトは用意しなくてはいけないけどね。」

法子「なるほどね。興味があるし、家で作ってみようかな。」

問１　水槽を飾るために、石灰石をたくさん入れたところ、魚が弱ってしまいました。それは水の性質がどのようになったからだと考えられますか。下線部①の中から性質を選んで答えなさい。

問２　下線部②に関して、以下の問いに答えなさい。

（１）水槽内の水質が悪化する原因は、エサの食べ残しや、魚のふんが残ってしまうことも考えられます。それらを植物が吸収できる状態まで分解してくれる生物が十分にいるとそれらの問題は解消されます。この生物を特に何と言いますか。

（２）湖沼や内湾が同じような状態になり、藻類やプランクトンが異常発生してしまう現象を何と言いますか。

問３　以下の問いにそれぞれ答えなさい。

（１）下線部③に関して、水草のはたらきによってエアーポンプが必要ないのはなぜですか。その説明となるように以下の（　ア　）～（　エ　）にあてはまる語句を答えなさい。

水草は、（　ア　）というはたらきを行っていて、そのはたらきは、水草の中にある（　イ　）というところで、水と（　ウ　）から、でんぷんなどの栄養分と（　エ　）をつくり出す。このはたらきが十分に行われれば、エアーポンプがなくても（　エ　）を水槽の中に保つことができるようになるから。

（２）下線部④に関して、ボトルアクアリウムにライトが必要な理由は何ですか。次の（ア）～（エ）から正しいものをすべて選び記号で答えなさい。

（ア）ライトが発熱するので、水温の調節ができるから。

（イ）明るくすることで、魚が水槽内のエサを見つけやすくすることができるから。

（ウ）魚が常に起きていられるように、１日中十分な光を与(あた)えなくてはならないから。

（エ）ライトを当てることで、太陽の代わりに光エネルギーを与えることができるから。

2. 図のような斜(しゃ)面装置の上に、砂とどろを混ぜたものをのせて、みぞをつけて◎の場所から水を流して、流れる水のはたらきについて調べました。みぞは、装置を上から見た図のようにつけました。以下の問いに答えなさい。

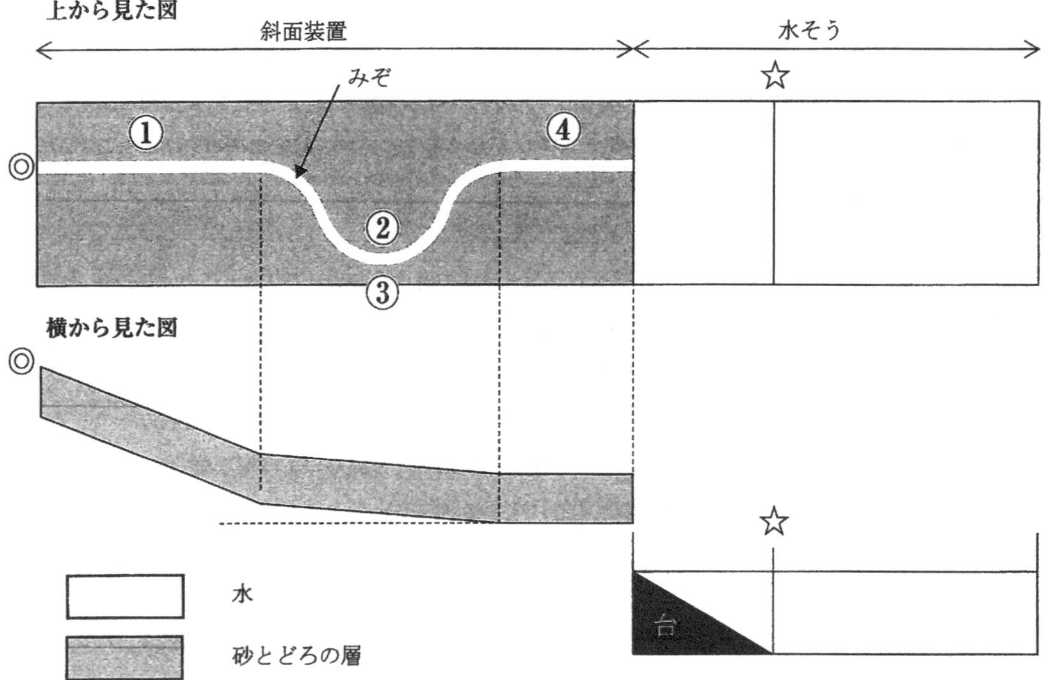

問1　一定量の水を流す実験を1回行いました。水はみぞにそって流れたとして、正しくのべているものを次の（ア）～（エ）から2つ選び記号で答えなさい。

（ア）まっすぐ流れている①の近くは、みぞが深くなり、みぞのはばはせまくなった。

（イ）曲がって流れている場所では、②側より③側の方が流れは速かった。

（ウ）曲がって流れている場所では、②側の岸がけずられ③側に土が積もっていた。

（エ）まっすぐ流れている④の近くでは、流れてきた土が積もっていた。

問2　一定時間水を流し続けたとき、まっすぐ流れる①と④では、どちらの底の方が深くけずられるか、番号で答えなさい。

問３　④の先に流れた水は、砂やどろを水そうに流しこんでいました。そこで、流れる土砂のしずむようすを観察するために、水を流すまえに、水そうの☆の場所に板をたてて流れてくる土砂をせき止めるように設置しました。みぞに一定量の水を流したあと、水そうに流れこんだ砂やどろがしずみきってから、もう１度、みぞに一定量の水を流す実験をしました。このとき、土砂のしずんだようすを観察したときのスケッチとして最も適切なものを次の（ア）～（オ）から１つ選び記号で答えなさい。なお、一度しずんだ土砂は、流れてくる水流によって再びまい上がらないものとします。

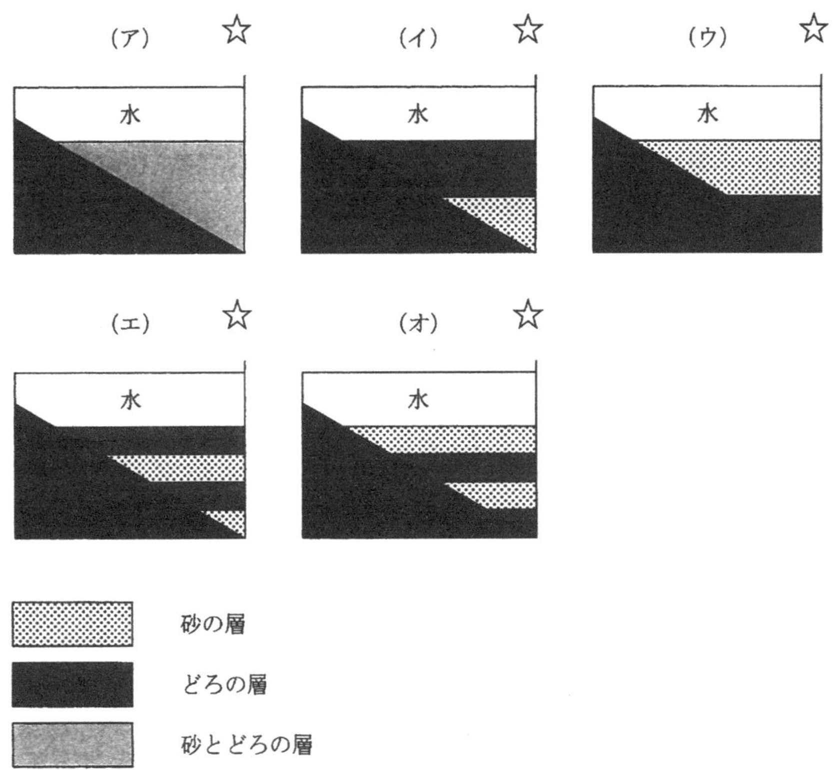

問４　☆の場所に板をたてずに実験をした場合、流れこんできた土砂はどのようにしずむか、もっとも適切なものを次の（ア）～（エ）から１つ選び記号で答えなさい。

（ア）つぶの大きな砂は、水に強くおされるので、水圧の影響（えいきょう）で遠くまで流されてからしずむ。

（イ）土砂を運ぱんする水のはたらきは、つぶの大きさには関係ないので、遠くまで砂とどろが混ざったまましずむ。

（ウ）どろの方が軽いので、遠くまで流されてからしずむ。

（エ）どろも砂も☆印の少し先にほぼ同時にしずむが、その後水のはたらきでけずられ、砂が遠くまで運ぱんされる。

問５　まっすぐ流れる①の部分の斜面の角度をさらに急にしたところ、ゆるやかな斜面に入るあたりで、流れが曲がる前にこう水がおきてしまいました。

（１）こう水を防ぐ方法としてあやまっているものを次の（ア）～（エ）からすべて選び記号で答えなさい。

（ア）まっすぐ流れる①の部分の川はばを広くする。

（イ）川全体の川底の強度を増すため、セメントで固める。

（ウ）角度がゆるやかになるあたりから下の川はばを広くする。

（エ）角度がゆるやかになるあたりから下の川の深さを深くする。

（２）こう水などの自然災害にそなえて、過去の被害状況をもとに、予想される被害のようすやひなん場所などがかかれている地図を一般に何というか答えなさい。

6 図のような，底面のたてが㋐cm，横が3cm，高さが4cmの直方体があります。点Aから直方体の側面にそって，糸をたるまないように巻き付け，糸の長さが最も短くなるようにします。次の問に答えなさい。

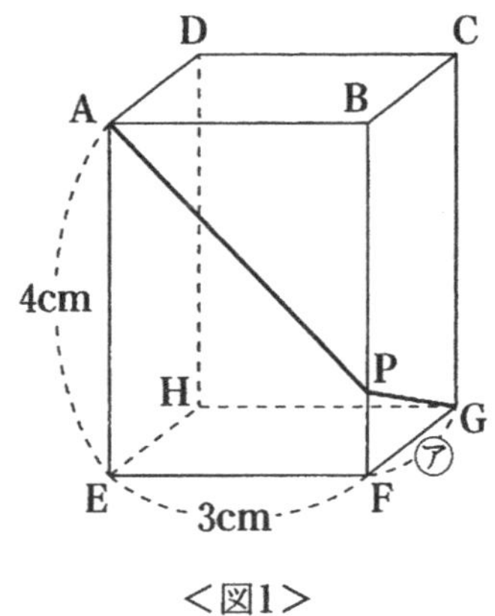

<図1>

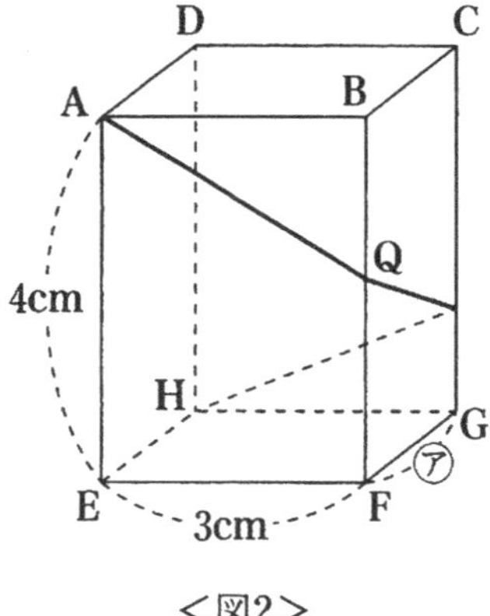

<図2>

(1) <図1>で，㋐が2cmであるとき，点Aから辺BF上の点Pを通って点Gまで糸を巻きつけました。PFの長さは何cmですか。

(2) <図2>で，点Aから辺BF上の点Qを通って点Hまで糸を巻きつけたら，QFの長さが$\frac{32}{11}$cmになりました。㋐の長さは何cmですか。言葉，計算式，図などを用いて，考え方も書きなさい。

法政大学第二中学校

二〇二〇年度入学試験問題

国語 (第一回)

(50分)

注意

一、受験番号・氏名は、問題用紙・解答用紙ともに記入すること。

二、解答は、すべて解答用紙に記入すること。

三、携帯電話など音が出るものは事前に電源を切り、試験の妨(さまた)げにならないようにすること。
万一、この注意事項を読んでいる時に電源の切り忘れに気付いたら、必ず監督者に申し出ること。

受験番号　　番

氏名

一　次の各問に答えなさい。

問一　次の①～⑤の傍線部を正確に漢字で答えなさい。

①　キヌで出来た衣服。　②　ゲキジョウで映画をみる。　③　シンゾウの手術を受ける。

④　板に文字をキザむ。　⑤　新しいセイトウを結成する。

問二　次の①～④の傍線部の漢字の読みを正確にひらがなで答えなさい。

①　後方に退く。　②　彼(かれ)は法律が裁く。　③　申し出を快く受ける。　④　険しい山を登る。

問三　次の①～③の意味を持つ慣用句の空欄に入る体の部分を表す漢字を一字で答えなさい。

①　【　　】がない　…　たいそう好きである。

②　【　　】をすえる　…　覚悟(かくご)を決めること。

③　【　　】を明かす　…　出し抜(ぬ)いてあっと言わせること。

問四　次の①～③の空欄に入る最も適切な語を〈選択肢(せんたくし)〉より選び、記号で答えなさい（同じ記号は二度使えません）。

①　夏休みの自由研究のため、アリの活動を【　　】観察する。

②　さっきまで晴れていた空が【　　】真っ黒い雲におおわれた。

③　眠(ねむ)っていた彼は【　　】起き上がって仕事に取りかかった。

〈選択肢〉

ア、おしなべて　イ、やおら　ウ、とんと　エ、にわかに　オ、つぶさに

二　次の文章を読んで、後の各問に答えなさい（なお、出題の都合上、本文を省略した所がある）。

※1 もうひとつの問題に移ろう。今度の問題は「なぜ悪いことをしてはいけないのか」とか「なぜ善いことをすべきなのか」といった問題だ。これは、これまでの問題よりずっとかんたんな問題だと思う。だから、教育的配慮という点では、こっちを先にまわした方がよかったかもしれない。でも、ぼくがこの問題を問題と思いはじめたのは、第一の問題よりもずっと後になってからのことで、よく考えるようになったのは、中学生になってからのことだ。

かんたんな問題だと思う理由のひとつは、この問題ははじめからほかの子どもたちにも理解されたからだ。①道徳というものに対する懐疑というか、何かあやしげな、まやかし臭い感じは、たいていの生意気な中学生が感じるものらしい。だから、ぼくの問題はほかの子どもたちによく理解された。少なくとも、最初から何を言ってんのかぜんぜんわからんというような顔をされることはなかった。

ところがよく話してみると、たいていの場合、彼らの問題とぼくの問題は微妙にずれていた。ぼくがそのずれに気づいたとき、ぼくはこれもまた「哲学的」な問題なのではないかと直感した。

たいていの子どもたちは、道徳に普遍性がないということに問題を感じるらしかった。つまり、何が善いことで何が悪いことか、なんてはっきりしないじゃないか、と思うらしいのだ。戦争中は敵を殺すことが善いこととされるじゃないか、なんて話をよく聞かされたものだ。

でも、ぼくの問題はそうではなかった。そういう問題感覚をもっている子には、それならば何が善いことで何が悪いことかがもしはっきりわかれば、善いことをしなくちゃいけなくて悪いことはしちゃいけない、といえるのか、と聞き返せばよかったのだが、考えているうちにたいてい自分でも自分の問題の意味がわからなくなってしまった。でも、聞き返したとしても、そりゃあそうだ、という答えが返って来たような気がする。ぼくはずっと、なんかちがうな、と思いながら、自分の問題がうまくつかみきれずにいた。【A】

中学三年のときに、みんなと道徳的善悪に関するちょっとした文集のようなものを作ったのだが、ぼくはそのときも、ほかの子たちと同じように善悪の基準のことについてしか書けなかった。でもその点については、せいいっぱい考えて、自分一人で、後から思えば「功利主義」といえるような考え方を編み出した。ついでにそのことを書いておこう。

それは要するに、善悪は幸福をつくり出すか不幸をつくり出すかで決まる、という考え方だ。残念ながら、そのときは幸福と不幸という言葉を思いつかなかったので、「いいこと」と「嫌なこと」という言葉で考えたと思う。人々が「好い」と感じる状態をつくり出すような行動が「善い」ことで、人々が「嫌だ」と感じる状態をつくり出すような行動が「悪い」ことだ。被災地でのボランティア活動が善いことで、いじめが悪いことである理由がこれで説明がつく。

戦争中は敵を殺すことが善いこととされるのは、それが自分たちに好いと感じられる状態をつくり出すと信じられているからで、もしほんとうにある人を殺すことでみんなが好いと感じるなら、それは善いことだ、とぼくは考えた。これはいわゆる②功利主義的な考え方で、また、死刑容認論に通じる考え方だ。ぼくはそのとき、何の問題もない一市民を殺すことで他のみんなの不幸が避けられるならば、その無実の人を殺すことは善いことなのか、といった、いわゆる正義と功利の対立の問題に、まったく思いいたらなかった。【B】

当時のぼくの考えには、その他にも色々な欠陥があったが、それでもぼくは一つのことを発見し、ある確信をもった。それは、人が好いと感じたり嫌だと感じたりする内容はさまざまだが、大体において一致する、ということだ。どんな人もほとんど例外なく、病気であるよりも健康である方が好いと思っている。だから、人の病気を治してあげることは善いことで、人を病気にさせたり怪我をさせたりすることは悪いことなのだ。そして、それはほとんど客観的にいえることなのだ。

人間が生きる目的（人生の意味）なんて、あらかじめ客観的に決まっているわけじゃない。だから、どんな人生が好い人生で、どんな人生が嫌な人生かなんて、一般的にはわからない――と思われもする。でも、いま言ったことが正しければ、たとえば病気で一生苦しみ続ける人生よりも健康で過ごした人生の方が、少なくともその点に関する限り、好い、幸福な人生であることはハッキリしている。実際、一生病気で苦しむことを望む人はいない。健康で快適な気分で生きた方が好いに決まっているからだ。

そのときはぜんぜん気づかなかったのだが、ぼくはこの考察を通じて、ぼく自身の問題を考えるうえで決定的な、ある重要な発見をしていた。この発見がほんとうに重要であることがわかったのは、つい最近になってからのことなのだが。ここまで来たついでに、その点にもあらかじめ触れておこう。

お気づきのことと思うが、ここまでの叙述でXぼくは、「好い」と「善い」を、そして「嫌な」と「悪い」を、使い分けてきた。この違いがわからないひとはいないだろう。健康であることは「好い」ことだが、べつに道徳的に「善い」ことであるわけではない。また、病気であることは「嫌な」ことだが、道徳的に「悪い」わけではない。病気をなおしてやることによって嫌な状態をなくし、好い状態をつくりだしてやることなら、道徳的に善いことだろうし、その逆なら、道徳的に悪いことだろう。つまり、道徳的な善悪は、道徳外的な好悪（好いことと嫌なこと）に依存しているわけだ。そうでない、それ自体としての道徳的善悪なんて、考えられるだろうか。

ところが、たとえば英語なら、「好い」も「善い」も「good」だし、「嫌な」も「悪い」も「bad」で表せるだろう。日本語の場合だって、どちらの意味も「よい」と「悪い」で表すことができる。③これが混乱の原因なのだ。

（中略）

実際、ぼくは今でもときどき奇妙に感じるのだが、たとえば政治評論など、世の中で通用している言論はすべて、何ごとかが善いことであるということと、それをしなくてはいけないということを直結させ、それをしなかった人を非難する。また、何ごとかが悪いことだということと、それをしてはいけないということとを直結させ、それをした人を非難する。だれもそのことを不思議に感じないらしいけれど、ぼくには不思議だった。他の人が不思議だと思わないこともまた、ものすごく不思議だった。【C】

それと付随的に、相手を［Ⅰ］に非難するということを、だれもが何か［Ⅱ］で決定的なことであるかのように考えていることにも、何か変な感じがした。冷静に考えてみれば、道徳的に悪いなんてことは、そう大したことではない、とはいえないだろうか。ぼくはよく（道徳的に非難したときにも、されたときにも）④そんな感じ（反道徳的な後ろめたさ?）に襲われた。人々は道徳的観点というものを少し過大視してはいないだろうか。二十歳を過ぎてから、ぼくは意識的に義憤のような感情に自分を慣らす練習をして、今ではこの感じはかなりおさまったが、他の人々にくらべるとまだまだだいぶおかしいようだ。

困っている人を助けることは善いことだ。ぼくはそれを認める。でも、だからといって、どうしてそうしなくちゃいけないのか。善いことだということから、どうしてしなくちゃいけないということが帰結するのか。逆に、悪いことだということから、なぜしちゃいけないということが帰結するのか。【D】

「善い」とはすなわち「するべき」という意味で、「悪い」とはすなわち「しちゃいけない」という意味なんだ、という意見があるかもしれない。でも、それは成り立たない。これまですでに論じたように、たとえばもし「善い」ということが「好い状態をつくり出すこと」という意味であり、「悪い」ということが「嫌な状態をつくり出すこと」という意味だとすると、「善い」「悪い」の意味は、そういう内容によって定義されているのだから、「するべき」とか「しちゃいけない」といったようなことで定義されているのではない。たとえ内容に関する考えがちがっていても、いずれにせよ、善悪が何らかの内容によって定義されているならば、なぜそれをしなくちゃいけないのか、なぜそれをしちゃいけないのか、という問いはつねに立てられるはずだ。

でも、かりに「善い」とは「するべき」という意味で「悪い」とは「しちゃいけない」という意味なのだとしても、⑤問題そのものは変わらない。その場合、問題は「なぜ困っている人を助けることは善いことなのか」という形で表現されることになり、一見すると善悪の規準に対する疑問のような外見を呈するだけだ（実際、善悪の規準に対する懐疑のようでいながら、実はそれをなぜなすべきなのかという次元の問いを問うている場合はよくある）。

（永井均「〈子ども〉のための哲学」より）

［注］　※1　もうひとつの問題……この前の問題として「なぜぼくは存在するのか」が考察されていた。

問一　傍線部①「道徳というものに対する懐疑」とあるが、それはどういうことか。その説明として最も適切なものを次から選び、記号で答えなさい。

ア、中学生ぐらいの子どもたちは、悪いことはあやしげなことで、善いことはまやかしだと疑っているということ。
イ、中学生ぐらいの子どもたちは、悪いこと、善いことのいずれも、あやしげなまやかしだと信じて疑わないこと。
ウ、中学生ぐらいの子どもたちは、悪いこと、善いことを規定することに疑わしい思いを抱くことがあるということ。
エ、中学生ぐらいの子どもたちは、悪いこと、善いことを守ることに対して納得がいかないことばかりだということ。

問二　傍線部②「功利主義的な考え方」とあるが、これはどのような考え方のことなのか。それを端的に説明した部分を、解答欄の「〜という考え方」に続く形で二十字以上〜二十五字以内で抜き出し、はじめと終わりの五字を答えなさい。

問三　傍線部③「これが混乱の原因」とあるが、なぜ混乱することとなってしまうのか。その理由の説明として最も適切なものを次から選び、記号で答えなさい。

ア、「善悪」と「好悪」との問題は分けて考えなければならないにもかかわらず、英語や日本語においてはそのどちらも「よい」「悪い」でとらえてしまうことができ、両者の区別があいまいになってしまうため。
イ、「善悪」と「好悪」との問題は無関係の問題として考えなければならないにもかかわらず、英語や日本語には無関係の問題として考える習慣がなく、関係のあるものとして扱ってしまうという性質があるため。
ウ、「善悪」と「好悪」との問題は明確に切り離して考えなければならない問題であるにもかかわらず、世間一般的な考え方では切り離して考えず、筆者の考え方と世間一般の人々の考え方とが一致しないため。
エ、「善悪」と「好悪」との問題は日本語では分けて考えることができるにもかかわらず、英語では分けて考えることができないために、日本語もその影響を受けて区別をすることが困難になってしまうため。

問四 空欄Ⅰ・Ⅱに入る語を、それぞれ次から選び、記号で答えなさい（同じ記号は二度使えません）。

ア、対照的　イ、建設的　ウ、実際的　エ、道徳的　オ、個別的　カ、最終的

問五 傍線部④「意識的に義憤のような感情に自分を慣らす」とあるが、それはどのようなことか。その説明として最も適切なものを次から選び、記号で答えなさい。

ア、道徳的観点が全てなのだという人に対して、怒りを持つことに慣れて、日常的になっていること。
イ、「善悪」は道徳によるものだということは過大視なので道徳に対して怒り、憤っているということ。
ウ、全ての事柄を道徳的に直結させ、判断しようとすることに対して怒りを持ち続けようとすること。
エ、道徳的な観点から外れることに対して、怒りを持つことをためらい、冷静に考えようとすること。

問六 次の一文は、本文中【A】～【D】のどの部分に続くのが最も適切であるか。【A】～【D】の中から選び、記号で答えなさい。

どうしてみんなはそこに隙間があると感じないのか。

問七　傍線部⑤「問題そのものは変わらない」とあるが、なぜそのように言えるのか。その理由の説明として最も適切なものを次から選び、記号で答えなさい。

ア、「善悪」を「するべき」や「しちゃいけない」といったようなことで分けて定義するとしても、やはり問題の本質を見誤っており、成り立たないものであるため。

イ、問題は「なぜ困っている人を助けないことは悪いことなのか」という形でも表現することができ、いずれもなぜそれをすべきなのかという問いが立てられるため。

ウ、善悪が何らかの内容で定義されている場合も、なぜそれをしなければならないのかや、なぜそれをしてはならないのか、という問いを常に立てることができるため。

エ、「善」を好い状態、「悪」を悪い状態をつくり出すことと定義して、それぞれ分けた場合、「するべき」「しちゃいけない」という「善悪」の定義は成立しないため。

問八　二重傍線部X「ぼくは、『好い』と『善い』を、そして『嫌な』と『悪い』を、使い分けてきた」とあるが、「好い」「善い」「嫌な」「悪い」をその使い方の性質の違いで二つに分け、その違いを四十字以上五十字以内で説明しなさい。ただし、句読点等も字数にふくむものとする。

三　次の文章を読んで、後の各問に答えなさい。

ツクオが図書館で勉強するのは、そこへ行けば［A］ひとりではないからだった。最小限度、自分以外の人間を見て、他人の存在に触れることができる。

八月の図書館には、学生が多くいた。それも、大学生よりは、高校生や、大学受験浪人が中心だ。クーラーがきいていて、そこそこ静かだから、受験勉強をするのにふさわしい場所なのだ。特に、ある種の学生にとっては。つまり、予備校へ通って集団の中に身を置くよりも、①ひとりで息苦しさの中に身を置いて、自分の不遇感をめいっぱい受け止めたいタイプの、※1ネクラな、※2ネアカの受験生なんて自分をごまかしているだけだと見抜いている青年たちが、図書館にはやってくる。

森本ツクオは、大学受験に直面している高校生や浪人ではなく、そのひとつ前の段階、高校受験を来年にひかえた中学三年生だった。その歳で、学習塾へ通うのではなく、図書館でひとりで勉強するのは珍しいタイプであろう。真面目なのだが、自分の殻にとじこもるタイプであり、塾なんていうまだるっこしいところへ通えるものかと思う程度になまいきなのだが、人の存在感に触れたくて図書館へは通う。

ツクオは、学校で［B］の成績をあげているのに、クラスの委員や役員には選ばれたことがなかった。そういう、集団を明るく引っぱっていくタイプの人間ではないと自分も思い、みんなも感じるのだ。②時として人間の愚行を見抜いて嗤うほどに老成しており、同時に、現実がなんと夢から遠く離れているのだと失望するほどにウブであった。ハリネズミのようにとんがっているのに、バルキーセーターのぬくもりに憧れているようなものだった。

とにかくツクオは、そこならば毎日通ってもヘンじゃないからという理由で、夏休み中、図書館によく顔を出した。［C］勉強ばかりしているわけではない。小説を読んで一日をすごすこともある。ただぼんやり考え事をしている時もあった。

図書館は、その夏のツクオの居場所であってくれたのだ。そこ以外にツクオの居場所はなかったのかどうか、いろいろあたってみたわけじゃないのでなんとも言えない。ただ、そこがとりあえず見つけた居場所だった。

そこにいるのが、すべて学生というわけではなかった。小さな子をつれた若いお母さんなんていうのも、図書館ではよく見かけられる。雑誌類を読みにくる老人もいる。新聞のコピーをとりにくるOLも、マンガを読みにくる小学生もいる。

ツクオは、子供コーナーではなく、一般閲覧室で、とりあえず形だけはノートを開いて、そこを居場所とする。一時から四時くらいまで、本質的にはひとりで、人々の中に混じっているのだった。

そして、［D］毎日図書館にやってくるその外国人の存在には気がついていた。

外国人なんだろう、多分。日本人とは顔立ちが違っていた。髪が赤く、鼻が高く、目がびっくりするほど大きかった。だが、どの国の人か、どのあたりの民族に属する人かというようなことまでは、ツクオにはわからなかった。ツクオの身のまわりに、親しくして、よく言葉を交すような外国人はいなかったからだ。

なんとなく雰囲気で外国の人だとわかるだけの、ちょっと気にかかる存在、それがその髪の赤い背の高い男の人だった。

気にかかるのは当然である。年齢がどのくらいなのか見ただけではどうもはっきりしないのだが、少なくとも大人であることは間違いない。ひょっとすると外国人は老けて見えるから、まだ二十代の若さだったりするのかもしれないが、とにかく十代ってことはない。ひょっとして五十代だとしてもそう不思議ではない。とにかくそういう大人だ。その大人が、毎日図書館に通ってやけに熱心に勉強をしている様子なのだから、いったい何をしている人なんだろうと思ってしまう。

大人は働いているものだ、とツクオは思っている。失業中の人や、ホームレスの人なんかは働いていないけど、それは数少ない例外だ。大人は働き、子供は働かず、まあ勉強とかしている。それが原則だと思える。

だからツクオの母の寿美加だって働いている。働かなきゃ家族を養っていけないからだ。

一般的には、一軒の家の、男、つまり父親が働いて収入を得る役を担当し、女、母親が主婦という、家庭管理の役を担当していケースが多い。両親とも働いているケースもあることはあるが、父親の働きがメインで、母親の労働はサブ的、主婦業との兼業だったりすることが多いようだ。

しかし、③うちのあの人は本気で打ちこんで働いている、とツクオは思う。三年前に離婚していて、自分が働くしか生計を立てる方法がないからだ。大手建設会社の関連企業で、住宅建築に際してのカラー・コーディネーターという仕事をしている。天井の色や壁紙の選択をする客に、プランを出してやり、決定にアドバイスをしてやるという仕事だそうだ。一軒の家を建てるとなると、システム・キッチンの扉の色からサッシ窓の色まで、二百以上の項目にわたって色や、材質や、デザインを選んで決めなくてはいけないのだという。それを助ける仕事だ。休みで家にいる時まで、カラーサンプルを並べて次の仕事の準備をしていることがよくあるし、残業も多く、十時過ぎに帰ってくることも珍しくはない。

あの人は、ちゃんと化粧して、歳をごまかすためにゆったりとしたパンタロンをはき、髪も染めて※3キャリアとして働いている。そうやって、夫がいなくてもちゃんと家を運営していけるんだという自負を確立しているんだ。

自負だけではなくて、責任をはたそうとしているのだろう。とにかくあの人は、離婚したことで何かを失っていると言われるのがいやで、すごく無理して頑張っている。息子、つまりぼくに不自由な思いをさせないぞ、というのがまず何よりの目標になってる。

無理しすぎているんじゃないだろうか、というのがツクオの感想だったが、それを寿美加に言うことはできなかった。そんなことを言われたらあの人はつぶれてしまうかもしれないと思うのだ。

思っても口に出して言ってはいけないことはいっぱいあるのだ。

母のことはどっちでもいい。ツクオには、母がなんだかムキになったようにがむしゃらに働いていることに対して、不満があるのか、そうじゃないのかの気持の整理もついていないのだ。そのことは、とりあえず考えないでおくことにしている。

ただ、普通の大人は働いているものだ、と思うってことだ。なのに、図書館でよく見かけるその外国人は、大人なのに働いている様子がなくて、それがすごく不思議に思える。

なんだか勉強しているようだから、歳はいっててても学生なのかもしれない。確かに、どことなく学生っぽい、つまり世の中に対して無責任で気の向くことを学んでるだけのような、真剣味のなさがその外国人には感じられた。甘いというか、I世間知らずというか、浮世離れした雰囲気があるのだ。

やけに人のよさそうな、小さな子供を本能的に安心させるような顔をしているのも、外国人で、学生で、毎日図書館で勉強しているということと合わせてみると、すごくヘンな感じだった。森の中で、機嫌のいいクマが鼻歌を歌っているのを見てしまったような、なんなんだろう……、という気がしてしまう。

ツクオは、それとなくその外国人の様子を観察するようになっていった。

そして、外国人が読んでいる本が、日本語で書かれた本だということを発見した。どうやら日本語が読めるらしい、と思う。

ところが、もっとよく観察してみると、その思いがまた違ってくる。その外国人は、本をとんでもない速度で読むのだ。ページをめくる。一秒ほど、開かれたページをながめると、またページをめくる。そうやって、ただもうちゃっちゃとページをめくっていくばかりなのだ。

あんなに速くあの文字のすべてを読むことはできない。あれは、読んでるんじゃなくて、イラストとか写真とかグラフとか、何かそういう文字以外のものを捜している感じだ。ということは、やっぱり日本語は読めないのか。

④よくわからなかった。観察していると、その人は図書館にいる間ずっと、そんなふうに本のページをめくっているのだ。そして時々、難問にぶつかったみたいに、弱りきった顔をしてため息をつく。なんだかそれは、宿題の答が見つけ出せない小学生のような態度だった。

ツクオは、なんとなくその外国人のことを気にかけるようになっていった。相手は大人だとわかっているのに、ちゃんとやっているのかなと心配になるような感じがある人なのだ。

ツクオがその人を気にかけた理由は、多分、その外国人にもすごくひとりだっていう雰囲気があったからであろう。

X　その日の朝、ツクオは母と言い争ってしまった。きっかけはいつも通りのつまらないことで、何だったのかもう忘れてしまった。

とにかく、⑤寿美加は、ツクオにしっかりやってくれと言うのだった。それはツクオにとってはⅡ不当な言いがかりをつけられるような気分のことだった。何をどうしっかりやればいいのかわからないのだから。

寿美加はなんだか疲れていて、ピリピリしていて、その疲れといらだちを、ツクオの存在に向けてくるのだった。この子がいるから頑張らなければならないという思いは、その子への恨みに容易に変りうる。ふと自分の人生を呪いたくなるような気分の時、目ざわりなほどぐんぐん成長するツクオがその呪わしい人生の象徴のように思えてしまうのだ。だから、私に罪悪感を持って存在しろよと、つい命じたくなる。

ツクオはその人の疲れをひどく悲しく受け止めながら、やめてほしい、と思う。ぼくはあなたの人生のミスの結果として、その証拠として生きているわけではないんだ。

きっと、そういうことじゃないんだよ。

でなきゃ、互いが相手を不幸にするために存在しているってことになってしまうじゃないか。

知らないよ。そんなふうにうっとうしい意味をつけないでくれよ。なんだか大声でわめきたいような気分になる。

それで、双方が一番大きく傷つく言葉を口にしてしまうのだ。

「あんたがバカな結婚をしてぼくを産んだのがいけなかったんじゃないか。そのことはぼくの責任じゃないよ。ぼくにガタガタ言うのはやめてくれよ」

だから、衝突はその言葉だけですみ、寿美加も、ツクオも、ひたすら悲しくなるだけですんだ。

（清水義範「騙し絵日本国憲法」より）

［注］　※1　ネクラ………ねっから性格が暗いこと。また、そのさまや、そういう人。

※2　ネアカ………ねっから性格が明るいこと。また、そのさまや、そういう人。

※3　キャリア……経歴。ここでは熟達した知識や技術をもち、専門職についている人を指す。

問一　空欄 A ～ D に入る言葉として最も適切なものをそれぞれ次から選び、記号で答えなさい（同じ記号は二度使えません）。

ア、仕方なく　イ、少なくとも　ウ、なんとか　エ、ほとんど　オ、まずまず　カ、一目散に　キ、必ずしも

問二　傍線部①「ひとりで息苦しさの中に身を置いて～図書館にはやってくる」とあるが、ここで述べている内容と異なるものを次から一つ選び、記号で答えなさい。

ア、自分は不遇だと感じていたいネクラなタイプの人間がひとりで図書館へやってくる。
イ、ネアカな受験生は自分をごまかしているだけだと、ネクラな受験生は見抜いている。
ウ、予備校へ通うのはネアカな集団で、図書館に行くのはネクラなタイプの人間である。
エ、予備校へ通って集団に身を置くのはネクラであると同時にネアカな青年たちである。

問三　傍線部②「時として人間の愚行を見抜いて嗤うほどに老成しており、同時に、現実がなんと夢から遠く離れているのだと失望するほどにウブであった」とあるが、それはどういうことか。その説明として最も適切なものを次から選び、記号で答えなさい。

ア、純粋（じゅんすい）なツクオには子供らしい真面目さと、大人を出し抜くずるい面があることを表している。
イ、少年であるツクオには大人びた皮肉な面と、理想を抱（いだ）く子供らしさがあることを表している。
ウ、人を信じられないツクオにも信用されたい面と、人を疑っている面があることを表している。
エ、愚（おろ）かなツクオにも怠けてしまいたい面と、努力を続けようとする面があることを表している。

問四　傍線部③「うちのあの人は本気で打ちこんで働いている」とあるが、ツクオは母の仕事をどのように見ているか。その説明として最も適切なものを次から選び、記号で答えなさい。

ア、息子のツクオの成長のために、主婦として必死に働きながら、家庭を管理している。
イ、カラー・コーディネーターとしてのキャリアを積んでいき、出世しようとしている。
ウ、一人でも家を営めるという自負を持ち家族を養うという責任を果たそうとしている。
エ、家計を支えるため自分の外見を整え、自身の見栄え（みば）や周囲からの目を気にしている。

問五　二重傍線部Ⅰ・Ⅱの語句の本文中における意味として最も適切なものを次から選び、それぞれ記号で答えなさい。

Ⅰ　世間知らず

ア、経験が浅くて社会事情にうとい　　イ、一般的な社会生活上の法律を知らない
ウ、知識不足で社会に適応できない　　エ、世の中の流行を追うことができない

Ⅱ　言いがかり

ア、人を困らせて楽しむ　　イ、意味のない忠告
ウ、言い出して後に引けない　　エ、事実に基づかない難癖（なんくせ）をつける

問六　傍線部④「よくわからなかった」とあるが、このときのツクオの気持ちはどのようなものだと考えられるか。その説明として最も適切なものを次から選び、記号で答えなさい。

ア、その外国人を観察する中でツクオと同じような孤独を持っていると感じたが、どう接して良いのか迷っている。
イ、図書館に来る外国人を細かく観察していると、本のページをめくる速さを発見し、語学力の高さに驚いている。
ウ、図書館に毎日通うその外国人は、大人であるのに小学生のような態度をとっており、その対応に混乱している。
エ、毎日図書館で勉強している外国人の様子を観察するほどに、ツクオの予想が外れていく状況に戸惑っている。

問七　次の一文を［X］段落以降の本文中に戻した時、この一文の直後のはじめの五字を答えなさい。ただし、句読点も字数にふくむものとする。

ツクオは、クラスの仲間を明るくリードしていくタイプの子でないのと同様に、暴力でもって自分のやり場のない不満を爆発させるタイプの子でもなかった。

問八　傍線部⑤「寿美加は、ツクオにしっかりやってくれと言うのだった」とあるが、ツクオは母のこの「しっかりやってくれ」という言葉をどのように解釈しているか。本文中から十二字で抜き出して答えなさい。

2020(R2) 法政大学第二中
K 教英出版

2020年度　入学試験問題

算　　数 （第一回）

（50分）

注意
1. 受験番号・氏名は問題用紙・解答用紙ともに記入すること。
2. 解答はすべて解答用紙に記入すること。
3. 携帯電話など音が出るものは事前に電源を切り，試験の妨(さまた)げにならないようにすること。万一，この注意事項を読んでいる時に電源の切り忘れに気付いたら，必ず監督者に申し出ること。
4. 定規，分度器，コンパスは使用しないこと。
5. 文字や記号・数字ははっきり書くこと。
6. 計算は問題用紙の余白を利用して行うこと。
7. 必要ならば，円周率は3.14を用いること。
8. 必ずしも図は正確ではない。

受験番号 | | | | | 番

氏　　名 | |

1 次の各問に答えなさい。また(2), (3), (4)は［　　］にあてはまる数を求めなさい。

(1) $\left(\frac{2}{3}+0.8\right)\times 2\frac{1}{7}\div 2\frac{4}{7}$を計算しなさい。ただし，途中の計算式も書いて答えを出しなさい。

(2) 54mL＋12dL＋0.57L＝［　　］dL

(3) $\frac{2}{1\times 3}+\frac{2}{2\times 4}+\frac{2}{3\times 5}+\frac{2}{4\times 6}+\frac{2}{5\times 7}+\frac{2}{6\times 8}=$［　　］

(4) ［　　］$-\frac{3}{8}\div\frac{3}{4}+\left(\frac{5}{2}+\frac{1}{4}\right)\div\frac{7}{2}=1$

2 次の各問に答えなさい。

(1) 兄と弟が持っているおこづかいの金額の比は9：7です。兄が弟に500円をあげたら，兄と弟のおこづかいの金額の比は，11：13となりました。初めに弟が持っていたおこづかいは何円ですか。

(2) ある仕事を仕上げるのに，A君1人では10日，B君1人では15日かかります。
またA君，B君，C君の3人が一緒にこの仕事を仕上げるのに4日かかりました。
C君が1人でこの仕事を仕上げるのには，何日かかりますか。

(3) 1，2，3，4，5 の5枚のカードから異なる3枚を選んで並べて，3けたの整数を作るとき，350より大きい整数はいくつありますか。

(4) 歩くときの速さが分速60m，走るときの速さが分速180mの人が，ちょうど19分で1500m離れた目的地まで着いたとき，走っていた時間は何分間ですか。

(5) 右の図のように1辺が1cmの正方形が6個あります。
色がついている部分の面積は何cm^2ですか。

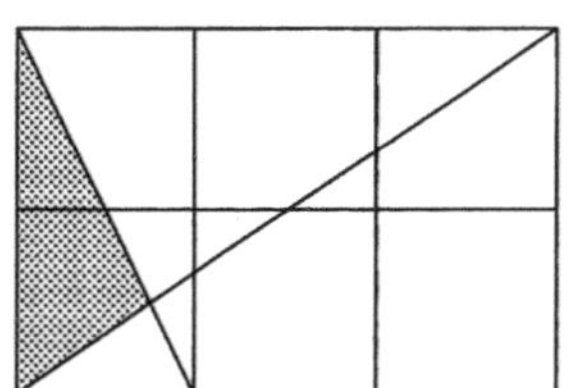

(6) 記号f(　)は，(　)内の数を3倍して，1をたす計算を表します。また記号g(　)は，(　)内の数を$\frac{1}{3}$倍して，2をたす計算を表します。例えば，$f(3)=10$，$f(0)=1$，$g(2)=\frac{8}{3}$，$g(6)=4$となります。このとき，$f(g(5))-g(f(7))$を計算しなさい。

3 次の数は，あるきまりによって並んでいます。

$$\frac{1}{2} \mid \frac{2}{3},\ \frac{1}{3} \mid \frac{3}{4},\ \frac{2}{4},\ \frac{1}{4} \mid \frac{4}{5},\ \frac{3}{5},\ \frac{2}{5},\ \frac{1}{5} \mid \cdots\cdots\cdots$$

「|」によって仕切り，左から第1グループ，第2グループ，……と呼ぶことにします。

たとえば，$\frac{2}{5}$は「9番目の数」であり，「第4グループの3番目の数」です。

このとき，次の各問に答えなさい。

(1) $\frac{17}{26}$は，はじめの数から考えて何番目の数ですか。

(2) 250番目の数は，第何グループの何番目の数ですか。

4 濃度の分からない食塩水A，食塩水Bと濃度が7%の食塩水Cがあります。このとき，次の各問に答えなさい。

(1) 食塩水Aから100g，食塩水Cから100g取り出して混ぜ合わせたところ，濃度が9%になりました。食塩水Aの濃度は何%か答えなさい。

(2) 200gの食塩水Cを取り出したあと，熱して50gを蒸発させました。そこに100gの食塩水Bを混ぜ合わせたところ，濃度が12%になりました。食塩水Bの濃度は何%か答えなさい。

(3) 195gの食塩水Cを取り出したあと，5gの食塩を加えると濃度は何%になるか，小数第2位を四捨五入して答えなさい。

5 下の<図1>，<図2>，<図3>のように角Aが直角で，3辺の長さがAB＝5cm，BC＝13cm，CA＝12cmである直角三角形ABCがあります。この直角三角形ABCの内側に円がぴったりとくっついています。また，円の中心をO，辺AB，辺ACと円がぴったりとくっついている点をそれぞれD，Eとします。このとき，次の各問に答えなさい。

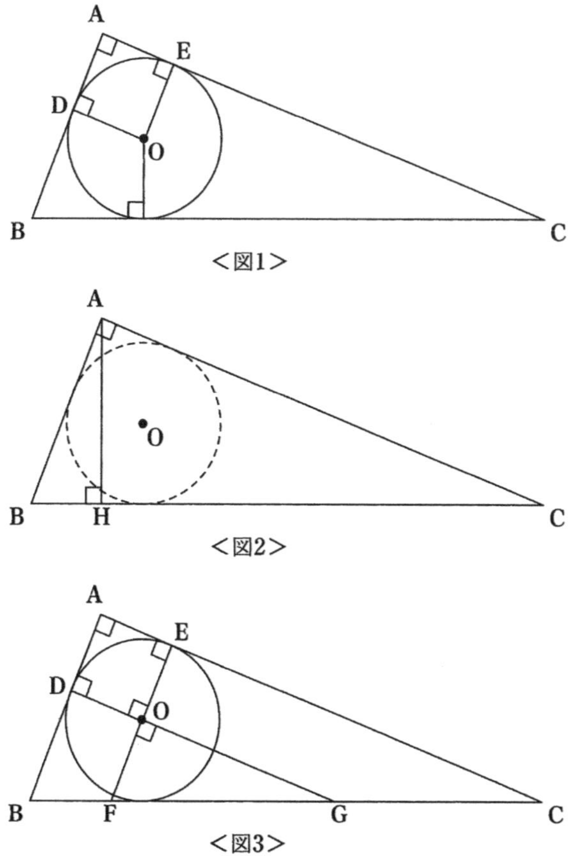

<図1>
<図2>
<図3>

(1) <図1>において，直角三角形ABCにぴったりとくっついている円の半径は何cmですか。また，このときの考え方を書きなさい。式でも言葉でもよいこととします。

(2) <図2>において，辺AHと辺BCは垂直に交わっています。このとき，BH：HCを最も簡単な整数の比で答えなさい。

(3) <図3>において，線分EOと線分DOを延長し，辺BCとの交点をそれぞれF，Gとするとき，三角形OFGの面積は何cm^2になりますか。

6 下の図のような直方体の水そう＜図1＞と，おもりA＜図2＞，おもりB＜図3＞があります。水そうにはある量の水がすでに入っています。このとき，次の各問に答えなさい。

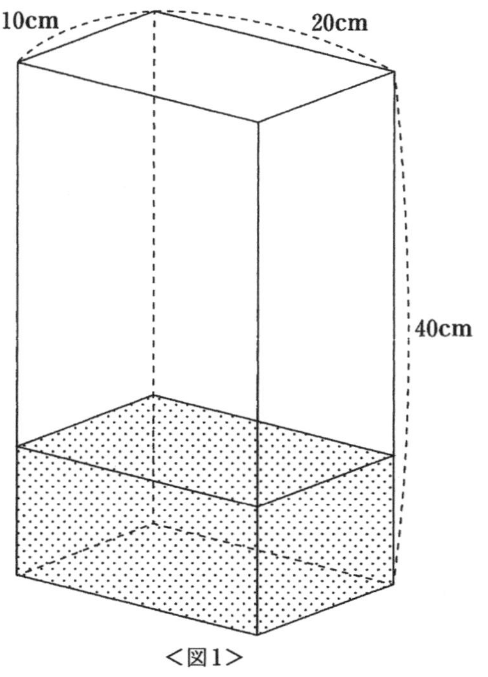

＜図1＞

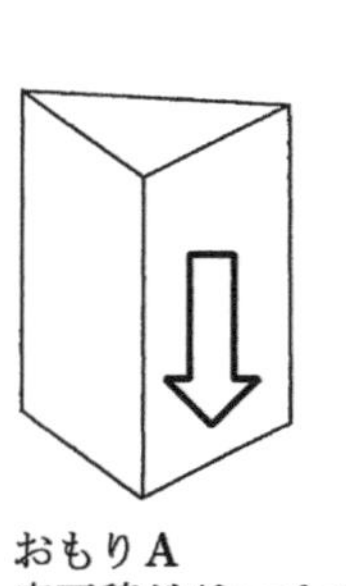

おもりA
底面積が40cm²の三角柱

＜図2＞

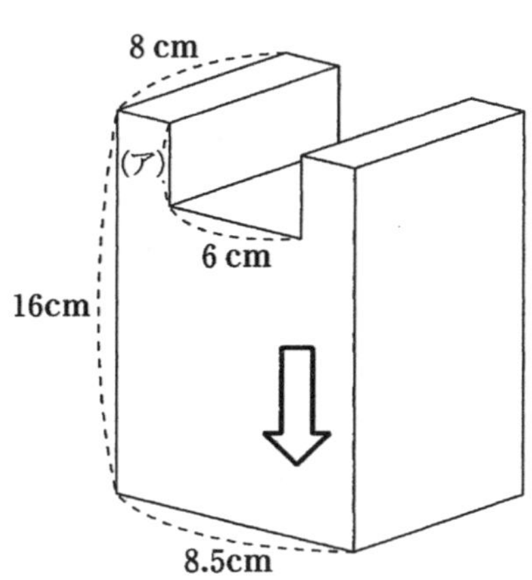

おもりB
直方体から直方体を取り除いた立体

＜図3＞

(1) おもりAを矢印の方向に水そうの底まで入れると，水面が3cm上がり，水面の高さが，おもりAの高さのちょうど真ん中になりました。おもりAの体積は何cm³ですか。

(2) (1)の後，おもりAを取り除き，おもりBを矢印の方向に水そうの底まで入れると水面の高さが16cmになりました。おもりBの（ア）の部分の長さは何cmですか。

2020(R2) 法政大学第二中
K 教英出版

2020年度　入学試験問題

社　　　会 （第一回）

（40分）

注意　1．受験番号・氏名は、問題用紙・解答用紙ともに記入すること。

2．解答はすべて解答用紙に記入すること。

3．携帯電話など音が出るものは事前に電源を切り、試験の妨(さまた)げにならないようにすること。

万一、この注意事項を読んでいる時に電源の切り忘れに気がついたら、必ず監督者に申し出ること。

受験番号					番

氏　名	

1　次の文を読んで、あとの問いに答えなさい。

地球を球体と考えたとき、国や都市などの位置は緯度と経度をつかって表すことができる。緯度は赤道を０度として、地球を南北にそれぞれ（　１　）度に分けたものである。経度はイギリスのロンドンを通る本初子午線を０度として、地球を東西にそれぞれ（　２　）度に分けたものである。

地球は北極方向からみたとき、反時計回りに自転している。そのため、ロンドンよりも東にある東京の方が日の出が早くなる。360度を約24時間かけて自転しているため、地球には経度（　３　）度で約１時間の①時差がうまれる。

また、太陽の周りを約１年かけて公転しているので、季節によって太陽からの熱エネルギーを強く受ける範囲は変化し、これが地球に季節の変化をもたらしている。たとえば、北半球の（　４　）至の日には南回帰線の真上に太陽がくるため、１年の中で昼の時間が最も短く、夜の時間が最も長い日となる。

問１　（　１　）～（　４　）にあてはまることばや数字を答えなさい。

問２　下線①について、日本は兵庫県明石市を通る東経135度を標準時としているが、８月２日午後８時に成田空港発の飛行機に乗って、８月２日午後２時に西経120度が標準時のカナダのバンクーバー空港に到着した。飛行機のフライト（飛行）時間を答えなさい。サマータイムは考えないこととする。

2　次の【地図１】をみて、あとの問いに答えなさい。

問１　**あ ～ え** の線から尾根線を二つ選び、記号で答えなさい。

問２　雨が降った場合、Ｅ地点に雨水が流れ着く地点をＡ～Ｄから一つ選び、記号で答えなさい。

問３　この地図での４㎝は実際の場所では1,000ｍとなる。この地図の縮尺（しゅくしゃく）を答えなさい。

問４　この地図の説明として間違っている文を（ア）～（エ）から二つ選び、記号で答えなさい。

（ア）①の大久保のあたりは、谷口の水を利用した茶畑が広がっている。

（イ）②のあたりは、果物をつくっている。

（ウ）③の地点よりも④の地点のほうが標高が低い。

（エ）この地図には、利根川によってつくられた扇状地が描かれている。

【地図１】

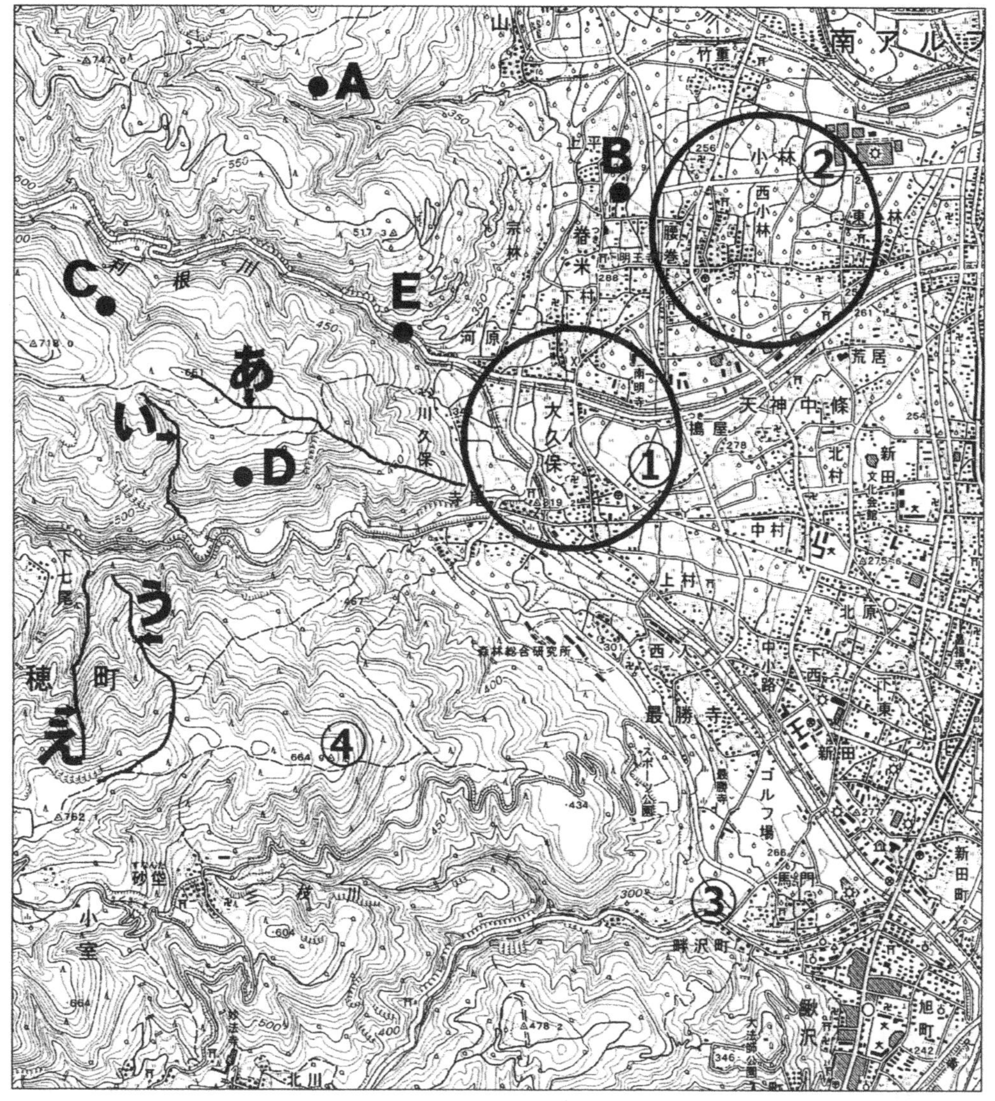

国土地理院地形図より作成

3　ある学校の調理実習で「さばの味噌煮」と「けんちん汁」をつくった。それぞれの「料理の材料・分量」をみて、あとの問いに答えなさい。

【さばの味噌煮（材料・分量）】	
①さば……………… 1切れ（80g）	煮汁　砂糖………… 9g（大1）
しょうが………… 3g（小1/2）	酒……………15mL
ねぎ………………40g	⑥味噌…………18g
	水……………45mL

【けんちん汁（材料・分量）】	
②だいこん…………20g（いちょう切り）	⑦とうふ……………30g
③にんじん…………10g（いちょう切り）	しょうゆ……… 3mL（小1/2強）
④ごぼう……………10g（ささがき）	塩……………… 1g（小1/6）
⑤こんにゃく………10g（たんざく切り）	水……………150mL＋20mL
さといも…………20g（5mm輪切り）	油……………… 2mL（小1/2弱）
ねぎ……………… 3g（小口切り）	ごま油………… 2mL（小1/2弱）

『技術・家庭［家庭分野］』開隆堂（平成31年）より作成

問1　下線①「さば」について、日本国内のさばの水揚量の上位３つの都道府県は「茨城」、「長崎」、「静岡」である。次の【地図２】をみて、これらの都道府県の主要漁港Ａ・Ｂ・Ｃの名前を【語群】からそれぞれ一つずつ選び、答えなさい。

【語群】　波崎、　焼津、　松浦、　唐津、　銚子、　気仙沼、　釧路、　枕崎

【地図２】主な漁港の水揚量（2016年）※（　）の数字の単位は千トン

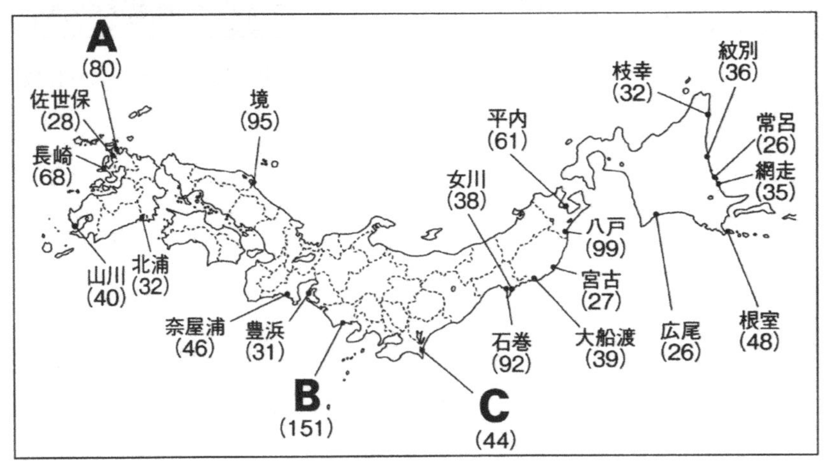

『日本国勢図会2019/20』（2019年）より作成

問２　下線②「だいこん」と下線③「にんじん」の都道府県別生産量（2017年）１位は同じ都道府県である。この都道府県の特徴を説明した文を（ア）～（エ）から一つ選び、記号で答えなさい。

（ア）十勝平野では畑作、根釧台地では酪農がおこなわれている。豊かな農産物や水産物をいかした食品加工業がさかんである。

（イ）近郊農業がさかんで、野菜の生産額が日本有数の県である。市原市の石油化学工業や君津市の鉄鋼業が発達し、工業地域を形成している。

（ウ）筑紫平野では稲作がさかんで、有明海ではのりの養殖がおこなわれ、伝統工芸品として伊万里焼や有田焼などのやきものが有名である。

（エ）農業がさかんで八ヶ岳の野辺山原などで、高原野菜をつくる高冷地農業がおこなわれている。冬季オリンピックの開催地となったこともある。

問３　下線④「ごぼう」の都道府県別生産量（2017年）１位の都道府県では、全国的にも有名な祭りが毎年夏におこなわれ、多くの観光客でにぎわっている。この夏祭りの説明として正しい文を（ア）～（エ）から一つ選び、記号で答えなさい。

（ア）この祭りは、もともとは七夕祭からはじまり、７月７日の夜に「ねぶた」と呼ばれる灯籠（とうろう）を流して健康と安全を祈っていた。

（イ）ねがいごとを書いた短冊を飾ったささ竹をつくり、町をねり歩き、最後に川に流す「ねぶり流し」から竿灯祭りとなった。

（ウ）平安時代からつづく八坂神社の祭礼である。１ヶ月にわたり様々な神事や行事が行われる。

（エ）盆踊りからこの踊りの形がつくられてきたとする説が有力で、「おどるあほうに見るあほう」という歌詞が有名である。

問４　下線⑤「こんにゃく」の原材料となるこんにゃくいもの都道府県別生産量（2017年）１位の群馬県では、2014年に「富岡製糸場と絹産業遺産群」が世界文化遺産とされた。日本でこれよりも後に世界文化遺産とされたものを、（ア）～（エ）から二つ選び、記号で答えなさい。

（ア）「琉球王国のグスク及び関連遺産群」

（イ）「平泉―仏国土（浄土）を表す建築・庭園及び考古学的遺跡群―」

（ウ）「明治日本の産業革命遺産　製鉄・製鋼、造船、石炭産業」

（エ）「長崎と天草地方の潜伏キリシタン関連遺産」

問５　下線⑥「味噌」や下線⑦「とうふ」の原料となるだけでなく、飼料などとしても利用される大豆は、現在、そのほとんどを輸入にたよっている。大豆の日本の輸入先１位（2018年）の国名を答えなさい。

4　次の【地図3】をみて、あとの問いに答えなさい。

【地図3】

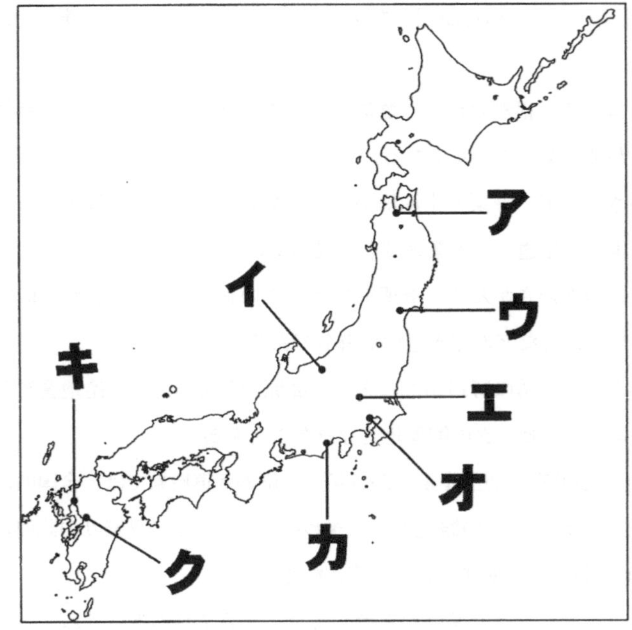

問1　次の遺跡にあてはまる場所を、地図中の**ア**～**ク**からそれぞれ一つずつ選び、記号で答えなさい。

（1）三内丸山遺跡　（2）稲荷山古墳　（3）吉野ヶ里遺跡　（4）野尻湖遺跡

5　次の文を読み、あとの問いに答えなさい。

9世紀中頃、朝廷では藤原氏が他氏をしりぞけて勢力を強め、①摂関政治をおこなった。藤原道長・頼通父子の時に全盛期をむかえたが、その後、11世末、白河天皇が即位し、天皇を退いたあとも上皇として実権を握り、政治をおこなうようになった。これを（　1　）という。

問1　（　1　）にあてはまることばを、漢字で答えなさい。

問2　下線①について、摂関政治とはどのような政治なのか、説明しなさい。

二〇二〇年度入学試験

国語解答用紙

（第一回）

受験番号　番

氏名

一

問一 ① ② ③ ④ ⑤む

問二 ①く ②く ③く ④しい

問三 ① ② ③

問四 ① ② ③

問一

問二 はじめ ～ 終わり という考え方

問三

問四 Ⅰ Ⅱ

問五

	(3)	
	(4)	
2	(1)	円
	(2)	日
	(3)	個
	(4)	分間
	(5)	cm^2
	(6)	

5	(1)	
	(2)	BH : HC = :
	(3)	cm^2
6	(1)	cm^3
	(2)	cm

得　点	※100点満点 (配点非公表)

	問 3		問 4	%

5	問 1	cm	問 2	(1)	(2)

6	問 1	A g		B g
	問 2		問 3	g

7	(1)	(2)	(3)
	(4)	(5)	(6)
	(7)	(8)	

※75点満点
（配点非公表）点

8	問1	1		2		問2				
	問3	人物		場所						
9	問1		問2							
10	問1	あ	権	い	権					
	問2	A		C		問3				
	問4		問5	歳						
	問6									
	問7		問8	ア		イ		ウ		エ
11	問1		問2							
	問3	誤		正		問4		問5		
	問6									

※75点満点
（配点非公表）点

2020年度入学試験

社会解答用紙

（第一回）　受験番号　　　　　番　氏名

1	問1	1		2		3		4		
	問2									
2	問1			問2		問3		問4		
3	問1	A		B		C				
	問2		問3		問4			問5		
4	問1	1		2		3		4		
5	問1		問2							
6	問1									
	問2									

【解答

2020年度入学試験

理科解答用紙

（第一回）　受験番号 |　|　|　|　| 番　氏名

1	問1	①	②	③	問4	
		④	⑤	⑥		
	問2		問3			

2	問1	(1)	(2)	(3)	(4)	
	問2		問3		問4	

3	問1		問2			
	問3		問4		問5	

【解答

2020年度入学試験

算数解答用紙

（第一回）　受験番号 [　　　　] 番　氏名 [　　　　]

（数字ははっきり書きなさい。）

1	(1)	$\left(\frac{2}{3}+0.8\right)\times 2\frac{1}{7}\div 2\frac{4}{7}$ = 答え

3	(1)	番目
	(2)	第　グループの　番目
4	(1)	%
	(2)	%
	(3)	%
		円の半径　cm
		考え方

【解答

三

問八	問七	問五	問二	問一
		Ⅰ		A
		Ⅱ	問三	B
		問六	問四	C
				D

問八

50

40

※100点満点
(配点非公表) 点

【解答

6　次の文を読み、あとの問いに答えなさい。

16世紀後半になると、戦国大名の中から都へのぼって全国を統一しようとする者もあらわれた。その一人が尾張の大名織田信長であった。信長は中部地方から近畿地方までをほぼ統一したが、家臣の明智光秀に裏切られ、京都の（　１　）で自害した。その後を継いだのが家臣の①豊臣秀吉で、四国平定から九州平定、そして関東・東北を平定し、全国を統一した。

問１　（　１　）にあてはまる場所を、漢字で答えなさい。

問２　下線①について、豊臣秀吉がおこなったものの中に朝鮮侵略がある。なぜ、秀吉は朝鮮を攻撃したのか、その理由を答えなさい。

7　次の年表を見て、あとの問いに答えなさい。

年　代	出　来　事
１８５８年	日米修好通商条約を結ぶ
	幕府、反対派を処罰する［安政の大獄］（～５９年）
６０年	桜田門外の変がおきる
６２年	生麦事件がおきる
６３年	長州藩、攘夷（じょうい）のため（　１　）で外国船を砲撃する
	薩英戦争がおきる
６４年	長州藩、英・米・仏・蘭に（　１　）の砲台を占領される
６６年	①薩摩藩と長州藩が同盟を結ぶ
６７年	徳川慶喜、朝廷に政権を返すことを申し出る（大政奉還）
	王政復古の大号令を発表する
６８年	②鳥羽・伏見の戦い～五稜郭の戦い（～６９年5月）

問１　（　１　）にあてはまる地名を（ア）～（エ）から一つ選び、記号で答えなさい。

（ア）下田　　（イ）浦賀　　（ウ）下関　　（エ）根室

問２　下線部①について、この同盟を結んだ目的は何か、答えなさい。

問３　下線部②について、この旧幕府と新政府の間の戦争を何というか、漢字で答えなさい。

8　次の文を読み、あとの問いに答えなさい。

新政府の近代化はあらゆる方面に及んだ。特に、欧米先進国から招いた①お雇い外国人らの指導の下で西洋の知識や技術を取り入れ、産業の近代化を進めた。この政策を殖産興業という。

産業革命は日清戦争前後から軽工業を中心に始まった。繊維業では紡績業と製糸業が急速に発達し、特に（　1　）はその多くがアメリカに輸出された。また、日清戦争の結果、清から得た賠償金の一部でつくられた（　2　）が1901年に操業を開始した。

日露戦争前後には重工業が発達し、鉄鋼業や造船業も次第に発達した。工業化の進展にともない工場労働者も増加し、労働問題や②社会問題なども起こった。

問1　（　1　）と（　2　）にあてはまることばを（ア）～（エ）からそれぞれ一つずつ選び、記号で答えなさい。

（ア）綿糸　（イ）八幡製鉄所　（ウ）長崎造船所　（エ）生糸

問2　下線①について、アメリカ人のモースが発見した遺跡を何というか、漢字で答えなさい。

問3　下線②について、栃木県で日本初の公害問題が発生した。この公害問題に中心となって取り組んだ人物はだれか、またこの公害の原因となる鉱毒が発生した場所はどこか、それぞれ漢字で答えなさい。

9　次の文を読み、あとの問いに答えなさい。

ポツダム宣言を受諾した日本では、連合国軍最高司令官総司令部が日本政府に指令して、①軍国主義を排除し、民主主義政策を実行した。それが五大改革指令である。その五つとは、（1）男女平等普通選挙制度による女性の解放、（2）労働組合の結成を奨励、（3）学校教育の自由主義化、（4）圧制的諸制度の撤廃、（5）②経済の民主化である。

問1　下線①について、具体的におこなわれたことを一つ答えなさい。

問2　下線②について、このうちの一つである農地改革の目的は何か、答えなさい。

１０　三権分立を示した次の図をみて、あとの問いに答えなさい。

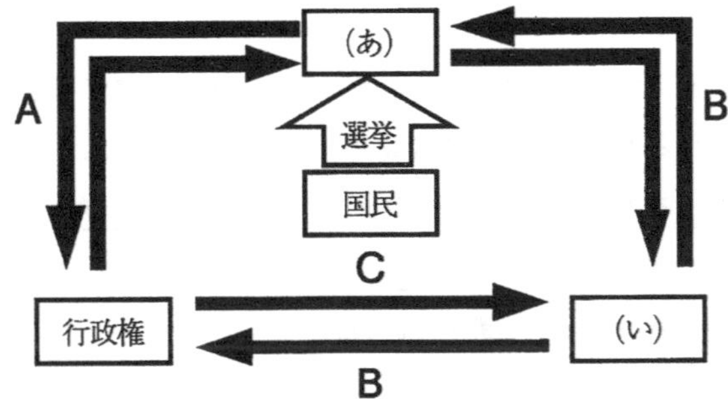

問１　(あ) と (い) は、三権のうち、それぞれ何の権限を持つか、漢字で答えなさい。

問２　矢印ＡとＣにあてはまるものを(ア)～(オ)からそれぞれ一つずつ選び、記号で答えなさい。

(ア) 内閣総理大臣を任命する　　(イ) 内閣に対して不信任の決議をする

(ウ) 国会を開くことを決定する　　(エ) 問題を起こした裁判官を辞めさせる

(オ) 裁判官を任命する

問３　矢印Ｂは、法律や命令が憲法に反していないかを判断する権限である。この権限を何というか、漢字で答えなさい。

問４　三権分立を主張し、『法の精神』を著したフランスの思想家を (ア) ～ (エ) から一つ選び、記号で答えなさい。

(ア) ホッブズ　　(イ) ロック　　(ウ) ルソー　　(エ) モンテスキュー

問５　(あ) に向かう矢印 (選挙) について、現在、選挙権の年齢は満何歳以上と定められているか、答えなさい。

問６　(あ) について、衆議院が優越しているのはなぜか、その理由を答えなさい。

問７　行政権について、内閣総理大臣が開き、すべての国務大臣などが参加するもので、非公開かつ全員一致を原則とする話し合いを何というか、漢字２文字で答えなさい。

問８　(い) について、次の文の下線 (ア) ～ (エ) で正しいものに○印、間違っているものに×印をつけなさい。

> 裁判所は (ア) 10名の裁判官で構成される最高裁判所とその他の下級裁判所から成り立っている。最高裁判所は、最終的に判断を確定することから (イ) 憲法の番人とよばれる。国民は、最高裁判所の裁判官が適任かどうか判断するため (ウ) 国民審査をおこなう。また、裁判員裁判では重大な (エ) 民事裁判のみが対象となる。

１１　次の文を読んで、あとの問いに答えなさい。

女子教育の重要性を訴えていたパキスタン出身のマララ・ユスフザイさんは、2012年に学校から帰宅途中に女性が教育を受けることに反対する武装グループに銃で撃たれて大けがを負った。背景には、貧困、①紛争、②性別による差別などがある。彼女は、その後も③教育の大切さを訴える活動を続け、16歳の誕生日にあたる2013年７月12日に④国際連合本部で演説し、「すべての⑤子どもに教育を受ける権利の実現を」と訴えた。翌年には史上最年少の17歳でノーベル（　１　）賞を受賞した。

問１　（　１　）にあてはまることばを答えなさい。

問２　下線①について、次の３つの文に共通する人々を何というか、漢字２文字で答えなさい。

> ・国連のUNHCRという機関が保護や援助の対象としている人々。
> ・紛争地のシリアから逃れ、ドイツのメルケル首相が積極的に受け入れた人々。
> ・ミャンマーで迫害されてバングラデシュへ逃れた、ロヒンギャとよばれる人々。

問３　下線②について、次の文の下線（ア）～（オ）から間違っているものを一つ選び記号で答え、正しく直しなさい。

> 日本国憲法では（ア）第24条において、「婚姻は、（イ）両性の合意のみに基づいて成立し、（ウ）夫婦が同等の権利を有することを基本」とすると定めている。女性差別撤廃条約の締結を受けて、1985年には（エ）男女共同参画社会基本法が成立した。近年では、夫婦同姓を規定した民法が憲法に違反するとの訴えがあったが、最高裁判所は（オ）合憲判決を下した。

問４　下線③について、次の日本国憲法26条の（　１　）～（　４　）にあてはまることばの組み合わせとして正しいものを（ア）～（エ）から一つ選び、記号で答えなさい。

> すべて国民は、法律の定めるところにより、その（　１　）に応じて、（　２　）教育を受ける権利を有する。すべて国民は、法律の定めるところにより、その保護する子女に（　３　）教育を受けさせる義務を負う。義務教育は、これを（　４　）とする。

（ア）　１発達　２普通　３ひとしく　４有償

（イ）　１能力　２普通　３ただしく　４無償

（ウ）　１能力　２ひとしく　３普通　４無償

（エ）　１発達　２ただしく　３普通　４有償

問５　下線④について、（ア）～（エ）から正しいものを一つ選び、記号で答えなさい。

（ア）総会はすべての加盟国で構成され、決議では各国１票ずつ投票権がある。

（イ）安全保障理事会の常任理事国と事務総長には、決議を拒否する権限がある。

（ウ）安全保障理事会の常任理事国は、日本を含めた先進５か国で構成されている。

（エ）ルールに違反した国に対しては、武力制裁をすることができない。

問６　下線⑤について、生きる権利、守られる権利、参加する権利のほか、休息し遊ぶことをふくめた育つ権利などを定めた、1989年に国際連合で採択された条約名を答えなさい。

2020年度　入学試験問題

理　　　　科　(第一回)

(40分)

注意　1．受験番号・氏名は問題用紙・解答用紙ともに記入すること。

2．解答はすべて解答用紙に記入すること。

3．携帯電話など音が出るものは事前に電源を切り、試験の妨(さまた)げにならないようにすること。万一、この注意事項を読んでいるときに電源の切り忘れに気づいたら、必ず監督者に申し出ること。

4．文字や記号・数字は、はっきりと書くこと。

5．計算は問題用紙の余白を利用すること。

6．選択問題で答えが複数ある場合は、すべて解答用紙に書くこと。

受験番号 | | | | | 番

氏　　名 | |

1. 以下の問いに答えなさい。

問１　次の文章の(①)～(⑥)に適する語句や数を答えなさい。

昆虫のからだは、じょうぶな皮フでおおわれ、頭・胸・腹の３つの部分に分かれている。頭には、眼のほかに、１対の(　①　)、口がある。(　①　)では、においや味など、いろいろなものを知ることができる。胸には、はねと６本のあしがある。はねの枚数は昆虫によって異なり、例えば、チョウのはねは(　②　)枚で、(　③　)という粉でおおわれている。ハナアブのはねは(　④　)枚であり、はたらきアリには、はねがない。胸や腹には、いくつかの(　⑤　)があり、のばしたり曲げたりできる。(　⑤　)には呼吸のための空気の出入り口になっている(　⑥　)がある。

問２　不完全変態をする昆虫だけのグループはどれですか。次の(ア)～(エ)から１つ選び記号で答えなさい。

(ア) ハチ　アリ

(イ) カマキリ　バッタ

(ウ) カブトムシ　トンボ

(エ) チョウ　ハエ

問３　一般的に成虫で冬を越す昆虫だけのグループはどれですか。問２の(ア)～(エ)から１つ選び記号で答えなさい。

問４　次に示すそれぞれの部分を組み合わせ、あしを直線でかき入れると、昆虫は下のようにあらわせます。クモのからだのつくりは、どのようにあらわせますか。解答欄(らん)に記しなさい。

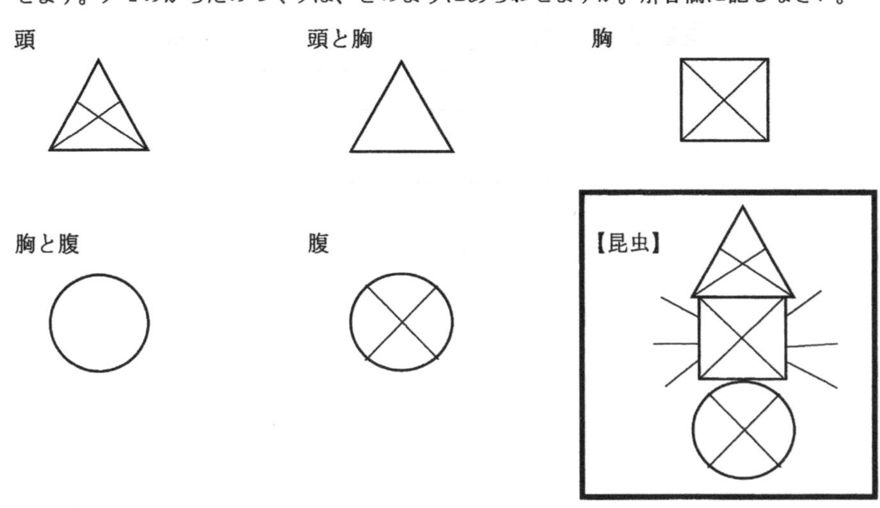

2. 次の文章を読み、以下の問いに答えなさい。

川の水は、ねん土や砂やれきなどのいろいろな大きさのつぶを、その場所から流し去ったり（しん食）、流されてきたつぶをそのまま運んだり（運ぱん）、運ばれてきたつぶをその場所に置いていく（たい積）などのはたらきをします。そのはたらきは、水の流れの速さとつぶの大きさによって決まることがわかっています。

下の図1の曲線は、流されてきたねん土や砂やれきなどのいろいろな大きさのつぶが、その場所にたい積をはじめる水の流れの速さをあらわしています。

また、図2の曲線は、その場所にあるいろいろな大きさのつぶからなるたい積物を、その場所から流し去るのに必要な水の流れの速さをあらわしています。

ただし、図1と図2の横の軸(じく)は同じ値ですが、縦の軸(じく)の水の流れの速さについては、図1と図2は同じ値ではありません。

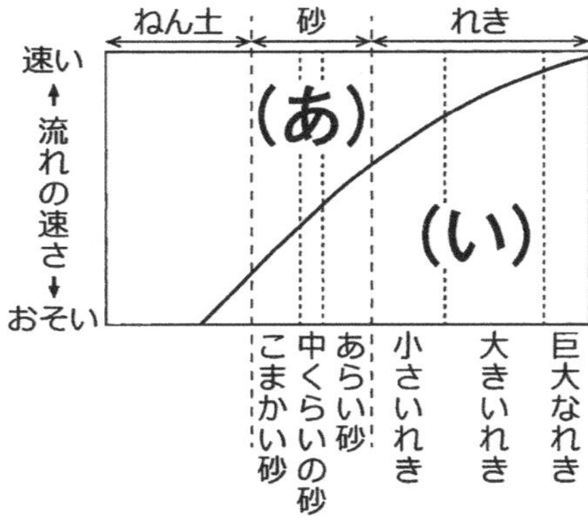

図1　流れの速さとたい積を始めるつぶの大きさの関係

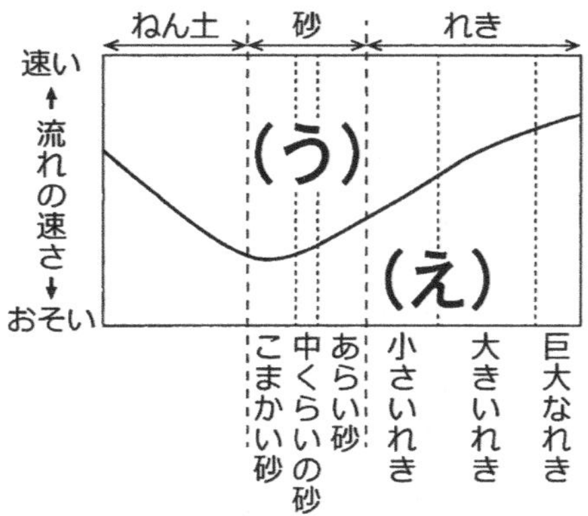

図2　流れの速さとしん食されるつぶの大きさの関係

問1　下の(1)～(4)の文章があてはまるのは、図1の(あ)・(い)、図2の(う)・(え)のうちのどこか。それぞれ答えなさい。

（1）たい積作用を示す範囲

（2）運ぱん作用としん食作用を示す範囲

（3）しん食作用を示す範囲

（4）運ぱん作用とたい積作用を示す範囲

問2　川の水の流れがだんだん速くなっていったとするとき、最も早くしん食されるつぶの大きさを、次の(ア)～(キ)から1つ選び記号で答えなさい。

(ア) ねん土　　(イ) こまかい砂　　(ウ) 中くらいの砂

(エ) あらい砂　　(オ) 小さいれき　　(カ) 大きいれき

(キ) 巨大なれき

問３　図１、図２のグラフから、ねん土のつぶのしん食・運ぱん・たい積について説明した次の文中にあてはまる語句の組み合わせとして最も適するものを、下の表の(ア)～(エ)から１つ選び記号で答えなさい。

「流されてきた、とても小さいねん土のつぶは、ほとんど流れが無いようなおそい水の流れでも（　①　）いくが、（　②　）ねん土は（　③　）にくいことがわかる。」

	①	②	③
(ア)	しん食されて	運ぱんされている	たい積し
(イ)	運ぱんされて	たい積している	しん食され
(ウ)	たい積して	しん食された	運ぱんされ
(エ)	しん食されて	たい積している	運ぱんされ

問４　図１と図２の縦の軸(じく)を同じ値にしてグラフを合成したときの図として、最も正しいと思われるものを、下の(ア)～(エ)から１つ選び記号で答えなさい。なお、横の軸(じく)は図１、図２と同じ値ですが、縦の軸(じく)は図１、図２と同じではありません。

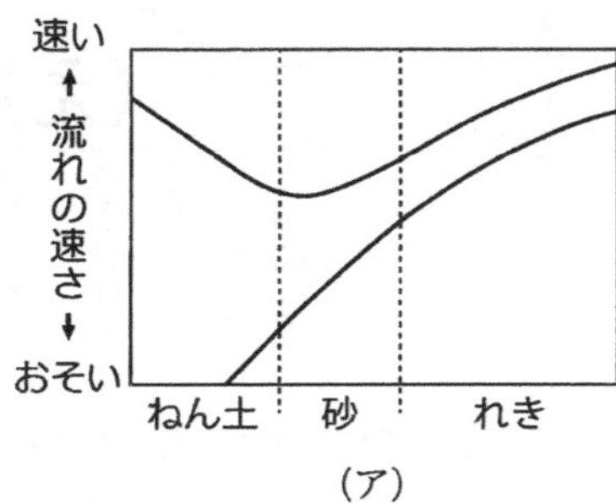

(ア)

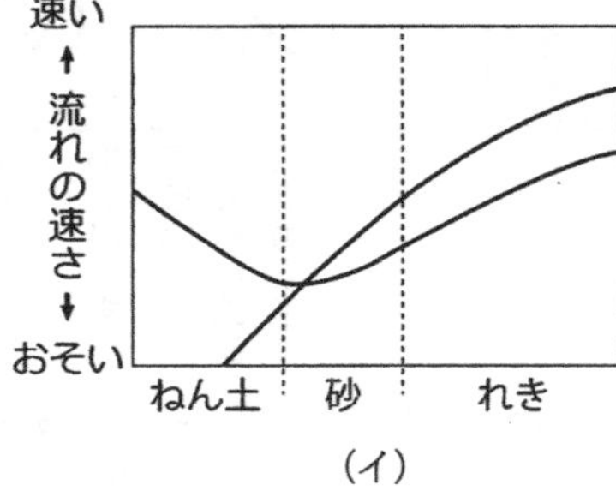

(イ)

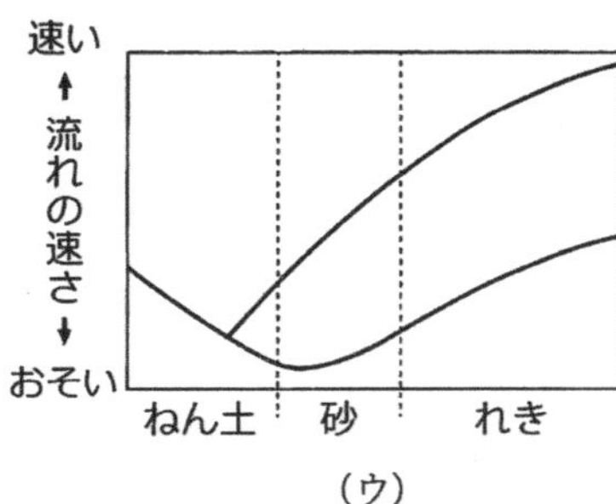

(ウ)

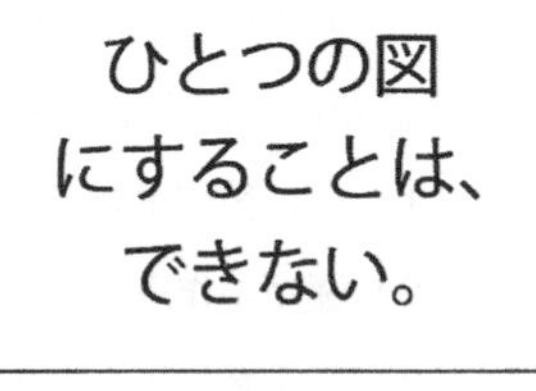

(エ)

3. 次の方法①～④は、気体を発生させる方法である。以下の問いに答えなさい。

方法①　二酸化マンガンに過酸化水素水をそそぐ。 方法②　卵のからに塩酸をそそぐ。 方法③　アルミニウムを水酸化ナトリウム水よう液にとかす。 方法④　塩化アンモニウムと水酸化カルシウムの混合物を加熱する。

問１　方法②で発生する気体の名称を答えなさい。

問２　方法②で発生する気体の性質として正しいものを、次の(ア)～(エ)から１つ選び記号で答えなさい。

(ア) ヨウ素液を青紫色に変える。

(イ) 緑色のBTBよう液を青色に変える。

(ウ) フェノールフタレイン液を赤色に変える。

(エ) 石灰水を白くにごらせる。

問３　酸素が発生する方法を、方法①～④から１つ選び記号で答えなさい。

問４　酸素の性質として間違っているものを、次の(ア)～(エ)から１つ選び記号で答えなさい。

(ア) 無色無臭である。

(イ) 上方置かん法で集めることができる。

(ウ) ものを燃やすのを助けるはたらきがある。

(エ) 水にとけにくい。

問５　水上置かん法で集めるのに最も適していない気体が発生する方法はどれですか。方法①～④から１つ選び記号で答えなさい。

4. 次の文章を読み、以下の問いに答えなさい。

図1のグラフは、それぞれの温度での100gの水にとける物質の重さをあらわしています。3つのビーカーに60℃の水を100gずつ入れ、それぞれのビーカーに食塩、ミョウバン、ホウ酸を少しずつ入れてかき混ぜ、飽和水よう液をつくりました。次の文章を読んで以下の問いに答えなさい。

問1　これらの水よう液を20℃まで冷却させたとき、もっとも多くの固体が出てくる水よう液はどれか、とけている物質の名称で答えなさい。

問2　問1のようなとけている物質を、固体として取り出す方法を何というか答えなさい。

問3　水よう液に共通する性質を、次の(ア)～(エ)からすべて選び、記号で答えなさい。

(ア) 水よう液は下のほうが、濃度が濃い。

(イ) ろ過すると、水にとけていたものがろ紙の上に残る。

(ウ) 色がついていても、色がついていなくても透明である。

(エ) 水よう液の性質は、とけている物質によって決まる。

問4　ミョウバン60gを水120gにとかした。この水よう液を加熱して水を30g蒸発させた。このときの水よう液の質量パーセント濃度を求めなさい。ただし、とけ残りはなかったものとする。

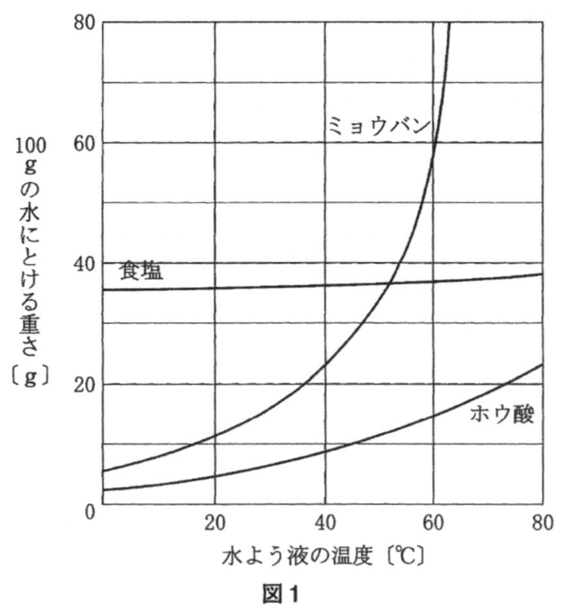

図1

5．以下の問いに答えなさい。

問１　ばねとおもりを用いて実験を行いました。ばねにおもりをつるしたときの伸びとおもりの重さの関係は、図１のようになりました。13ｇのおもりをばねにつるしたとき、ばねの伸びは何cmになりますか。

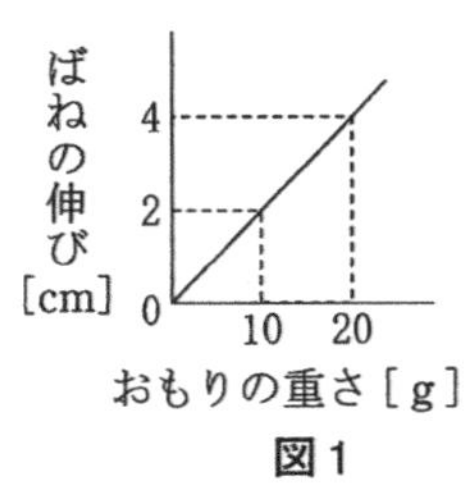

図１

問２　あるおもりをばねにつるして以下の①～③のように、水に沈(しず)めてばねの伸びを比べました。図２はその様子を示したものです。なお、糸の重さと体積は無視できるものとします。

① おもりを半分沈(しず)めた。

② おもりのてっぺんが水面のすぐ下になるようにした。

③ おもりが底につかないように深く沈(しず)めた。

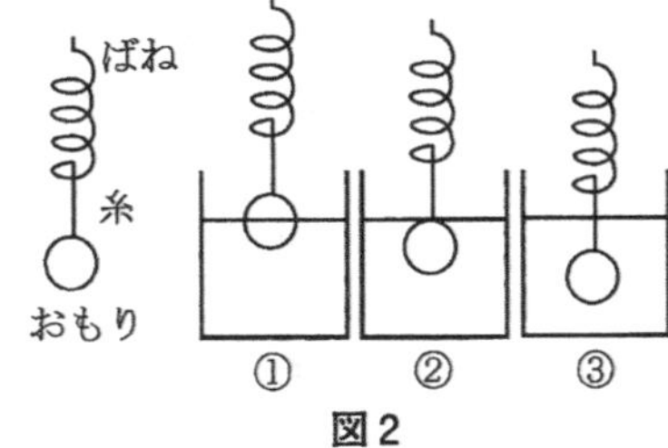

図２

（１）①と②はどちらのばねの伸びが大きいですか。次の(ア)～(ウ)から１つ選び記号で答えなさい。

(ア) ①の方が大きい

(イ) ②の方が大きい

(ウ) 同じ

（２）②と③はどちらのばねの伸びが大きいですか。次の(ア)～(ウ)から１つ選び記号で答えなさい。

(ア) ②の方が大きい

(イ) ③の方が大きい

(ウ) 同じ

6. ３種類のおもりを使って実験を行いました。以下の問いに答えなさい。なお、以下の実験で用いた水は１cm^3で１g、棒はまっすぐで太さが変わらず、おもりをつるした糸の重さ、体積は考えないものとします。

問１　図１のようにおもりAとおもりBをばねばかりにつるしたところ、どちらも30gを示しました。また、おもりAの体積は15cm^3、おもりBの体積は10cm^3です。

おもりAとBをばねばかりにつるしたまま、図２のようにおもりを全て水に入れると、ばねばかりはそれぞれ何gを示しますか。

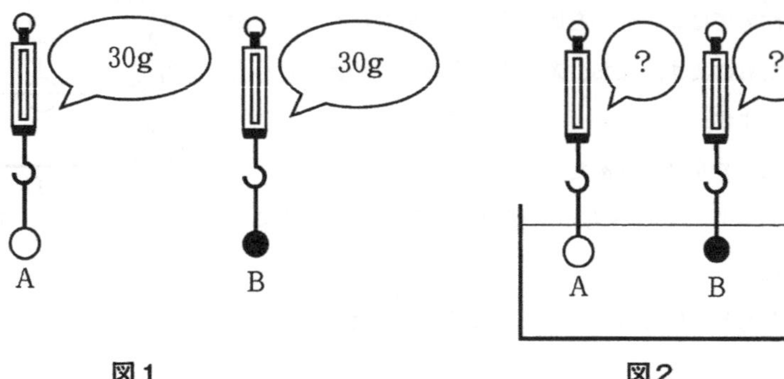

図１　　図２

問２　おもりAとおもりBを図３上のように棒の両端(たん)にとりつけたところ、つりあって、棒が水平な状態で静止しました。図３下のようにA、Bを同時に全て水に入れると棒はどうなりますか。

次の(ア)～(ウ)から１つ選び記号で答えなさい。

(ア) おもりA側が下にかたむく

(イ) おもりB側が下にかたむく

(ウ) つりあったまま

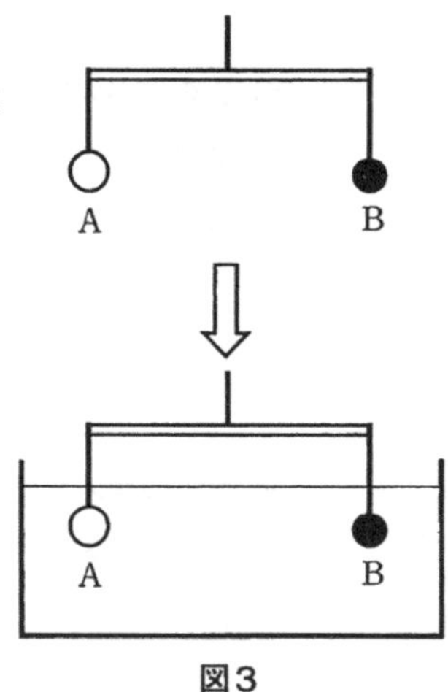

図３

問３　おもりBとおもりCを図４のように棒にとりつけて、全て水にいれたところ、つりあって、棒が水平な状態で静止しました。おもりCの体積は10cm^3です。おもりCの重さは何gですか。

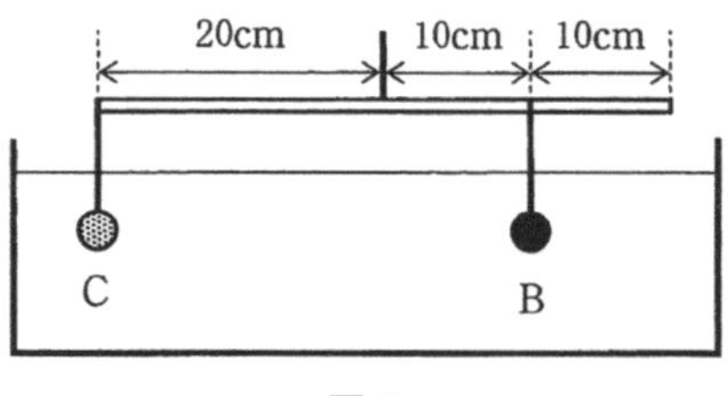

図４

7. 次の文章を読んで、(1)～(8)に適する語句や数を下の【語群】から選び答えなさい。

2019年の夏には、月と土星の大接近や、8月にピークを迎えた（　1　）座の流星群による「流れ星」が観察された。また、月については、（　2　）11号が月面に着陸してから（　3　）周年を迎えることで話題になった。人類史上初の人工衛星は、1957年にソビエト連邦が打ち上げた（　4　）1号である。当時、アメリカとソビエト連邦は冷戦のまっただ中にあり、人工衛星の打ち上げは、ミサイル技術の競争と深い関係を持っていた。アメリカも、（　4　）1号の3ヶ月後に、エクスプローラー1号を打ち上げ、翌年に（　5　）が発足する。そして、宇宙飛行士の（　6　）が、人類史上初の有人宇宙飛行に成功する。その後、さまざまな困難と悲劇を伴いながらも、（　2　）11号が月面着陸に成功した。

最近では、（　7　＜国名＞）が、世界で初めて月の裏側に無人探査機を着陸させ話題となった。月の調査は、日々進展している。月には地球のようなプレート運動がないため、誕生してからの温度変化により、地殻活動が存在している。（　5　）の調査では、月表面のしわの状態から、月が（　8　）いることがわかった。

【語群】

アース　アピア　アフロディーテ　アポロ　アームストロング　おとめ　オリオン

ガガーリン　ケンタウルス　ジュピター　スプートニク　ゼウス　ニュートン

はやぶさ　フック　へびつかい　ペルセウス　マーキュリー　マーズ　ロココ

NASA　JAXA　KGB　ESA

40　50　60　70

ロシア　アメリカ　日本　中国　ドイツ　フランス　メキシコ

ふくらんで　ちぢんで